사막의 새벽

DESERT DAWN
by Waris Dirie

Copyright © 2002 by Waris Dirie
All rights reserved.

Korean translation copyright © 2007 by Somensum Publishing Co.
This Korean Edition was published by arrangement with Virago Press
through Eric Yang Agency, Seoul.

사막의 새벽

와리스 디리 · 잔 다엠 지음
문영혜 옮김

섬앤섬

너에게

랭스턴 휴스

앉아서 꿈이나 꾸고
책이나 읽을 수 있도록,
지금 여기 우리 세상, 이 골칫덩이 세상에서
벗어나 바깥세상을 배울 수 있도록,
꿈들이 족쇄를 벗어던지고 자유롭고 온전하게 되어
영혼의 드넓은 지평선을 꿈꿀 수 있도록
  도와줘!
  나처럼 꿈꾸는 너희들 모두
  우리 세상이 새로워지도록
  도와줘.
내 꿈들을 너에게 내민다.

와리스 디리와 아들 알리크

차를 마시는 시간

유목민들의 움막

소말리아 사막의 마을

학교를 방문한 와리스와 사촌동생 라게

라게가 일하고 있는 학교

빨래하는 여인

부르하안의 아내 누르

조카 모하메드 이니에

와리스와 어머니

차 례

사막의 꿈   15

나 홀로 들판에서   37

변방에서 온 소식   50

서로의 차이   68

끝없는 비행   86

사막을 가로질러서   122

엄마의 삶 엄마의 영혼   139

사막의 꿈이 이루어지다   155

부족 이야기   190

아버지와 남자들   213

사막의 삶   233

소말리아 학교   249

움미   262

다시 보사소로   282

사막의 새벽   292

옮긴이의 말   312

이 책에 나오는 소말리아의 주요 지역

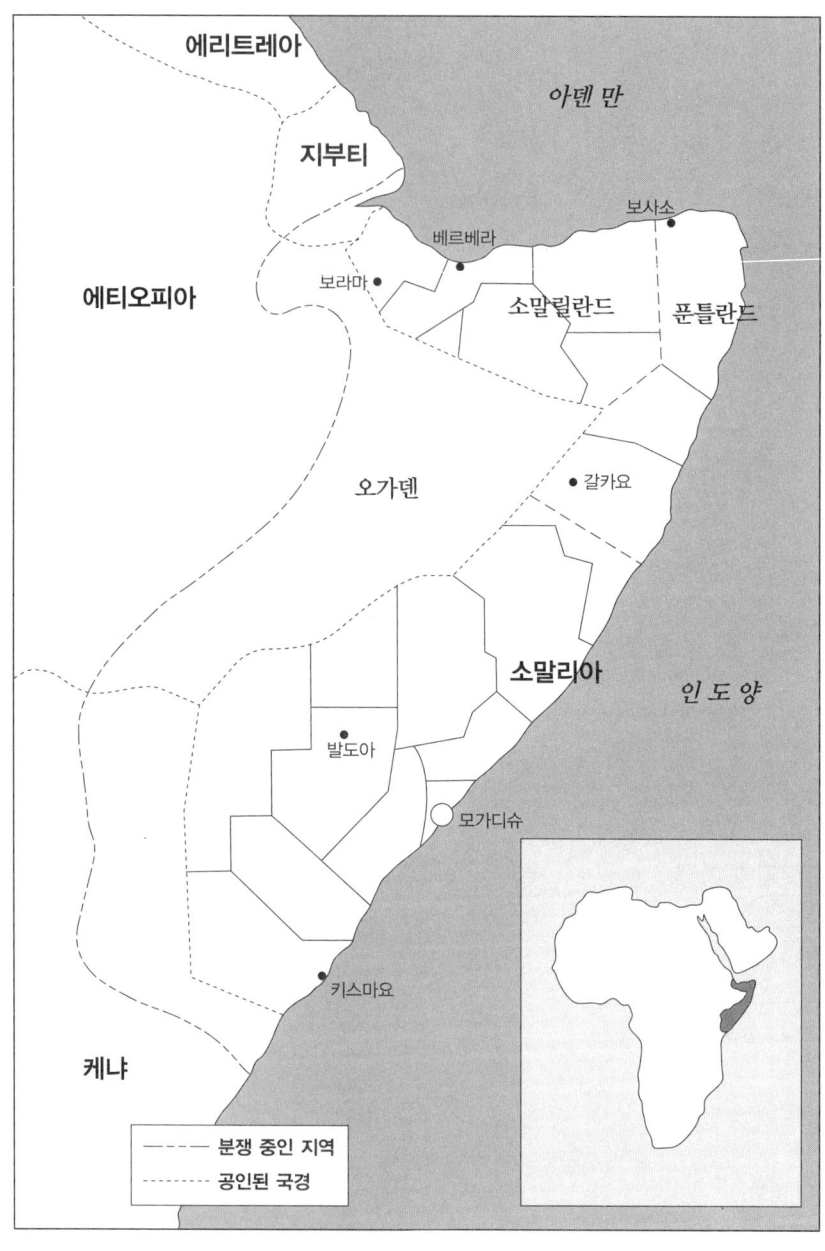

아프리카여, 너는 아름답다

라시다 이스마일리

아프리카여, 누군가
　너에게 말해주었니?
네가 아름답다는 것을.
　너의 풍만한 몸과
매혹적인 입술이
　내 영혼에 입맞추었다.
아프리카여, 내 심장이
　내 존재의 피를
길어올릴 때, 나는
　너에게 매여 있다.
너는 내 안에 있다.

사막의 꿈

  한 남자가 신의 사자에게 와서 물었다. "신의 사자여, 제가 가장 친하게 여길 만한 사람이 누구입니까?" 선지자가 말했다. "네 어머니다." 남자가 물었다. "또 누구입니까?" "네 어머니다." 남자가 또 물었다. "또 누가 있습니까?" "네 어머니다." 남자가 다시 물었다. "그리고 누가 있습니까?" 선지자가 말했다. "그리고 네 아버지다."
  ― 선지자 마호메트에 관한 소말리아 옛이야기

  소말리아에서 악마는 흰색이다. 우리는 악마를 진이라고 부른다. 진은 어디에나 있다. 어디서 무슨 짓을 할지 모른다! 사람이나 가축의 몸속으로 기어들어 병을 일으키기도 하고, 농간을 부려 사람 혼을 빼놓기도 한다. 어떤 물건을 잠시 두었다가 돌아보면 없어졌을 때가 있는데, 그럴 땐 거기에 진이 올라앉은 것이다. 엄마는 악마에게 호통을 치곤 했다. "이놈, 악마야! 내 물건에서 썩 꺼져! 네가 있을 데가 아니야. 여기 널 반기는 사람은 아무도 없어." 엄마는 진에 대해서는 모르는 게 없었다. 당연히 진을 쫓는 법도 알았다. 아플 때 진을 쫓으려면 어떤 주문을 외워야 하는지, 정확히 어떤 나뭇잎이나 나무껍질을 써야 하는지 알고 있었다. 엄마는 꽃과 뿌리를 익혀서 또는 생으로 씹으라고 우리에게 주었고, 효험이 있는 나뭇잎이나 버섯을 가죽주머니에 넣어 지니고 다녔다. 엄마는 연기와 바람과 별을 보고서 어떤 일을 하기에 알맞은 때를 알아낼 수도 있었다. 그토록 신비한 능력을 지녔기에 모두가 엄마를 신뢰했다. 어릴 때 기억인데, 사람들은 가축이 병이 들면 엄마에게 데려왔다.

나는 소말리아의 사막에서 태어났다. 엄마가 자녀를 몇이나 낳았는지 나는 모른다. 태어나자마자 세상을 떠난 아기들이 여럿이었으리라. 다른 소말리아 사람들처럼 우리도 낙타와 염소를 길렀고 낙타젖과 염소젖을 먹고 살았다. 전통에 따라 남자아이들은 낙타를 돌보고 여자아이들은 작은 가축을 돌보았다.

우리 가족은 서너 주일 이상 한곳에 머무르는 법이 없었다. 가축들이 풀을 모두 뜯고 나면, 다시 그것들을 먹일 풀을 찾아 옮겨가야 했다.

내가 구(우기)를 여덟 번쯤 지낸 어느 날이었다. 나는 식구들이 머무르는 곳 가까이에서 염소를 돌보고 있었다. 그날 아침엔 투우그(건기가 되어 강바닥이 마른 강)의 가파른 모랫둑을 기어오르고 내린 끝에 전날 미리 봐둔 곳까지 갔다. 거기에 신선한 풀도 좀 있고 아카시아 나무도 몇 그루 있었기 때문이다. 염소 중에서 큰 놈들은 뒷다리로 버티고 서서 나뭇가지를 끌어내려 아래쪽 잎을 훑어 먹는다. 우기에는 염소들이 집 근처에 얌전히 있어 신경을 안 썼지만, 건기에는 직접 풀이 있는 곳을 찾아 염소들을 몰고 가야 했다. 게다가 덤불마다 사나운 짐승들이 숨어 있을지 몰라 한시도 염소에게서 눈을 떼어서는 안 되었다.

뜨거운 오후 동안 나는 그늘에 앉아서 혼자 나지막이 노래를 부르든지, 아니면 손수 막대를 엮어서 만든 인형을 가지고 놀았다. 나는 늘 자신이 무엇이 되고 싶은지 알고 있었다. 아직 어렸지만 꿈이 있었다. 어떤 남자와 결혼하게 될지도 알았다. 나는 내 집이라 상상하고 집을 지었다. 작은 돌멩이는 염소, 큰 돌은 낙타. 모래로 둥근 집을 지었는데, 그러려면 젖은 모래가 제일 좋았다. 그래야 엄마가 지은 움막과 비슷하게 만들 수 있었으니까. 다만 내 집은 내가 원하는 스타일로 지을 수 있어 더 좋았다. 엄마는 손수 우리가 머무를 집을 짓고 짚으로 돗자리를 짜서 그 위에 덮었다. 그렇게 하면 다른 곳으로 옮겨갈 때 손쉽게 벗겨서 낙타 등에 실을 수 있었다. 내 장난감 집은 안전했고 엄마 집처럼 아늑했다. 나는 남편과 아이들과 함께 살았다. 식구들과 멀리 떨어진 곳에서.

한낮의 햇볕 속에서는 모든 것이 제자리에 붙박인 듯했다. 강둑에서 보니 모래가 깔린 투우그가 양쪽으로 멀리까지 내려다보였다. 전에 저녁에 집으로 돌아가다가 하이에나 한 무리를 만난 적이 있었다. 사악한 노란 눈이 나와 염소들을 지켜보고 있었다. 하이에나란 놈은 교활하기 때문에 나는 더럭 겁이 났다. 방심해서는 안 된다. 그놈들이 나와 염소들 사이를 막아설 테니까. 그럴 땐 센 척하고 두려움을 모르는 것처럼 행동해야지, 겁먹었다는 걸 드러내선 안 된다.

엄마가 좋아하는 염소 '흰둥이'가 고개를 쳐들고 쿵쿵거리기에 나도 위쪽을 올려다보았다. 한 남자가 낙타를 밧줄로 매어 강둑을 따라 끌고 가고 있었다. 보통 낙타들은 우두머리가 나무로 된 낙타 종을 매달고 앞서 가면 그 뒤를 따른다. 나무종이 맑은 소리를 내고, 낙타들은 코끼리들이 코로 앞에 가는 친구의 꼬리를 잡고 가는 것처럼 한 줄로 서서 따라간다. 그런데 이 별난 낙타는 이상하게도 몸을 한쪽으로 꼬며 뒤틀고 있었다. 싸우는 건 아니었고, 몸을 떨면서 입에 거품을 물고 있었다. 낙타는 이따금씩 멈춰 서서 몸을 떨어댔다. 진이 든 게 틀림없었다. 남자는 그 불쌍한 동물을 사정없이 잡아끌며 강둑을 따라 몰았다. 갑자기 낙타가 땅바닥에 널브러졌다. 남자가 지팡이로 낙타의 배를 때리기 시작했지만, 낙타는 모랫바닥에 쓰러져 미친 듯 몸을 떨기만 했다. 내가 보기에 낙타는 할(암컷)이었고 새끼를 배고 있었다. 그렇게 귀한 동물을 때리다니. 남자는 주저앉아 두 손으로 머리를 감싸 쥐었다. 나는 다 큰 남자가 흙바닥에 주저앉는 것을 보고 놀랐다. 유목민이라면 서서 한 발을 다른 쪽 허벅지에 받치고 어깨에 멘 지팡이에 두 팔을 건 채 쉬든가, 아니면 땅에 쪼그리고 앉아서 쉴 텐데. 나는 누군가가 낙타를 그렇게 때리는 것도 본 적이 없었다. 사막에서 낙타들은 귀하신 몸이었다. 낙타를 가지면 권력을 갖는 것이나 마찬가지였다. 낙타를 팔아서 아내를 사고 그 밖에 원하는 것을 사니까. 낙타는 불가사의한 힘을 지녔다. 아버지나 삼촌들은 가축을 엄하게 다루었지만, 특별히 고집을 부리거나 말을 안 듣는 경우가 아니면 때리는 법이 없었다. 낙타들은 심술궂어서 차이거나 물리지 않도록 적당히 떨어져야 했다.

나는 그 남자가 나를 보지 못하도록 몸을 숨겼다. 나까지 때릴 것 같아 겁이 났기 때문이다. 집으로 달려가 엄마에게 알리고 싶었지만, 염소를 두고 갈 엄두는 나지 않았다. 가축들이 길을 잃거나 하이에나에게 한 마리라도 잡아먹히면, 아버지는 불같이 화를 내며 채찍으로 나를 때릴 것이다. 나는 덤불 속에서 놀란 새끼가젤처럼 얼어붙어 숨도 제대로 쉬지 못했다.

마침내 할이 경련을 멈추었다. 낙타는 잠시 주변을 둘러보고는 자기가 땅바닥에 누워 있다는 것을 알아차렸다. 그러자 몸을 홱 움직여 다리를 배 밑으로 하더니 단번에 일어섰다. 다른 낙타들처럼 우아했지만, 입에선 침을 흘리며 거품을 뿜고 있었다. 낙타가 일어서자 낯선 남자도 일어섰다. 전에도 이런 일을 여러 번 겪었다는 태도였다. 남자는 다시 낙타를 끌고 갔다. 그들은 투우그로 내려가 건너편으로 올라갔다. 우리 집 쪽이었다. 낙타가 병이 났으니 남자는 어지간히 걱정일 것이다. 만약 잘못되면 낙타도 잃고 새끼도 잃고 더 많은 것을 얻을 기회도 잃을 테니까.

비가 내리지 않고 덥기만 한 날씨가 언제부터였는지 기억이 나지 않았다. 부모님은 아무 말이 없지만 속으로 걱정이 태산일 것이다. 투우그의 샘이 나날이 말라가서 물이 얼마 없었다. 우리는 가축들에게 먹일 물을 찾아 몇 차례나 옮겨다녔다. 간밤에는 갓 태어난 새끼낙타가 죽었다. 영감이라고 부르는 남동생이 아침에 새끼가 죽은 것을 발견했다. 영감은 날 때부터 머리가 희어서 그렇게 불렀는데, 나이는 어려도 늘 앞으로 일어날 일을 누구보다 먼저 아는 것 같았다. 아버지가 그 작은 동물을 찔러보았다. 바싹 말라 팔다리뿐인 놈을. 그리고 구름 한 점 없는 하늘을 노려보았다. 건기가 되면 아버지는 끊임없이 하늘을 올려다보며 비를 내려달라고 알라 신께 빌었다. 우리는 죽은 새끼 낙타를 먹을 수 없었다. 이슬람교에서는 정당하게 칼로 목을 따서 잡은 가축이 아니면 먹지 않기 때문이다. 그렇지 않은 동물을 먹는 것은 불결하게 여긴다. 벌써 독수리들이 뻔뻔스럽게 머리 위를 맴돌고 있었다. 그놈들이 지날 때마다 긴 날개가 우리 머리 위로 그림자를 드리웠다. 그때의 마른 바람소리와 엄마의 낮은 기도 소리가 아직도 귀에 남아 있다.

　엄마는 사는 게 아무리 힘들어도 매일 하는 기도를 거르는 법이 없었다. 아픈 사람은 하루에 다섯 번 기도하지 않고 세 번만 해도 되었고 엎드리지 않아도 되었지만, 엄마는 언제나 다섯 번씩 기도를 했다. 이슬람 신자는 기도하기 전에 몸을 씻어 깨끗하고 순결한 상태로 신과 대면한다. 알라 신이시여, 제 몸을 깨끗이 하는 만큼 제 영혼도 맑게 해주소서……. 우리는 마실 물이나 가축을 먹일 물조차 충분하지 않았기 때문에 대개는 몸을 씻을 물이 없었다. 엄마는 물이 없으면 모래로 몸을 씻었다. 하루에 다섯 번씩, 사람이나 가축이 밟은 적이 없는 덤불 아래의 흙을 조심스럽게 조금 파냈다. 엄마는 모래를 손으로 떠서 마치 물인 양 얼굴과 발을 문질렀다. 그러고는 돗자리를 깔고, 성지 메카가 있는 동쪽을 향해 엎드려 기도를 올렸다. 엄마는 무릎 꿇고 고개 숙여 찬송했다. 알라 외에는 신이 없고 마호메트는 알라의 사자입니다……. 태양은 우리가 가진 유일한 시계였다. 우리는 하루 다섯 번의 기도로 때를 알았다. 새벽, 정오, 해 지기 전, 해 진 후,

그리고 밤.

알라 신을 찬송하는 노래가 끝나면 엄마는 자리를 걷어 말아서 집 안에 들여놓았다. 집은 갈롤(아카시아) 나무의 기다란 뿌리를 이용해 엄마가 직접 지었다. 잘 휘는 나무뿌리를 파내어 아치형으로 구부려서 돔 모양을 만든 후, 짚으로 짠 돗자리를 그 위에 덮었다. 엄마는 집안의 일꾼이었다. 요리사였고 건축가이자 의사였으며, 내 유일한 스승이었다. 엄마는 죽은 새끼낙타에 대해 한 마디도 하지 않았고 여느 날이나 다름없이 행동했다.

"알라께서 오늘 아침 우리에게 염소젖을 주실 거야."

엄마가 말했다. 우리가 젖을 짜러 염소나 낙타에게 갈 때마다 하시는 말씀이었다. 엄마는 가축들을 다루는 데는 선수였다. 엄마가 만지면 그 녀석들은 가만히 있었다. 내가 젖을 짤 때는 염소가 그릇을 발로 차거나 그릇에 똥을 싸지 않도록 꼭 붙잡고 있어야 했다. 염소 머리를 내 무릎 사이 옷자락 속에 밀어 넣고 염소 등 위로 몸을 숙이고서. 하지만 엄마가 젖을 짤 때면 동물들은 엄마 옆에 붙어 있고 싶어하는 것처럼 보였다. 엄마가 자기의 부드러운 젖꼭지를 만져주기를 바라는 것 같았다. 엄마는 젖을 짜면서 농담을 하기도 하고 노래를 부르기도 했다.

그날 아침에는 흰둥이 젖이 제일 많았다. 엄마는 염소젖을 우리 여덟에게 나누어주었다. 엄마는 전에 없이 아버지를 똑바로 쳐다보았다. 엄마의 우유그릇을 아버지 손에 건네줄 때는 잠시 동안 둘이서 함께 그릇을 잡고 있었다. 아빠는 힘이 세었다. 우리 집에서 제일 큰 염소도 번쩍 들 수 있을 만큼. 아빠는 소말리아에서 가장 체격이 크고 강인한 부족인 다아로오드 족 출신이었다. 다아로오드 족의 별명은 *리바*(사자)이다. 아버지는 내가 본 남자 중에 가장 키가 컸고, 눈썰미가 좋아 수컷 가젤과 암컷 가젤을 잘 구별할 수 있었다. 나는 아버지가 잘생겼다는 걸 알고 있었다. 여자들이 아버지의 관심을 끌려고 농담을 거는 모습을 여러 번 보았기 때문이다.

나는 그 낯선 남자가 낙타를 끌고서 우리 집 캠프로 들어가는 것을 보았다. 염소들을 두고 갈 수는 없었지만 그 무지막지한 남자와 별난 낙타에게 무슨 사연이 있는지 몹시 궁금했다. 갑자기 투우그의 저쪽에서 영감이 나무를 모으며 걸어오고 있는 것이 눈에 띄었다.

"칼리, 칼리, 이리 와. 이리 와봐."

나는 손을 둥글게 해서 입가에 대고 소리쳤다. 영감이 왜 땔감을 모으고 있는지 모를 일이었다. 나는 풀쩍풀쩍 뛰어 내려가 투우그 바닥에 섰다. 내가 소리쳤다.

"무슨 일 있어?"

"엄마가 불을 더 세게 지펴야 한대. 친척 한 사람이 낙타가 병이 났다고 데려왔어. 엄마한테 보이려고."

영감은 머리카락은 깜짝 놀랄 만큼 희었지만 귀염성 있는 얼굴에 유향 색깔 나는 황갈색의 동그란 눈을 하고 있었다. 우리 식구 중에 진짜 아름다운 사람은 엄마인데, 영감은 엄마를 닮았다. 하지만 아무도 그렇게 말해서는 안 되었다. 그랬다가는 그 말이 *진*을 끌어들여 분명 뭔가 나쁜 일이 그 애한테 일어날 것이다.

"영감, 와서 염소를 돌봐도 좋아. 나 엄마한테 가봐야겠어."

내가 말했다. 남동생은 머뭇거렸지만, 평소에 염소를 돌봐도 될

만큼 컸다는 소리를 듣고 싶어하던 터였다. 남자아이들은 먼저 양이나 염소 같은 작은 가축을 돌본 뒤에 가장 영예로운 일인 낙타를 치는 일을 맡는다. 나는 보통 때 같으면 염소들이 겁을 먹는다며 영감이 염소에게 가까이 오지도 못하게 했다. 하지만 오늘은 앞으로 일어날 일이 궁금해 참을 수가 없었다. 영감이 염소를 한 마리쯤 잃어버리더라도 몇 대 맞으면 그만이라는 생각이었다.

내 일을 버려두고 가는 걸 누가 볼까 봐 나는 집 쪽으로 조심조심 기어갔다. 하지만 빼빼 마른 어린아이에게 신경을 쓰는 사람은 아무도 없었다. 나는 장작불에서 나는 연기 냄새와 차 향기를 맡을 수 있었다. 우리가 가진 유리잔 두 개에 언니가 차를 따르고 있었다. 언니는 그윽한 차향이 공중에 퍼지도록 찻주전자를 높이 들어 차 줄기를 가늘고 길게 만들었다. 그리고 아버지와 손님에게 차를 대접했다. 언니는 정숙한 여자들이 그러듯이 두 사람의 얼굴을 똑바로 쳐다보지 않고 땅만 내려다보았다. 나는 왜 엄마가 직접 차 대접을 하지 않는지 궁금했다.

우리 움막 옆에 있던 낙타가 다시 몸을 비틀고 경련하기 시작했다. 낙타는 발작을 일으키고 있었다! 엄마는 움막이 드리운 긴 오후 그림자 안에 쪼그리고 앉아 가까이에서 지켜보았다. 낙타가 하는 행동을 하나하나 좇으며 마치 그 동물을 사기라도 할 것처럼 자세히 살폈다. 낙타는 사자 갈기 색깔과 비슷한 연한 갈색이었고, 새끼를 배서 배가 불룩했나. 싣깇은 찢이지고 무릎에서 피가 흘렀다. 엄마는 하도 뚫어지게 낙타를 보고 있어서 마치 그 자리에 못박힌 것 같았다. 하지만 두려워서 그러는 건 아니었다. 나는 가만히 엄마 옆에 웅크리고 앉았다. 낙타를 낫게 해주고 싶었다. 왜 저러는지 알아낼 수 있다면 좋을 텐데.

엄마는 차를 마시는 남자들을 넘겨다보았다. 낯선 남자는 아버지의 먼 친척이었다. 아빠만큼 키가 크지 않았고 머리 모양이 특이한 데다 목은 타조처럼 길었다. 남자는 차를 마시면서 아버지와 어떤 정당에 대해, 그리고 오가덴 지역의 분쟁에 대해 얘기했다. 엄마는 남자가 어떤 사람인지 알아내려고 한동안 지켜보고는, 그 사람의 지팡이 끝에 엉겨붙은 낙타의 피와 털을 쳐다보았다. 엄마는 일어서서 천천히 낙타에게 다가가, 다정하게 소곤거리는 목소리로 찬송했다.

"위대한 알라 신이시여."

엄마는 낙타의 얼굴에 손을 뻗어 손끝으로 긴 목과 어깨 위, 배를 천천히 부드럽게 쓸어주었다. 낙타는 달아나려 하지는 않았지만 내내 몸을 떨었다. 엄마는 낙타의 커다란 배를 손으로 구석구석 쓰다듬어 안에서 자라는 새 생명을 만져보았다. 낙타는 새끼를 뱄으면서도 너무 말라서 갈비뼈가 드러날 정도였다. 엄마는 낙타 배에 귀를 갖다 대고 새끼의 심장박동 소리를 들으려는 듯 귀를 기울였다. 그리고 천천히 떨어져 서서, 낙타의 거무튀튀한 입술에서 떨어지는 거품을 손으로 조금 닦아내 손가락으로 문지르고 맛을 보았다. 낙타의 입을 벌리고 이빨과 두꺼운 혀를 살펴보기도 했다. 낙타가 오줌을 누자 젖은 모래를 조금 떠서 냄새를 맡았다. 엄마는 먼 언덕들 너머로 천천히 해가 지는 모습을 바라보면서 때를 기다리는 것 같았다. 엄마는 별들이 어떻게 움직이는지, *구*부터 *하가아*(건기)까지 계절이 어떻게 변하는지 알았다. 어떤 일을 해야 하는 때가 언제인지, 기다려야 할 때는 언제인지 알고 있었다.

엄마는 고삐를 잡아 늦추고는, 낙타를 꿇어앉게 하려고 살살 달랬다. 낙타는 긴 두 귀를 엄마 목소리가 나는 쪽으로 차례로 향했다. 그러고는 힘에 겨운 듯, 먼저 앞다리를 구부린 뒤 뒷다리를 접어 다리를 깔고 앉았다. 낙타는 무릎을 꿇고 앉도록 훈련을 받는다. 키가 커서 선 채로는 사람이 짐을 실을 수 없기 때문이다. 엄마는 낙타와 눈을 맞추려고 쪼그리고 앉았다.

캠프에서는 아무도 소리를 내지 않았다. 남자들이 말소리를 멈추었고, 여자들은 그릇 부딪치는 소리를 멈추었다. 장작불에서 피어오르던 연기마저 숨을 죽인 듯했다. 엄마는 손을 뻗어 낙타의 얼굴을 마치 아기인 양 감싸고는, 낙타의 눈을 정면으로 응시하면서 손바닥으로 가볍게 뺨을 두들기며 말했다.

"어서 나와, 악마야. 썩 꺼져! 네가 있을 데가 아니야."

엄마는 낙타의 뺨을 정확히 몇 번이나 때려야 하는지, 진을 움직이기가 얼마나 힘이 드는지 알고 있었다. 코란에 나오는 성스러운 구절을 읊조리며, 목에 걸고 있던 가죽 부적을 낙타의 코에 갖다 댔다. 코는 낙타의 영혼으로 들어가는 입구였다. 낙타는 몇 초 동안 꼼짝도 않고 가만히 있었다. 그러자 경련이 완전히 멈추었고 낙타는 보통 쉴 때처럼 씹는 동작을 하기 시작했다.

엄마는 일어서서 스카프로 얼굴을 닦았다. 그리고 아버지와 친척이 있는 곳으로 가서 땅을 내려다보며 말했다. 악마가, 어떤 진이 낙타에게 기어들어 발작을 일으키게 했다고.

"곧 새끼를 낳을 거예요, 그믐달이 되기 전에. 이제 경련을 일으키는 진은 물러갔지만, 낙타가 새끼를 낳으려면 좀 쉬어야 해요. 먹이와 물도 먹어야 하고. 그래야 악마가 다시 오더라도 버틸 수 있죠."

친척이 말했다.

"통 먹으려고 하질 않아요."

엄마가 설명했다.

"악마한테 겁을 먹어서 그래요. 쓰다듬어주고 조용조용 다독이세요. 그래야 먹어요. 살도 찌고."

"*히이예. 그렇군요.*"

친척과 아버지가 동시에 고개를 끄덕였다.

"염소를 잡아야겠어. 잔치를 벌이고 진을 완전히 쫓게 해달라고 알라 신께 기도드리자."

아버지가 말했다. 나는 염소라는 말을 듣자 소스라쳤다. 그 순간 아버지가 나를 돌아보았기 때문이다. 아버지는 내가 달아날 틈도 없이 손을 뻗어 내 팔을 붙잡았다. 그러더니 갑자기 끌어당겨 내 뺨을 후려치는 바람에 코에서 피가 흘러 찝찔한 맛이 느껴졌다. 나는 한 대 더 얻어맞기 전에 아버지에게서 빠져나와 염소들이 풀을 뜯고 있는 곳으로 달아났다. 투우그 바닥이 하늘보다 더 어두워지고, 어둠은 점점 더 짙어져 앞을 분간할 수 없었다. 울퉁불퉁한 바위에 걸려 넘어지기도 하고 갈롤 덤불의 가시에 살갗이 벗겨지기도 했다. 어둠 속에서 내 염소 '아가'가 매애 우는 소리가 들렸다. 잘 울어서 아가라고 부르는 놈이었다. 영감이 얌전히 뒤따르는 염소들을 몰고 투우그를 걸어오고 있었다. 어둠 속에서 영감의 은빛 머리를 발견하자 나는 너무 기뻐서 울음을 터뜨렸다. 울음은 좀처럼 멈추지 않았다. 팔이 부러진 것처럼 아프기도 했지만, 돌아가면 아버지한테 또 맞을 것을 알고 있었기 때문이다. 아버지의 무지막지한 손아귀가 아니라 엄마 손이 내 얼굴을 쓰다듬어주었으면 하는 마음이 간절했다. 아버지에겐 왜 낙타가 딸보다 소중했을까?

몇 년 후, 내가 시집갈 나이가 되었을 때 나는 아버지로부터, 소말리아의 가혹한 삶으로부터 달아났다. 하지만 서구 세계에서 여러 해를 지낸 후 삶은 더 가혹해졌다. 아버지에게 따귀를 맞는 쪽이 문명 세계에서 외로움에 시달리는 것보다 나은 것 같았다. 미국이나 영국의 호텔에서 온통 악마들이 들끓고 있는 방 안에 혼자 있을 때면, 나를 사랑하는 사람의 손길이 그리웠다. 내 뺨을 후려치는 손이라도 말이다. 내 눈은 울어서 화끈거리고 통통 부었다. 나는 미아가 된 것 같았고 인생의 방향을 잃은 것 같았다. 소말리아에서는 가족이 전부였다. 혈연관계란 물이나 우유처럼 없어선 안 될 것이었다. 퍼부을 수 있는 가장 심한 욕이 '네 집에 가젤이나 뛰어놀아라.'인데, 그건 네 가족이 모두 없어져버리라는 뜻이다. 가젤들은 겁이 많아서 아주 버려진 집이 아니면 얼씬도 하지 않으니까. 우리에겐 혼자 있는 게 죽기보다 싫은 일이다. 지금 내 옆에는 가족도 없고 약혼자 데이나와의 관계도 틀어졌다. 엄마를 찾고 싶었지만, 한 소말리아 남자에게 소말리아에 대해 물었더니 이렇게 말했다.

"소말리아는 잊어버려요. 더 이상 존재하지 않는 나라니까."

그 남자는 마음에서 빛이 사라진 사람처럼 흐린 눈을 하고 있었다. 남자의 말은 내게 이제 엄마가 없다는 말이나 마찬가지였다. 그럴

리가. 소말리아가 없어지다니, 그럼 난 뭐란 말인가? 내가 아는 언어, 문화, 관습은 독특한 것이다. 우리의 생김새조차 우리 스스로에겐 특별하다. 어떻게 투우그에 물이 말라버리듯 한 나라가 사라질 수 있을까?

2000년, 그러니까 내가 소말리아를 떠난 지 19년이 지난 해였다. 내 조국은 기근과 전쟁으로 분열되었고, 가족의 생사는 알 길이 없었다. 나는 여성 할례에 대해 연설을 하기 위해 로스앤젤레스에 있었다. 1995년 나는 전통적인 엄격한 금기를 깨고 나 자신이 받은 할례에 대해 공개적으로 얘기했고, 그 문제에 관한 UN의 대변인이 되었다. 하지만 그 얘기를 할 때면 내 마음과 몸이 겪었던 고통의 기억이 어김없이 되살아났다.

사실 나는 어렸을 때 할례를 받게 해달라고 엄마를 졸랐다. 내 키가 염소 키만큼 자랐을 때, 한 노파가 내 음핵과 소음순을 도려내고 상처를 꿰매는 동안 엄마가 나를 붙잡고 있었다. 노파는 소변과 생리가 나오도록 성냥개비가 들어갈 만한 작은 구멍만 남겨놓았다. 그때는 그 일이 무얼 뜻하는지도 몰랐다. 왜냐하면 우리는 그것에 대해 절대로, 절대로 말해서는 안 되었기 때문이다. 그 주제는 금기였다. 아름다운 우리 언니 할레모는 할례를 받다가 죽었다. 식구들 중에 아무도 내게 말해주지 않았지만, 언니는 출혈과다나 감염으로 죽은 것이 틀림없다. 할례 시술은 선지자 마호메트의 후손이 아니라고 여겨지는 사람들로 접촉이 금해진 집시 계층인 미드가안 여자들이 한다. 이들은 절제할 때 면도날이나 칼을 돌에 갈아 사용하며, 몰약 연고를 발라 출혈을 멈추게 한다. 하지만 상처가 덧났을 때 필요한 페니실린을 갖고 있는 경우는 없었다. 나중에 여성이 결혼을 하면, 첫날밤에 남편은 신부의 봉합된 음부를 강제로 벌린다. 만약 구멍이 너무 작으면 칼로 잘라 벌리기도 한다. 몇 년 동안 싸워오면서 나는 이것이 사실상 한 인간을 불구로 만드는 일이라는 것을 깨달았다. 하지만 그 일에 대해 공개적으로 말할 때는 여전히 마음이 불안했다. 침묵하라는 명령을 어겼으니 내게 나쁜 일이 일어나지 않을까 두려웠던 것이다.

나는 회의가 열리는 호텔에 조금 늦게 도착했고, 여러 방에서 행사가 진행되고 있다는 것을 몰랐다. 어느 방에 들어가야 할지 몰라 헤매다가 마침내 누군가의 안내를 받아 연회장으로 들어갔다. 이중문을 열자 거대한 방에 5, 6백 명이 모여 있는 것을 보고 깜짝 놀랐다. 의장인 낸시 르노가 벌써 다른 토론자들과 함께 무대 위에 앉아 있었다. 이런 상황에서는 뭘 해야 할지 다 아는 것처럼 행동해야 한다는 것을 나는 터득하고 있었다. 심호흡을 한 뒤, 머리를 꼿꼿이 들고 무대 옆쪽의 작은 계단을 올랐다. 낸시가 일어나 나를 맞이했다. 나를 북돋워 주는 낸시의 손길에 비로소 진정이 되었다.

나는 망명자 보호 전문 변호사, 수단인 의사와 함께 같은 토론팀에 속했다. 두 여성은 자신들이 말하는 내용을 뒷받침할 만한 사실과 수치들을 제시했다. 비록 거대한 은폐 속에서 그 관행의 뿌리는 알 수 없지만, 약 7억 명의 여성이 고대부터 이어진 전통의 희생자가 되었을 것으로 추정했다. 가혹함의 정도에는 지역에 따라 차이가 있는데, 수나는 음핵을 도려내는 깃이고, 음순까지 절제하는 경우도 있다. 소말리아의 여성들은 '봉쇄술'이라고 하는 가장 심한 형태의 여성성기절제술(FGM:Female Genital Mutilation)을 받는다. 음핵과 음순을 절제하고 소변과 생리가 나오는 작은 구멍만 남긴 채 꿰매는 방법이다. 수단인 의사는 이집트 여성의 84퍼센트가 세 살부터 열세 살 사이에 FGM을 받는다고 했다. 더 이상 이슬람 국가에만 국한되지 않고 현재 서양에서도 6천 명 이상의 어린 소녀들이 이 고통을 겪고 있다고 했다.

나는 어릴 적 소말리아에서 겪은 일과 용변이나 생리로 인한 고통에 대해 설명했다. 엄마는 구멍이 작게 남도록 물을 마시지 못하게 했고 상처가 매끈하고 깨끗하게 아물도록 똑바로 누워서 자라고 했다. 엄마는 그렇게 하는 것이 내 미래를 보장한다고 생각했다. 할례를 받지 않은 여자는 불결하고 방탕한 매춘부처럼 여겨졌기 때문이다. 그런 여자를 며느리로 들이려는 사람은 없었다. 우리 종족의 다른 사람들처럼, 엄마도 봉쇄술이 코란에 적혀 있는 줄로 믿었다. 이처럼 내가 겪은 할례에 대해 말하는 것은 축복이기도 하고 저주이기도 했다. 사람들이 이 잔인한 관습에 대해 뭔가를 하고자 한다는 것은 기쁜 일이지만, 그 일로 인해 내가 겪은 고통과 불행을 자꾸자꾸 되살리는 것은 괴로웠다. 여성성기절제술에 대해 말한다는 건 우리 엄마와 아버지, 내 종족의 믿음에 정반대되는 것을 말하는 일이다. 나는 내 가족과 그들이 중요하게 여기는 전통을 비난했다. 그 고통을 경험한 여성들을 치유하기 바라는 마음으로 한 일이지만, 그것이 나를 조국의 적으로 만들었다. 만약 내가 여전히 가족과 함께 살았다면 아무것도 공개적으로 말할 수 없었을 것이다. 여성성기절제술에 대해 말할 때마다 나는 두렵고 걱정이 된다. 우리 종족의 문화에는 입 밖에 내어서는 안 되는 것들이 있다. 우리는 죽은 사람들에 대해 얘기하거나 누군가가 아름답다고 얘기하지 않는다. 우리는 비밀이 많다. 그런 것에 대해 공개적으로 말하면 분명히 뭔가 끔찍한 일이 일어난다고 믿기 때문이다. 토론팀의 변호사가 여성 할례는 사실상 고문이라고 말했을 때 나는 마음이 아팠다. 우리 엄마가 나에게 고문을 당하도록 한 것은 아니다. 엄마는 나를 순결한 여성으로 만드는 거라고 생각했다. 훌륭한 아내이자 아이들에게는 좋은 어머니, 가족에게는 자랑인 사람 말이다.

내가 말을 마치자 청중들은 좀더 많은 것을 알고 싶어했다. 하지만 나는 부끄러웠고 더 말할 수 없을 것 같았다. 내 발표가 형편없었다는 기분이 들었다. 나는 옆문으로 홀을 빠져나가 엘리베이터를 타고 19층 버튼을 눌렀다. 어릴 적 나의 세계는 편평하게 트여 있었기 때문에 작은 상자에 실려 수직으로 이동하는 것은 나를 불안하게 한다. 정말이지 부자연스러운 일이다.

좁은 틈으로 카드 키라는 걸 밀어넣고 문 손잡이에 '방해하지 마시오' 표지를 걸 때는 손이 떨렸다. 나는 햇빛이 들지 않게 하려고 갈색 휘장을 쳤다. 구름 한 점 없는 맑은 날씨가 남부 소말리아 내 고향을 생각나게 했다. 미니바를 들여다보니 진이 나를 보고 웃으며 말했다.

"어서 와! 반가워!"

나는 작은 병에 든 진, 럼주, 스카치위스키를 끌어모아 침대로 기어갔다. 한 병 한 병 각기 다른 악마들을 차례로 모두 마셨다.

엄마라면 악마를 쫓는 법을 알았을 텐데, 나는 엄마가 어디에 있는지 몰랐다. 엄마가 나를 기억하고 있을지조차 알 수 없었다. 엄마는 모델이라는 직업은 고사하고 사진이라는 것도 이해하지 못했다. 내가 우리 문화에 대해 무슨 말을 하고 다니는지 안다면, 우리 종족은 내 눈을 뽑아버리려 할지 모른다. 나는 엄마처럼 사람들을 낫게 해주고 싶었는데, FGM에 반대하는 내 연설이 엄마를 모욕하는 것이 되고 말았다. 엄마는 내게 부끄러운 말을 하지 말라고 가르쳤다. 그런 말을 우주로 내보내면 다시는 주워 담을 수 없다고. 한쪽 어깨에는 검은 천사 말리크가, 다른 쪽 어깨에는 흰 악마 베히르가 앉아 있는데, 엄마는 흰 악마가 못된 말을 하게 하면 검은 천사에게 주워 담으라고 부탁했다. 말이 너무 멀리 가기 전에 곧바로 "주워 담아줘, 주워 담아줘."라고 말하는 것이었다.

"주워 담을 거야. 주워 담을래."

나도 소리쳤다. 하지만 이미 늦었다. 내가 내 종족에 대해 내뱉은 끔찍한 말들은 온 우주로 퍼져나갔다. 다시 주워 담을 도리는 없었다.

나는 그 방에 영원히 처박히고 싶었다. 시트를 머리 위로 뒤집어쓰고 거북처럼 숨었다. 나는 두려웠고 혼자였으며 한심한 낙오자였다. 가슴에서 커다란 흐느낌이 시작되어 입 밖으로 쏟아져 나왔다. 오랫동안 내 목구멍을 틀어막고 있던 울음이. 두려움 때문에 아무 생각도 할 수 없었다. 마침내 잠이 들자 나는 염소를 잃어버린 꿈을 꾸었다. 염소들이 돌아다니다 사라져버려서 나는 여기저기를 찾아 헤맸다. 바위와 가시덤불 위로 넘어져 발에서 피가 났다. 염소들이 매애 우는 소리가 들렸지만 보이지는 않았다. 잠에서 깨어보니 울고 있는 건 나였다.

나는 될대로 되라는 심정이었지만 자살은 생각할 수 없었다. 사랑하는 남자와 결혼하는 것을 부모가 반대한다고 해서 스스로 불에 뛰어들어 죽은 열다섯 살짜리 소녀 얘기를 엄마에게 들었었다. 사람들은 그 소녀를 묻어주지 않았고 독수리조차 가까이 가지 않았다고 했다.

샤워를 하려고 반짝이는 타일이 덮인 욕실에서 물을 틀었다. 엄마는 모래로 몸을 씻는데 여기선 물을 수십 리터씩 흘려보내는구나 하는 생각이 절로 들었다. 엄마는 드물게 아름다운 분이지만 자신의 모습을 비춰 본 적이 없어 자기 얼굴이 어떻게 생겼는지도 모른다. 나는 거울 속의 나를 보면서 내 다리가 부끄러웠다. 어린 시절 영양실조로 다리가 휘어졌고 그로 인해 모델 일도 뜸해졌다.

교차로마다 서 있는 악마들처럼, 소말리아에는 항상 기아의 위협이 도사리고 있다. 나는 가족 중 누군가가 살아 있을지 의심스러웠다. 소식은 좀처럼 듣기 어려웠고 그나마도 끔찍한 소식뿐이었다. 남동생 영감이 죽었고, 아만 언니와 할레모 언니도 죽었다. 모가디슈에서 부족 간의 권력투쟁이 일어났고 빗나간 총알이 부엌 창으로 들어와 엄마를 꼭 닮은, 유머가 뛰어난 월데압 외삼촌이 죽었다. 엄마도 총에 맞았지만 죽지는 않았다. 다른 사람들에 대해서는 알 수 없었다.

나는 열세 살 때쯤 집에서 도망쳤다. 아버지가 나이든 남자에게 나를 시집보내려 했기 때문이다. 소말리아에서는 남자가 처녀를 데려가려면 대가를 지불해야 한다. 이 노인은 머리가 벗겨진 데다 지팡이에 의지해 걸었는데 나를 데려가는 대가로 낙타 몇 마리를 주겠다고 했다. 이 문제에 관해서 여자에게는 선택권이 별로 없다. 여자는 결혼을 해야 한다. 결혼말고는 사막에서 살아갈 다른 방법이 없으니까. 창녀나 거지가 되는 길 아니면 미혼 여성이 할 수 있는 일이라고는 없었다. 아무튼 나는 염소나 치고 노인 시중이나 드는 일이 내가 할 일이 아니라는 것을 알았다. 나는 아버지 말을 듣지 않고 달아났다. 이유는 알 수 없지만, 엄마가 나를 도와주었다. 아마도 내가 불행한 결혼을 하는 걸 원치 않았으리라. 엄마는 이런 노래를 가르쳐주었다.

    캄캄한 밤 속으로 너는 떠나
    고약한 남자에게 시집을 간다
    남편은 양 치는 지팡이로 널 때리고
    그 난리에 너의 스카프가 풀어진다

이렇게, 악마들에게 둘러싸인 채 술에 취해 홀로 있으니 엄마 생각이 간절했다. 엄마라면 날 도와줄 수 있을 텐데. 내 아들 알리크를 낳고 나서는 엄마가 못 견디게 그리웠다. 엄마가 날 안아주고, 나지막이 "잘 될 거야."라고 내 귀에 속삭여주었으면……. 사람들 모습이 저마다 다르고 살아온 길도 다르겠지만, 아이를 낳고 나서 어머니를 생각하는 마음은 모두가 같지 않을까. 이제 세 살 난 내 아들 알리크를 안을 때마다, 내 고향 아프리카와 그곳의 일부인 엄마가 그립다.

    엄마는 온몸을 다 바쳐 알라 신을 섬긴다. 알라 신 없이는 숨도 쉬지 못하고 아무 일도 하지 못한다. 곡식을 빻거나 염소젖을 짤 때마다 신께 감사드린다. 그렇게 살아야 한다고 나에게 가르쳤고 엄마의 그런 모습이 나는 좋았다. 서양에서 살면서는 순간순간 신과 함께하는 그런 삶을 찾을 수 없었다. 내 영혼의 고향인 사막으로 돌아가지 않으면 모든 것을 잃어버릴 것 같은 기분이다.

와리스라는 내 이름은 소말리아어로 사막의 꽃을 뜻한다. 사막의 꽃은 꽃잎이 타원형이고 색깔은 노란빛을 띠는 오렌지색이다. 이 작은 관목은 자신이 뿌리 내린 알라의 흙을 움켜쥐려는 듯 낮게 고개를 숙이고 있다. 소말리아에는 일 년 내내 비가 오지 않을 때도 있지만, 이 식물은 어떻게든 살아남는다. 마침내 비가 내리면 바로 다음날로 꽃이 피는 것을 볼 수 있다. 땅의 갈라진 틈에서, 마치 철따라 옮겨다니는 나비들처럼 갑자기 나타난다. 다른 어떤 것도 살아남지 못한 때에 이 작고 가냘픈 꽃들이 사막을 수놓는다. 한번은 엄마에게 물어보았다.

"왜 나한테 그런 이름을 지어줬어?"

엄마는 농담처럼 대답했다.

"네가 특별하니까 그랬겠지."

내 이름으로 보건대 결국 나는 사막의 꽃처럼 살아남을 것이다. 나의 영혼도 그렇게 말한다. 그동안 겪은 일들을 생각하면 내가 130살은 된 것 같다. 더 많이 먹은 것처럼 느껴질 때도 있다. 전에도 이런 적이 몇 번이나 있었음을 나는 안다. 내 인생에서 좋았던 일, 힘들었던 일을 모두 떠올려보면, 분명 이번에도 어떻게든 살아남으리라. 엄마가 왜 그 식물을 택했는지, 알라 신께서 왜 나를 택했는지는 알 수 없다. 하지만 어머니의 뜻과 알라 신의 뜻이 완벽하게 하나라는 것을 나는 안다.

소말리아에서 자란 사람이면 힘이 없어도 일어나 걷는다는 게 어떤 것인지 안다. 나는 그렇게 했다. 침대에서 일어나 나아갔다. 엄마를 찾기를, 내가 태어난 곳으로 돌아가 새로운 눈으로 그곳을 보기를 바랐다. 어떻게 돌아가야 할지는 알 수 없었다. 가족을 찾는다는 것이 불가능하게 느껴졌다. 낙타 소녀가 패션모델이 되는 것만큼이나 불가능한 일 같았다.

나 홀로 들판에서

친척이 없는 여자가 아이를 낳으면 업고 춤춘다.

― 소말리아 속담

뉴욕으로 돌아왔다. 여행사 직원은 나를 정신 나간 사람인 양 바라보았다. 친구들은 말했다.

"신문은 본 거니? 모가디슈는 전쟁 지역이야."

데이나는 소말리아에 간다는 건 말도 못 꺼내게 했다. 그 사람은 자신의 밴드가 유명해지기를 바라서 밤낮으로 음악에만 매달렸다. 나는 가족을 다시 찾을 수 있을지 알고 싶어 속이 탔지만, 뉴욕에 있는 어느 누구도 그 일을 도와주거나 격려해주지 않았다. 여행사 직원이 말했다.

"그곳이 안전한지 어떤지는 국무부에 전화해서 알아보시는 게 좋겠는데요. 소말리아가 전 세계에서 가장 위험한 곳 가운데 하나라는 건 아시죠?"

소말리아 상황에 대해 알아보니 무시무시한 경고들뿐이었다. '미국 정부는 어떠한 경우에도 소말리아에 가지 말라고 경고하고 있다. 소말리아에는 제 구실을 하는 정부가 없으며, 부족 간 전쟁으로 언제 어디서 도적떼가 나타날지 모르는 일종의 무정부 상태이다. 납치, 강간, 살인이 자주 일어나는 것으로도 보고된다. 도움을 줄 만한 국가 정부도, 경찰의 보호도 없다. 1991년 성립되어 소말릴란드 공화국이라고 자체 선포한 북부지역은 덜 위험하지만, 이 나라에는 어떠한 외교기관도 존재하지 않는다……'

항공사 직원 역시 소말리아로 연결되는 항공편이 있는지 어떤지 몰랐다.

"소말리아에 가는 게 가능할지 모르겠네요. 저희도 어떻게 할 수가 없습니다. 예정된 항공편이 없어요."

항공사 직원은 또한 아프리카로 여행하려면 황열병, 천연두, 장티푸스, B형 간염, 소아마비를 예방하는 백신 접종을 해야 한다고 했다. 직원은 컴퓨터 화면을 보면서 읽어나갔다.

"최근 소말리아에서는 천연두 감염 사례가 있었다. 말라리아 약을 복용해야 한다."

나는 너무 낙담이 되어 여권을 보여주지도 않았다. 영국에서 발행한 내 여행서류에는 유독 소말리아 행만이 금지되어 있었다. 런던에서 그 서류를 받았을 당시 영국 정부는 소말리아에 간 국민을 책임지지 않겠다고 했던 것이다.

"카리브 해의 아름다운 섬은 어떻습니까? 멀리 떠나서 좀 쉬시죠."

나는 멀리 떠나고 싶지 않았다. 나는 가족을 찾고 싶었다.

미국에서 내가 아는 사람들에게 전화를 걸어 물어보았다. 다들 소말리아 여행은 너무 위험하다고 충고했다. 어디를 가든 무장한 호위대가 필요할 테니 여행 내내 경호원들을 고용하고 트럭을 빌려서 다녀야 할 거라고. 또 이슬람 근본주의자 단체들이 내가 FGM을 공공연히 반대한다는 이유로 나를 공격하거나 납치하려고 노릴 수도 있다고 걱정했다.

나는 실망하여 아파트로 돌아왔다. 집은 여느 때처럼 너저분하고 더러웠다. 개수대는 접시와 일회용 용기로 가득 차 있었고, 커다란 피자 한 판이 거의 손도 대지 않은 채 부엌 식탁에 남아 있었다. 저렇게 음식을 낭비하다니. 내가 어렸을 땐 매일매일 먹을 것이 부족했다. 한번은 남동생이 자기 낙타젖을 다 먹고 내 것을 뺏어 먹으려고 했다. 내가 동생의 팔을 밀쳤더니 그 애는 주먹으로 내 가슴을 세게 쳤다. 나는 넘어지면서 컵을 떨어뜨렸고, 그 맛있는 낙타젖이 바닥에 쏟아져 사라져버렸다. 땅에 쏟아진 낙타젖을 핥아 먹을 수는 없는 노릇이라 눈물만 삼켜야 했다.

부엌 수도꼭지는 꼭 잠그지 않아서 물이 하수구로 그냥 떨어지고 있었다. 저렇게 물이 흐르도록 놔두는 것을 나는 언제까지나 이해할 수 없을 것이다. 어린 시절엔 물이 너무 귀해서 단 한 방울도 낭비하지 않았다. 나는 아직도 물을 틀어놓고 이를 닦거나 설거지를 하지 않는다. 그것이 내가 경의를 표하는 방식이다. 물이 주는 축복에 대한 경의. 아파트에는 창문을 열어두지도, 공기를 맑게 하도록 향을 피워놓지도 않았다. 소말리아에는 유황과 몰약이 있어 신부나 갓난아이 같은 새사람을 맞이할 때 늘 향을 피운다. 남편이 여행에서 돌아올 때가 되면 아내는 작은 향로 위에 서서 치맛자락과 머리카락을 향내로 물들인다.

데이나는 나갔고 알리크는 할머니와 함께 지내고 있었다. 나는 바닥에서 우편물과 청구서들을 집어 전기나 가스가 끊기지 않도록 당장 지불해야 할 것이 없는지 보았다. 아파트는 진과 골칫거리들로 가득했다. 데이나가 마지막으로 들렀을 때 우리는 대판 싸웠고 나는 소리를 지르며 돌아섰다.

"나가, 아무도 널 붙잡지 않으니까!"

나는 나가서 친구들을 만났고 마음을 가라앉히느라 맥주를 마셨다. 이슬람 신자에게 음주는 엄격히 금지되어 있기 때문에 엄마는 술을 입에도 대지 않았다. 나는 술을 마시면서 죄책감을 느꼈지만, 어쩌란 말인가. 처음엔 소말리아의 내 가족을 잃었고 이제는 이곳에 있는 가족까지 잃은 심정인데.

소말리아에서는 부부가 헤어지지 않도록 하려고 애쓴다. 두 사람이 속한 부족을 위해서다. 여자는 이혼을 결정하는 데 남자와 동등한 권리가 없다. 결혼이 언제 끝날지는 남자가 결정하며, 여자는 아이들을 잃고 구걸밖에는 살 길이 없이 버려질 수도 있다. 남자는 아내와 아내의 가족, 그리고 자기 가족에게 '이혼하겠다'고 말할 수 있다. 양쪽 집안이 그 남자에게 재고하도록 설득하지 못하면 결혼은 그걸로 끝이다. 남편이 아내를 부양하지 않으면 여자도 떠날 수는 있다. 하지만 어디로 가겠는가? 그 여자가 뭘 할 수 있겠는가? 남자는 여자에게 염소나 양을 몇 마리 주도록 되어 있다. 헤어질 때 여자가 갖는 것은 그것뿐이다.

내 여자친구들이 말했다.

"와리스, 잘했어. 남자들한테 맞서지 않으면 늘 이용만 당할 뿐이야."

나는 깜짝 놀랐다. 남자들은 다 그런 거라고, 집에 들어가서 두드려맞지 않도록 조심하라고 말할 줄 알았는데. 친구 샬라는 며칠 자기와 같이 지내자고 했다. 샬라는 전에 데이나와 내가 다투는 것을 본 적이 있어 이번에도 잘 넘어갈 거라고 했다. 하지만 내 생각은 달랐다. 우리는 선을 넘었다. 실은 내게 더 이상 정이 남아 있지 않았다. 껍데기만 남은 타조 알이나 말라버린 강바닥처럼 생명이 빠져나가버렸다. 여자들이 부르던 노래 한 소절이 기억났다.

염소는 상냥하게 돌봐야 하고
낙타는 밧줄에 매어둬야 하고
애들한테 이것저것 해줘야 하고
남편 위해 심부름도 해야 하는데
남편은 하지도 않은 잘못 때문에 나를 때리네

돌아와 보니 네이나는 집에 없었다. 시괴도 회해도 할 생각이 없었던 것이다. 알리크는 아직 할머니와 함께 있었고 나는 진에 둘러싸여 혼자였다. 악마들은 기다리고 있다가 내 머릿속으로 뛰어들어 밤

새 나를 뒤척이게 했다. 다시 모든 것에 화가 나고 두려워서 잠을 이룰 수 없었다. 이번에는 진짜 끝이다.

데이나가 돌아오자 나는 나가달라고 했다. 데이나는 나를 쳐다보더니 고개를 저었다.

"아니, 난 아무데도 안 가. 누군가가 떠나야 한다면 그건 너야."

데이나가 너무도 단호하게 말했기 때문에 그 사람 말이 진심이라는 것을 알았다. 나는 문간에 서서 오랫동안 데이나를 지켜보았다. 그러는 동안 데이나는 마치 내가 없는 것처럼 행동했다. 정말은 이렇게 말하는 것 같았다. 와리스, 난 너를 괴롭혀줄 거야. 내가 떠나야 한다면 너 역시 떠나게 해주지.

비록 한때 유목민으로 살았지만 나는 떠나는 게 싫었다. 우리 모두가 떠나는 것을 싫어했다. 염소들과 낙타들이 풀을 모두 먹어치워 다른 곳으로 가야 할 때면, 우리는 물과 새로 자란 풀이 있는 곳에 다른 사람보다 먼저 도착하기 위해 한밤중에 길을 떠났다. 그건 아버지의 작전이었다. 식구들이 모두 곤히 자고 있을 때, 아버지는 우리를 흔들어 깨우며 일어나서 낙타에 실을 짐을 싸라고 했다. 사방은 칠흑같이 어두웠고, 아버지만 빼고 모두들 어둠 속에서 물건을 찾느라 헤매야 했다. 어떻게 해서인지 아버지는 어둠 속에서도 볼 수 있었다.

"와리스, 냄비 가져와."

"어디 있는지 못 찾겠어요."

"아궁이 반대편에 있다."

나는 땅을 더듬으며 냄비를 찾느라고 허둥댔다. 속으로는 뜨거운 숯을 밟지 않기를 바라면서.

엄마와 아버지는 몇 안 되는 자잘한 살림살이를 낙타에 실었다. 여자들은 동물 가죽을 꼬아서 아주 튼튼한 가죽끈을 만들었다. 엄마는 이 가죽끈을 낙타 배 밑으로 길게 한 줄 매고 귀 뒤부터 꼬리 아래까지 또 한 줄 맸다. 그리고 가재도구들을 가죽끈에 매달았다. 엄마는 낙타 등에 손이 쉽게 닿도록 낙타를 달래서 꿇어앉게 하고는, 먼저 혹 위에 담요를 깔아 자리를 만들었다. 모든 물건은 단단히 조여 묶고 세심하게 균형을 잡도록 했다. 오랫동안 걸어야 하므로 가다가 물건이 떨어지거나 돌아다녀서는 안 되었다. 깜깜해서 잘 안 보이는 탓에 간혹 짐이 한꺼번에 풀릴 때가 있었다. 그러면 아버지는 신발 밑창으로 엄마를 때렸다. 엄마는 우유바구니처럼 무거운 것을 양쪽에 나눠 실은 다음 냄비나 작은 바구니들을 실었다. 우리의 둥근 움막을 덮는 돗자리는 돌돌 말아 양쪽을 묶은 뒤 다른 낙타에 실어 단단히 묶었다. 엄마는 작은 집을 짓듯이 짐을 쌓아올려 낙타가 나를 때 편안하게 느끼도록 만들었다. 낙타 등 한가운데는 빨리 걸을 수 없는 아기나 가축의 새끼를 태우기도 했다. 어른들은, 따라오지 못해서 뒤처져 사막에서 죽은 아이들 이야기를 해주었다. 우리는 걸려 넘어지거나 머뭇거렸다. 뭔가를 두고 왔을까 봐 불안했고, 어쩌면 남겨지는 것이 우리 자신일까 봐 겁이 났다. 엄마와 아버지가 낙타에 짐을 싣는 동안 엄마는 *살살*(노동요) 한 자락을 불렀다.

아내를 많이 둔 남자에게는
잔소리와 걱정이 친구라네

아버지가 그 노래를 좋아하지는 않았겠지만, 모든 여자들이 부르는 노래이니 뭐라 할 수 있었겠는가. 낙타에 짐을 싣고 나면, 우리 식구는 밤을 새고도 꼬박 하루를 더 걸었다. 우리는 낙타를 타지 않는다. 아기나 노인, 아픈 사람만이 낙타 등에 탄다.

나는 둘 중의 하나를 택해야 했다. 내가 나가든가, 아니면 데이나와 함께 버티면서 누가 먼저 물러서는지 두고 보든가. 나는 내 사무실로 가서 의자에 앉아 심호흡을 했다. 마음을 가라앉혀야 했다. 아파트는 매달 내가 집세와 공과금을 지불하는 내 집이다. 소말리아에서는 갈등이 일어나면 관련된 남자들끼리 의논하고 해결한다. 우두머리 같은 것은 없고 모든 남자에게 발언권이 있다. 결혼한 여자의 경우 남편 부족의 일원으로 간주되지 않으므로, 만약 분쟁에 연루되면 여자의 오빠나 남동생 또는 다른 남자 친척이 그 여자의 입장을 대변한다. 엄마도 아버지와 결혼했다고 해서 다아로오드 족의 일원이 되지는 않았고 여전히 하위예 족으로 남았다. 남자들은 커다란 나무 아래 모여서 모두가 화합할 수 있는 결론에 이를 때까지 의논했다.

나는 이제 소말리아가 아니라, 내게도 권리가 보장된 브루클린에 살고 있었다. 하지만 임대계약서에 데이나의 이름이 올라 있었기 때문에 데이나에겐 나갈 의무가 없었다. 그 아파트를 구할 무렵, 나는 출산일이 가까워져 데이나의 가족이 있는 오마하로 비행기를 타고 가야 했다. 그런 중요하고 긴 법률문서에 서명할 일이 버겁게 느껴졌다. 읽기도 힘들었고 사실은 그 말들이 무슨 뜻인지도 몰랐다. 그래서 우리가 있을 곳을 빌리기 위해 데이나가 남아 내 수표를 갖고 집주인을 만났다.

유목민에게는 집이 정말 중요하다. 집을 둘러싼 환경이 자주 바뀌기 때문이다. 하지만 이 집을 둘러보니 분명 내 영혼을 살찌울 수 있는 곳이 아니었다. 이런 곳에서 살 수는 없다. 영혼은 기진하고 샘은 말라버린 텅 빈 구덩이. 이제 옮겨갈 때가 된 것이다. 풀은 떨어지고 진이 판을 친다. 사방이 골칫거리다!

사실 변해야 하는 건 나였다. 문제의 많은 부분이 나에게서 비롯되었다. 하지만 어떻게 해야 할지 몰랐다. 나는 항상 남자들을 경계해 왔다. 아버지 때문만은 아니었고 이러저러한 일을 많이 겪었기 때문이다. 내 인생에서 남자들과의 만남은 끔찍할 때가 많았다. 나는 방어적으로 되었고 의심이 많아졌다. 데이나를 처음 만났을 땐 그 사람이 수줍음이 많고 친절했기 때문에 우리 관계가 좀 다를 줄 알았다. 하지만 역시나 하는 기분으로 끝나고 말았다. 나는 무슨 일이든 아내에게 시키는 게으른 남자들을 소말리아에 모두 두고 온 줄 알았는데, 결국 이곳에서도 마찬가지였다. 남자들은 수없이 나를 이용했고 더한 짓을 하기도 했다.

아주 어렸을 때, 아버지 친구 한 사람이 우리 가족과 함께 지내러 왔다. 구반이라는 사람이었다. 그 사람은 건기 동안 우리와 함께 지냈고 구가 되어 비가 내렸을 때에야 떠났다. 구반은 갈카요에서 왔는데 거기서 다른 부족 사람과의 싸움에 휘말렸다. 그때 칼을 가지고 있어서 상대방이 팔을 벨 뻔했다고 한다. 한 사람이 다른 부족 사람을 피 흘리게 하면 부족의 모든 사람이 책임을 진다. 부족 사람들은 *디아*(합의금)를 지불하고, 구반에게 성질이 좀 누그러질 때까지 있으라고 사막에 있는 우리에게 와 있도록 했다.

구반은 재미있는 사람이었고 항상 나를 놀렸다. 내가 지나갈 때 긴 팔을 뻗어 남몰래 내 군티노(랩 드레스) 자락을 들추었다. 그 사람은 내 눈을 똑바로 쳐다보았다. 나는 그게 좋았고 그 사람을 특별한 사람이라고 여겼다. 어느 날 저녁에 구반이 말했다.

"와리스, 양을 우리에 몰아넣어야지. 내가 가서 도와줄까?"

나는 구반이 나를 좋아하는 것 같아서 우쭐했다. 아직 어린애였으니까.

할레모 언니는 그 사람을 믿지 말라고 했지만 나는 언니 말을 듣지 않았다. 언니가 언제나 이래라저래라 하는 게 싫었다. 구반과 나는 외진 곳까지 나갔다. 투우그 바닥으로 내려갔다가 양들을 부르려고 건너편 강둑 위로 올라갔다. 멀리 언덕 너머로 해가 지고 있었다. 구반이 그늘진 아카시아 나무를 발견하고는 말했다.

"여기 그늘에서 좀 쉬었다 갈까?"

구반은 웃옷을 벗더니 나더러 자기 옆에 와 앉으라고 했다.

그 사람의 행동이 어딘지 수상해서 나는 가서 양을 데려오자고 말했지만, 구반은 자꾸만 자기 웃옷 위에 앉으라고 했다. 내가 옷 위에 살짝 걸터앉자 그 사람은 바로 내 옆에 누웠다. 너무 가까이 붙어서 땀 냄새가 날 정도였다. 나는 잠시 동안 양들이 풀을 뜯거나 맛있는 새순을 찾으려고 땅을 코로 문지르는 모습을 지켜보았다.

구반이 말했다.

"자, 와리스. 내가 이야기를 해줄게. 누워서 하늘을 봐. 별들이 하나둘 나올 거야."

나는 귀가 솔깃해서 구반이 누운 반대쪽 옷자락 위에 누웠다.

구반은 옆으로 돌아눕더니 손으로 머리를 받치고 내 쪽을 향했다. 내 목을 간질이고 코가 큰 여자 이야기를 해주었다. 그리고 내 코를 만졌다. 이야기에 나오는 여자는 어깨가 건장하고 배와 가슴이 풍만했다. 그 사람은 여자 이야기를 할 때마다 내 몸을 더듬었다. 그렇게 내게 이야기를 하다가 별안간 내 군티노를 잡아당기더니 나를 붙들고 매듭을 풀었다. 나는 소리치며 놓아달라고 했지만 남자는 나를 끌어당겨 덮쳤다. 우리는 움막에서 너무 멀리 왔기 때문에 아무도 내 목소리를 듣지 못했다. 구반이 아래로 손을 뻗어 치마를 내 몸 위로 말아 올린 뒤, 자신의 *마아-아-웨이스*(허리에 둘러서 여미는 남자 옷)를 열고 내 다리를 벌렸다. 그리고 내 위에 엎드려 자기 성기를 내게 들이밀었다. 나는 소리를 질렀다.

"이러지 마, 이러지 마! 뭐 하는 거예요!"

그 사람은 커다란 손으로 내 입을 막았다. 그 다음에 내가 깨달은 것은 남자가 뭔가를 쏟아냈다는 것이다. 그리고 몸을 굴려 내게서 떨어지더니 소리 내어 웃기 시작했다. 나는 일어나서 몸을 닦고 집을 향해 내쳐 달려갔다. 엄마 다리를 꼭 붙잡고 엄마 냄새를 맡았다. 엄마한테서는 흙냄새처럼 순결한 냄새가 났다. 나는 내게 일어난 일을 이해하지 못했기 때문에 무슨 말을 해야 할지 몰랐다. 섹스에 대해서는 아무것도 몰랐으니까. 소말리아에서는 그런 것을 입 밖에 내어 얘기하는 법이 없었다. 그 남자가 뭔가 나쁜 짓을 한 게 분명했지만 나는 그게 무엇인지 알 수 없었다. 말로 설명할 수가 없어 엄마 다리만 붙들고 있었다.

엄마가 내 머리를 쓰다듬으며 말했다.

"아가, 괜찮아. 무슨 일이니, 왜 그래? 하이에나가 쫓아왔니?"

나는 울지도, 말을 하지도 못했다. 아무 말도 할 수가 없었다. 그냥 거기 서 있기만 했다. 나는 엄마를 놓을 수 없었다. 내가 더러워졌으며 부끄러운 일을 당했다는 느낌이 들었지만 왜 그런지는 알지 못했다. 나는 그 남자가 미웠다. 자기를 도와준 가족을 해치다니.

데이나와 헤어지는 것으로 내 문제가 해결되지는 않았다. 나는 살 집도 없고 기댈 가족도 없는 싱글맘이었다. 데이나를 내 인생에서 쫓아내면 좀 나아질 줄 알았는데 상황은 악화되기만 했다. 혼자라고 느낄수록 엄마가 더 보고 싶었다. 하지만 가족을 다시 찾겠다는 내 꿈은 불가능한 일 같았다. 신문엔 소말리아에 대한 끔찍한 소식들뿐이었다. 1992년 10월에는 이런 기사를 읽었다. '2백만 명에 가까운 소말리아인들이 기아에 허덕이고 있으며, 하루에 2천 명 꼴로 죽어가고 있다.' 소말리아의 인구는 다 합쳐야 450만 명이다. 그러니 기자들이 '소말리아는 그야말로 지옥으로 변해가고 있다.'라고 했을 때 그 말은 사실일 터였다. 내가 떠나온 후 가족들은 기근과 부족 간 전쟁을 겪으면서 무슨 일을 당했을지 모른다. 1991년 무하마드 시야드 바레가 축출된 후 정부는 완전히 붕괴되었고, 그후 거의 10년이 지났는데도 새 정부는 파벌 간의 충돌을 평정하지 못했다.

엄마는 내게 아들이 있다는 사실조차 모른다. 알리크가 이제 세 살이 되었지만 엄마에게 이 아이 얘기를 들려줄 길이 없었다. 제한적이나마 가능했던 우편물 배달도 이제 중단되었고, 가족들이 우체국 가까운 곳에서 살 리도 없었다. 사실 전달 방법이 있었다고 해도, 우리 식구 중에 읽거나 쓸 줄 아는 사람이 없으니 편지나 이메일이나 팩스를 보내지는 못했을 거다. 내 불쌍한 조국은 기술 발전을 따라가지 못했을 뿐 아니라 오히려 후퇴했다.

　나는 가족이라고는 없이 들판에 버려져 죽은 것이나 다름없는 처지였다.

변방에서 온 소식

행운은 신의 날개를 타고 오지
양쪽 날개 위로 길조가 보이네
아들아, 절망하지 말고 평화를 찾으렴

―소말리아 노래

어느 흐린 날 오후에 전화벨이 울렸다. 받아야 할 전화였다. 그냥 그래야 할 것 같은 느낌이 들었다. 누군가가 오프라 윈프리를 대신해서 전화를 걸었다. 오프라 윈프리는 영향력 있는 여성사업가이며 나도 그 점을 인정한다.

전화 건 사람이 말했다.

"저희는 전 세계에서 여성에게 가해지는 용인된 폭력에 대해 TV

프로그램을 만들고 있어요. 선생님께서 출연해주셨으면 하고 전화 드렸습니다. 방송에는 여성의 권리 신장에 관한 내용이 포함돼 있어요."

"저는 FGM에 대해 얘기하면 되나요?"

그 여자가 대답했다.

"여성성기절제술 문제도 다룰 예정입니다. 하지만 그 문제에 대해선 칼리스타 플록하트가 아프리카 여성들을 인터뷰할 예정이에요."

"칼리스타 플록하트요?"

"TV에서 앨리 맥빌 역을 연기하는 여배우예요."

"네."

나는 대답했다. 하지만 그 여배우가 FGM에 대해 뭘 알겠는가.

FGM에 대해서가 아니라면 무슨 말을 하지? 오프라 윈프리가 내게서 무슨 말을 듣고 싶어하는 거야? 나는 상상이 되지 않았다.

"〈영혼을 되찾으세요〉라는 코너를 맡아주셨으면 합니다."

"영혼이라구요? FGM이 아니라?"

나는 이해할 수 없었다. 나 자신이 마치 자기 등을 보려고 애쓰는 코끼리처럼 느껴졌다. 그 여자가 말했다.

"네. 자기 영혼을 되찾자는 주제의 코너예요. 저희는 선생님이 적격이라고 생각합니다."

FGM이 아닌 다른 것에 대해 말해달라니 뜻밖이었다. 하지만 내 인생에서 그 시절은 내가 영혼으로부터 가장 멀어진 때였다. 나는 건기의 우유바구니처럼 말라버린 신세였다. 속에 쓸모 있는 긴 히니도 남아 있지 않았다. 나로서는 왜 오프라 윈프리가 내게 영혼에 대해 말하기를 원했는지, 왜 '봉쇄술'을 겪은 적 없는 백인 여자에게 FGM에 대해 얘기하도록 했는지 이해할 수 없었다. 도대체 그 사람들은 내가 어떤 영혼을 되찾기를 바랐을까? 내가 하려고 했던 모든 일들이 내 손 안에서 소금처럼 녹아버린 것 같았다. 나는 전화를 건 여자에게 생각해보고 연락하겠다고 말했다. 마음속과 머릿속은 결코 풀 수 없을 것 같은 골칫거리와 문제로 넘쳐나고 있었다.

그 일이 일어난 주 어느 날 새벽이었다. 나는 날카로운 전화벨 소리에 잠에서 깨어 침대 머리맡에 있던 시계를 넘겨다보았다. 다섯 시였지만 여전히 졸렸다. 시계가 다섯 시를 가리켰다고 해서 정말 다섯 시였는지는 모르겠다. 다섯 시를 가리켰으면 실제로는 네 시였을 수도 있다. 여섯 시를 가리켰어도 마찬가지다. 한 친구가 낮 시간을 아끼기 위해 시간을 바꾼다는 얘기를 해준 적이 있었는데, 나는 그 말을 이해할 수 없었다. 더구나 반쯤 잠에 취해서야.

"왜 시간을 바꾸지? 시간이 어떻게 바뀔 수가 있어?"

내가 물었더니 그 친구가 대답했다.

"가을에는 시간이 늦어지고 봄에는 빨라져. 가을에는 해가 점점 더 늦게 뜨니까 시계를 한 시간 늦게 맞추는 거야. 항상 같은 시간에 해가 뜨도록 하는 거지."

"그냥 날이 밝으면 일어나면 되잖아."

소말리아에서는 아무도 해에게 이래라저래라 하지 않는다. 적도 부근은 일 년 내내 낮의 길이가 비슷하다. 나는 그림자의 길이를 보고 해가 지기까지 얼마나 남았는지 알 수 있었다. 시계 같은 건 필요하지 않았다. 서양의 도시는 빛이 넘쳐나서 밤이건 낮이건 그다지 차이가 없다. 게다가 하늘은 구름이 끼거나 오염이 되어 해를 좀처럼 보기 힘들다. 소말리아에서는 해가 생활을 지배한다. 우리는 날이 저물면 잠들고 해가 뜨면 잠자리에서 일어난다. 친구가 미시건 주의 농부들 얘기를 해주었다. 그 사람들은 암소 젖을 짤 시간에 맞추어 일어난다고. 소말리아에서 염소들은 해가 뜨면 일어났다. 미시건 주에 있는 암소라고 왜 그러지 않겠는가.

나는 우리 가족 누군가가 전화를 했을 거라는 느낌이 들었다. 아프리카에는 사막에 연락하는 방법에 대한 농담이 있다. 전화나 서면을 통하지 않고서도 어떻게든 연락할 수 있다는 얘기다. 영어로는 표현하기 힘든 육감 같은 것이 있기 때문이다. 누가 올 거라거나 누가 아프다는 것은 곧잘 알아맞힌다. 서양에는 휴대폰과 팩스, 자동응답기 같은 훌륭한 기계들이 있지만, 그런 것이 없어도 신과 연락이 닿는 한 연락은 닿게 마련이다.

사람들은 항상 내게 묻는다.
"팩스 있으세요? 선생님께 보낼 것이 많거든요."
"없는데요."
"이메일은 받을 수 있습니까?"
그러면 나는 그 사람들에게 말한다.
"저는 이곳의 발달된 기술에 익숙하지 않아요."
기술에 기대지 않고서도 전달할 방법은 있다. 사랑하는 사람에게는 분명 닿을 수 있다.

그날 새벽 나는 비틀거리며 침대에서 나와 전화를 받았다. 형제 중에 제일 위인 모하메드 오빠가 암스테르담에서 전화를 했다. 오빠는 그곳에 살고 있었다.

"니히예 (아가씨)."

그 말에 나는 잠이 확 달아났다. 오빠가 돈이 필요하다고 해서 부쳐주기로 했다. 오빠는 종종 나를 새벽 다섯 시에 깨운다. 나는 오빠를 좋아했다. 돈이 필요하면 늘 내게 부탁하긴 했지만. 오빠는 막 소말리아에 다녀온 친척들을 만났다고 했다. 그 사람들은 별 어려움 없이 가족을 만났으며 그 가족이 우리 엄마와 가까이 살고 있다는 것이다! 친척들이 다시 간다고 해서 오빠는 엄마에게 돈을 좀 전해주고 싶어했다. 우리 식구들은 누군가 돈이 있으면 나누어 쓴다. 그게 우리가 살아가는 방식이다.

모하메드 오빠는 모가디슈에 있는 돈 많은 삼촌 집에서 자랐기 때문에 나하고 친하지 않았다. 우리 종족에게는 드문 일이 아니다. 집안에서 돈 많은 사람은 종종 형편이 좀 못한 친척의 자녀를 맡아달라는 부탁을 받는다. 타조조차 다른 둥지에 알을 낳지 않는가. 어미는 의심 없이 알을 모두 품고 새끼들을 기른다. 한 둥지에 알이 열세 개나 될 때도 있다.

오빠와 내가 어렸을 때 군부독재자 시야드 바레가 소말리아 정부를 장악했다. 아프웨이네, 즉 '큰 입'이라고 불린 시야드 바레는 소말리아에 변화를 일으키기를 몹시 바랐다. 당시 소말리아에는 공식 문자가 없었다. 종교인들과 정부가 한 가지 문자에 합의할 수 없었던 까닭이다. 교육받은 사람들은 로마자를 선호했지만, 코란이 아라비아 문자로 쓰여 있기 때문에 이슬람교 장로들이 아라비아 문자를 고집했다. 하지만 시야드 바레는 러시아와 중국으로부터 원조를 받기로 협

정한 터라 두 나라의 뜻을 존중하고자 했다. 마오쩌둥 주석은 중국에 온 소말리아 파견단에게 자신이 로마자를 선호할 뿐 아니라 애초에 중국인들도 로마자를 썼으면 좋았을 거라고 했다. 러시아인들도 로마자를 선호했다. 시야드는 소말리아어를 로마자로 표기하라고 선포하였다. 이로써 논쟁이 종식되고 소말리아어는 처음으로 문자로 표기되었다. 정부는 문화 혁명을 선언하고 모든 국민이 2년 안에 읽는 법을 배우도록 했다. 모가디슈에 새 학교가 세워졌다. 오빠는 바로 그곳에서 소말리아어와 이탈리아어, 아라비아어를 배웠다. 아라비아어는 경전 코란이 쓰인 언어여서 모든 학생이 배운다. 한편 소말리아 남부가 한때 이탈리아의 식민지였기 때문에 아직도 정부 문서 대부분은 이탈리아어로 되어 있다.

    그런데 오빠가 성장기를 보내는 동안 도시가 파괴되었다. 외국의 원조로 운영되던 학교들과 병원들이 영영 문을 닫았고 군대만이 커졌다. 시야드 바레는 다아로오드 족이었는데, 많은 사람들이 다아로오드 족 출신이 군대를 이끄는 데 반대했다. 군대는 캇(동아프리카와 아라비아반도에서 자라는, 마약 성분이 있는 식물—옮긴이)의 수요가 많아서 오빠는 캇 딜러가 되었다. 캇은 마약처럼 각성제를 분비한다. 원래는 종교지도자들이 밤낮으로 코란을 읽으면서 캇을 씹었는데, 그후 나이든 사람들이 둘러앉아 오후 내내 정치 따위를 논하면서 캇 가지에서 작은 초록 잎을 뜯었다. 잎이 끈적끈적해질 때까지 씹어 입속에 한쪽으로 모으며 볼이 불룩해진다. 결국은 캇 때문에 이가 죄다 검게 변한다. 나는 사람들이 왜 캇을 좋아하는지 이해할 수 없었다. 맛도 좋지 않고 보기에는 더욱 나쁜데 말이다. 남자들은 초록색 즙을 입가에 줄

줄 흘리고 다닌다. 오빠는 산지인 에티오피아와 케냐 고지에서 캇을 몰래 들여와 군대에 팔았다.

캇은 군대에 있는 10대 소년들을 파멸로 몰았다. 이 마약을 씹은 사람은 점점 더 흥분되면서 이성을 잃어간다. 씹고 나서 처음 두 시간 동안은 기분이 좋아지지만 그후엔 우울증과 피로와 의심이 밀려들고 잠을 이루지 못한다.

시야드 바레가 집권한 후 1970년대 초였다. 갈카요에 사는 아메드 삼촌이 우리가 돌보고 있던 삼촌의 낙타와 염소를 살펴보러 왔다. 삼촌은 흥분한 것 같았고 아버지와 오랫동안 이야기를 나누었다. 엄마와 나는 기다란 낙타 가죽을 꼬아서 가죽끈을 만들고 있었는데, 가까이 앉아 있어서 아버지와 삼촌 얘기를 들을 수 있었다.

"시야드 바레의 군인들이 남자애들을 찾고 있어."

"애들을 데려다 뭘 하게?"

"남자아이를 닥치는 대로 잡아다 훈련소로 데려가서 군인을 만든대. 정말이야, 벌써 납치된 애들이 한둘이 아니야! 오가덴 지역에서 에티오피아와 전쟁을 벌일 거래. 에티오피아가 차지한 우리 땅에서 말이야. 우리 애들을 전쟁에 나가게 할 수는 없지. 아직 어린데. 아이들을 숨도록 해야겠어."

"그자들이 애들한테 줄 총이 어디 있어? 어린아이한테 누가 총을 준다고."

"*아프웨이네*가 여기저기서 원조를 얻고 있잖아! 이탈리아, 미국, 독일, 러시아, 중국까지 시야드 바레에게 돈을 주고 있어. 그걸로 군대 장비를 사는 거지. 무기가 있으니까 군인이 필요한 거야."

삼촌은 차를 한 모금 마시고는 뱉었다. 그리고 아버지에게 경고했다.

"친척들한테 들은 얘긴데, 남자애들이 사막으로 낙타를 먹이러 나갔다가 사라진다는군. 군인들이 군대를 위해서 애들을 납치하고 가축까지 훔쳐간대."

삼촌이 가고 나자, 아버지와 엄마는 구덩이를 파서 남자애들이 숨어 지내도록 해야겠다고 생각했다. 결국 아버지는 북부에 있는 친척들 집으로 남동생들을 보냈다. 그리고 내게 낙타를 돌보는 법을 가르쳤다. 나는 우쭐해서 잘 해내야겠다고 마음먹었다. 보통은 남자아이들만이 낙타를 돌보는 영예를 누린다.

며칠에 한 번씩 나는 아버지가 찾아낸 길을 따라서 낙타를 우물로 데려갔다. 아버지는 언제나 물이 있는 곳을 찾을 수 있었다. 다른 사람은 아무도 찾아내지 못하는 때라도 말이다. 낙타는 등의 혹에 물이 아니라 일종의 지방질 양분을 저장한다. 먹이가 모자랄 때 초콜릿 바처럼 이것을 분해해서 쓴다. 우두머리 낙타가 가는 길을 알고 앞서 가면, 나머지 낙타들은 우두머리가 목에 건 나무로 된 낙타종 소리를 따라 느릿느릿 걷는다. 나는 낙타를 몰 때 두레박으로 쓸 물주머니를 가져갔다. 물주머니는 엄마가 염소가죽을 기워서 긴 끈을 달아 만들었다. 한번은 사방에 군대 막사와 트럭이 깔려 있어 내가 다니던 길이 차단되었다. 군인들이 여자를 겁탈하고 가축을 보는 대로 빼앗는다는 얘기를 들었기 때문에 심장이 얼어붙는 것 같았다. 나는 나지막한 흙더미 위에 쪼그리고 앉아서 갈색 제복을 입은 군인들을 지켜보았다. 군인들은 긴 소총을 들고 왔다갔다 했고 트럭 뒤에는 기관총이 실려 있었다. 나는 낙타들을 저희들끼리 가도록 놓아주었다. 어떻게 해서든 우물 쪽으로 향하길 바라면서. 그리고 군인들에게 들키지 않으려고 기어서 몇 킬로미터를 돌아갔다. 낙타가 나보다 먼저 도착해 있었다. 나는 물을 길어 낙타들을 먹이고, 어두워져서야 군인들을 피해 다시 기어서 우리 캠프로 돌아갔다.

부자 삼촌은 도시가 파괴되었으니 모가디슈에서 이사를 가야겠다고 말했다.

"사람들은 뇌물로 먹고 살아. 게다가 훔치거나 가로챌 생각밖에 하지 않지. 길에는 아무 할 일 없이 문제나 일으키는 *무리아안*(부랑자)이 득실거려."

아버지가 말했다.

"사람이 굶주리면 체면도 뭣도 없이 아무거나 입으로 가져가잖아. 먹기 위해서라면 무슨 일이든 하겠지."

"그자들은 집도 없고 돈벌이할 일도 없어. 우리는 모가디슈를 떠나면 다시 돌아가지 않을 거야. 정부라고 해야 하는 일 없이 자기 욕심만 챙기는 패거리고. 이제 보통 사람들은 그곳에서 안전하게 살 수 없어."

에티오피아와의 전쟁은 1974년에 일어났다. 그때 이후 소말리아는 내전으로, 나중에는 기근으로 고통을 겪었다. 1991년이 되어서야 바레 정권이 무너지고 반정부 연합체가 모가디슈의 일부를 장악했다. 하지만 이들은 누가 대통령이 될 것인지에 합의하지 못했고, 이것이 더 많은 부족 간 분쟁을 초래했다.

아메드 삼촌이 다녀간 후 얼마 지나지 않아, 나는 집에서 달아나 런던으로 건너갔다. 가족의 소식은 거의 알지 못했고, 곧 전혀 듣지 못하게 되었다. 1992년 내가 모델 일을 좀더 추진하기 위해 런던에서 뉴욕으로 옮겨갔을 무렵 뉴욕타임스 일요판을 보게 되었다. 한 친구가 신문을 가져다주었는데, 나는 거기에 난 사진들을 보고 서 있을 수조차 없었다. 소말리아에서 기근으로 10만 명 이상이 죽었다. 그것도 가뭄 때문이 아니라 시야드 바레의 정권이 무너지면서 일어난 내전 때문에. 이제 정부는 사라졌고 부정 거래를 일삼는 무뢰배들이 정부를 대신했다. 농사를 지을 수도 없고 가축들도 거의 찾아볼 수 없게 되었다. 사진은 굶주림으로 죽어가는 사람들을 찍은 흑백사진이었다. 도적떼가 부녀자와 아이들에게 줄 식량을 약탈해갔기 때문에 구호 단체들도 굶어 죽어가는 사람들에게 식량을 전달할 수 없었다. 사진 속에서 눈이 움푹 들어가고 얼굴 양옆으로 광대뼈가 튀어나온 아이들이 울고 있었다. 가족을 찾을 길은 전혀 없었다. 신문에는 이렇게 쓰여 있었다. '버려진 이 땅은 전쟁, 가뭄, 기근으로 파괴되었다. 이곳에서 운이 좋은 사람은 차라리 죽은 자들이다.' TV에서는 희망 재건 작전(소말리아 원조를 위해 미국이 UN의 용인하에 군대를 투입한 군사작전—옮긴이)에 대해 보도했다. 폭도로 변한 무장한 군인들을 도시에서 몰아내기 위해 숨가쁜 움직임이 계속되었다.

    수많은 소말리아인들이 고국에서 탈출했는데, 모하메드 오빠 역시 운 좋게 탈출한 사람들 가운데 하나였다. 오빠는 암스테르담에 도착해서 내게 전화를 걸었다. 오빠가 살아 있다는 사실이 너무 기뻐서 나는 곧바로 비행기를 타고 암스테르담으로 갔었다.

    오빠를 처음 보았을 때 나는 막대기처럼 바싹 마른 이 사람이 진짜 우리 오빠인지 믿을 수가 없었다. 너무 오래 물을 마시지 못해 아랫입술이 심하게 갈라져 있었고 셔츠 사이로 빗장뼈가 드러나 보였다. 마치 오빠의 일부분이 죽었거나 속이 텅 빈 것처럼 공허한 표정이었다. 나는 오빠를 힘껏 껴안았다.

"오빠, 어떻게 된 거야? 왜 이렇게 됐어?"

"철창에 갇혀서 몇 달이나 있었어. 물이나 먹을 것도 제대로 주지 않았어."

"어쩌다 그렇게 된 거야?"

"와리스, 모두 제정신이 아니었어. 군인들은 하루 종일 술을 마시고 캇을 씹었어. 공연히 말싸움을 벌이고 시내를 돌아다니면서 재미로 총을 쏘고."

"히이예."

나는 오빠가 겪은 상황이 어땠는지 궁금했다.

"초저녁이면 모두들 취해서 막무가내로 난폭해졌어. 그럴 때 정신이 멀쩡한 사람이 의심을 받는 거야. 만약 누군가가 총 쏘는 걸 말리느라 '이봐, 진정해. 저쪽에 사람이 있을지 모르잖아.'라고만 말해도 소리를 질러댔지. 정부가 뭘 결정하면 군대는 그걸 실행하는 데 이용됐고 논쟁을 해서도 안 되었어. 정부가 여성에게도 재산을 물려받을 권리가 있다고 선포하자 종교지도자들은 그게 이슬람 전통에 어긋난다고 항의했어. 그 때문에 이슬람교 장로 열 명이 처형됐지. 아프웨이네의 사병부대 '레드 베레'가 바로 그 사람들 사원에서 저지른 일이야. 종교지도자들을 죽였다고 시위를 하던 사람들은 길에서 학살당했고. 군인들은 장난으로 총을 쏘고 여자들을 강간했어. 어린 여자애들까지."

오빠는 그후 며칠 동안 소말리아 상황을 얘기해주었다. *아프웨이네*는 하위예 족이나 이사크 족, 또는 다아로오드 족이지만 마지어티인 파이면 누구든지 의심했다. 시야드 바레는 다아로오드 족 중에서도 자기네 파인 마리이하안 사람만을 최고혁명위원회에 받아들였고, 그 사람들은 시야드 바레가 원하는 대로 움직였다. 어느 날 오빠는 대통령에 대한 충성심이 부족하다는 죄목으로 투옥되었다.

"그 사람들은 마지어티인 사람이면 누구든지 의심했어. 어느 날 밤에 날 침대에서 끌어내 실컷 때리더니, 꽁꽁 묶어서 일주일 동안 캄캄한 방 안에 처넣더구나. 재판이고 뭐고 없이 말이야. 죄도 없이 벌을 받은 거야."

"먹는 건 어땠어?"

오빠는 너무 말라서 눈이 머릿속으로 움푹 꺼져 있었다.

"먹을 걸 제대로 주는 법이 없었지. 밥 조금하고 씻을 물 한 컵이 다였어."

"아아, 세상에. 그래 어떻게 빠져나왔어?"

"모두들 취해 있을 때 삼촌이 교도관들을 매수할 돈을 가져와서 탈출했어. 소말리아에 있어봐야 죽은 목숨이나 다름없다고 생각들을 했는지, 모가디슈를 탈출하라고 친척들이 돈을 모아서 줬어. 날 남부 해안의 키스마요로 가는 수송선에 태웠지. 거기는 *아프웨이네*의 부족이 별로 힘이 없거든. 서서 다우선(인도양, 아리비아해 등을 다니는 연안무역 범선─옮긴이)을 타고 몸바사로 갔다가, 비행기를 타고 아프리카를 빠져나왔어."

그런 끔찍한 일을 당하고 떠나온 지 8년이 되었는데도 오빠는 소말리아와 연락하고 있었다. 이른 새벽 오빠의 전화를 받았을 즈음 나는 소말리아에 가려는 생각을 거의 접은 상태였다. 나는 그때의 전화가 알라 신께서 보낸 메시지였다고 믿는다. 바로 그 시점에 전화를 하다니 기적이었다. 오빠야말로 나를 도울 수 있는 유일한 사람이었으니까. 오빠는 엄마가 소말리아와 에티오피아 국경에서 가까운 아주 조용하고 안전한 마을에 산다고 했다. 아버지는 갈카요 근처 사막에서 살고 있단다. 아직도 자존심이 대단해서 마을에서 살지는 않지만 더 이상 유목생활을 하지는 않는다고. 아버지는 끊이지 않는 전쟁 속에 낙타를 대부분 빼앗겼고 눈도 잘 보이지 않게 되었다. 우리 엄마 이후에 얻은 두 아내와 살고 있다.

내가 말했다.

"오빠, 나 소말리아에 돌아가고 싶어."

오빠는 내게 이런 말을 듣는 게 처음이라 믿을 수 없다는 듯 말했다.

"설마, 와리스. 20년 전에 고향에서 달아났던 네가 이제 와서 돌아가겠다고? 돈이나 부쳐드리는 게 나을 텐데."

"아니야, 오빠. 진심이야. 고향에 가고 싶은데 겁이 나. 어떻게 해야 할지 모르겠어. 나 좀 도와줄 수 있어?"

"히이예."

오빠는 그러겠다고 했다. 히이예라니! 다른 사람들처럼 소말리아가 얼마나 위험한지 아느냐고, 도대체 거길 왜 돌아가고 싶으냐고 잔소리를 늘어놓을 줄 알았는데. 히이예는 '알았어, 그렇구나.' 라는 뜻의 소말리아어다. 그 말을 들으니 마치 사방이 깜깜한데 누군가가 성냥불을 켠 것 같았다.

"소말리아까지 안전하게 갈 수 있을까? 아는 사람을 찾을 수나 있을까? 나는 몇 년 동안 소말리아어로 말해본 적도 없어."

나는 걱정이 되면서도 흥분해서 말했다. 1995년에 나는 BBC에서 다큐멘터리 필름을 찍는 데 동의했었다. 그 사람들이 엄마를 찾도록 도와주겠다고 했기 때문이다. 그때 소말리아 국경에서 가까운 에티오피아의 갈라디에서 사흘 동안 엄마를 만났다. 소말리아에는 위험해서 가지 않았다. 그때도 소말리어로 말하는 게 힘들었다.

그렇지만 나는 이번엔 소말리아에 갈 생각이었다. 부딪쳐볼 것이다. 내가 여행 경비를 부담한다면 오빠도 함께 가겠다고 했다. 오빠는 정부에서 연금을 몇 푼 받기는 했지만 그런 여행을 할 여윳돈은 없었다. 오빠는 소말리아어를 잘 하니까 내가 말이 생각나지 않을 때 도와줄 것이다. 함께 갈 수 있다니 든든했다. 게다가 알리크를 암스테르담에 데려와 올케와 조카들에게 맡길 수 있었다. 나는 당장 그 다음 주에 떠나기로 했다. 엄마가 살고 있는 곳은 시시각각 상황이 변하고 있어 늦추면 영원히 갈 수 없을지도 몰랐다. 어쩌면 아버지도 찾을 수 있을지 모른다고 오빠가 말했을 때, 내가 잡고 있던 수화기가 땀으로 끈끈해졌다. 긴 세월이 흘렀지만 아직도 아버지 생각을 하면 두려웠다. 이 여행이 불안하기는 오빠도 마찬가지였다. 목숨을 걸고 겨우 소말리아에서 탈출했고, 모기디슈에서 당한 지독한 일들이 아직도 꿈속에서 오빠를 괴롭혔다. 네덜란드에서 난민 지위를 공인받는 데만도 몇 년이나 걸렸고, 일을 하거나 공부를 하는 것은 허용되지 않은 상태었다. 오빠에겐 기다릴 기회가 있을 뿐이었다. 나뿐 아니라 오빠도 자신을 이겨낼 방법을 찾느라 애쓰고 있었다.

나는 오프라 측에 전화를 걸어, 프로그램을 찍는 기간에 소말리아에 다녀올 계획이라며 출연을 거절했다. 실은 내 가슴에 구멍이 나 있는데 아름다운 영혼으로 충만한 체하기는 싫었다.

일단 소말리아로 가서 가족을 만나기로 결심하자, 뭘 준비해야 할지 당황스러웠다. 우리 집 여자들은 얌전한 소말리아 여자다. 몸에 꼭 끼는 바지나 티셔츠를 입지도 않고 야구 모자를 쓰지도 않는다. 나는 런던에 있을 때 애벌레가 알 껍질을 벗어버리듯 초라한 소말리아 옷을 다 내버렸다. 이제는 내 알 껍질을 되찾고 싶었다. 세계적인 패션 중심지인 뉴욕을 샅샅이 뒤졌지만 소말리아 의상 *디라*는 찾을 수 없었다. *디라*는 다리를 완전히 가리는 긴 드레스로 바닥에 끌릴 정도의 길이에 가볍고 얇은 천으로 만든 옷이다. 꽃무늬나 화려한 기하학적 도안이 많고 만드는 법이 단순하다. 우선 천을 잡고 두 팔을 코 높이에서 쫙 벌려 네 마를 잰 후, 페달 달린 재봉틀을 가진 마을 재봉사에게 가져간다. 재봉사는 천의 긴 쪽을 반으로 접고 목을 끼울 둥근 구멍을 낸다. 다음은 암홀을 남겨두고 양 옆을 꿰맨 후 목선과 아랫단을 감친다. *디라* 안에는 속치마를 입는다. 브래지어를 할 만큼 가슴이 큰 여자는 보지 못했다. 특히 내가 그렇지만! 여자들은 머리에 긴 스카프를 두르는데, 외출을 하거나 가족 외의 남자들과 얘기할 때는 스카프로 얼굴을 가린다. 몸에서 다리는 대단히 도발적인 부분으로 여겨진다. 감히 반바지나 꼭 끼는 바지를 입었다가는 돌을 맞든지 그보다 더한 일을 당할 수도 있다.

친구 샬라에게 물어보니 바나나 리퍼블릭에 가보라고 했다. 나는 점원에게 물었다.

"사막에서 입을 만한 옷이 있나요?"

"괜찮은 카고 바지도 있고 카키색 반바지도 있어요. 사파리 모자도 있구요."

내가 설명했다.

"좀 헐렁하고 아래로 떨어지는 옷이면 좋겠는데. 지퍼나 허리띠가 없는 걸로요. 사막에선 바지가 더워요."

점원은 검은 긴 드레스를 보여주었다. 나는 좀더 화려한 색깔이 없는지 물었다.

"화려한 색이 좋아요. 나까지 사막처럼 보이긴 싫거든요."

그나마 찾아낸 것은 인도 여자들이 입는 사리였다. 개중에 면이 비슷한 것이 있어서, 우리 집 여자들이 입는 것과 꼭 같지는 않아도 그걸로 *군티노*를 만들 수 있을 것 같았다. 사리를 만드는 천은 우리 옷보다 훨씬 더 길었다. 소말리아 여자들의 옷은 어깨에서 직선으로 떨어지는데 비해, 사리는 속에 꼭 끼는 상의를 입고 천으로 허리 부분을 감아서 입기 때문이다.

나는 식구들 모두를 위해 선물을 가져가고 싶었다. 특히 엄마에게. 하지만 막상 쇼핑을 하려니 막막했다. 뭘 가져가지? 유목민은 그저 소유하기 위해 물건을 지니는 일이 없다. 꼭 필요한 물건만을 갖고 다닌다. 그런데 누구에게 뭐가 필요한지 알 수가 없었다.

뉴욕의 스카이라인을 본뜬 주석 장식이나 플라스틱으로 된 자유의 여신상 모형이 우리 가족에게 무슨 소용이 있겠는가. 술이 달린 커다란 연필이나 엠파이어스테이트 빌딩이 그려진 티셔츠를 가져가도 엄마는 좋아하지 않을 것이다. 쓸모 있거나 먹을 수 있는 것이라야 식구들이 좋아할 텐데. 나는 베이비오일, 코코아버터, 코코넛오일을 샀다. 사막에서는 피부가 건조해져서 항상 바를 것이 필요하기 때문이다. 그리고 빗, 부채 모양의 노란색 비누, 헤어오일, 칫솔과 치약을 샀다. 어렸을 땐 이를 닦을 때 가는 막대를 썼는데 요즘도 그 막대를 만드는 관목을 찾을 수 있는지 알 수 없었다. 소말리아에는 치과 의사가 없으니까 칫솔은 아주 유용할 것 같았다. 엄마에게 줄 선물로는 내가 본 제일 예쁜 거울을 샀다. 엄마가 자신의 모습을 볼 수 있길 바랐다. 그 모습이 얼마나 아름다운지를.

상점 안을 서성이며 나는 생각했다. 이건 아냐. 이것도 아냐. 역시 아니야. 중요한 건 음식이었고 가축들이었고 떠나는 일이었다. 우리 가족에게 물건들은 중요하지 않았다. 화장지, 종이 타월, 일회용 기저귀, 화장실 휴지, 탐폰이나 생리대도 사용하지 않았다. 생리 때가 되면 여자들은 짙은 색깔의 낡은 옷을 입고 집 안에만 있었다. 립스틱이나 분, 눈썹 그리는 연필이나 마스카라도 쓰지 않았다. 전기가 들어오지 않으니 헤어드라이어나 토스트기도 필요 없었다. 옷을 살까도 생각했지만 유목민은 짊어질 수 있는 정도의 옷만 있으면 된다. 우리는 옷장 가득 갖가지 옷을 걸어두지 않는다. 나 역시 옷을 많이 갖고 싶었던 적이 없다. 모델 일은 좋아하지만 옷 욕심은 없었다.

결국 여자들을 위해서는 화려한 스카프를 골랐고 엄마와 아버지에게 드릴 샌들을 샀다. 우리는 사탕을 먹지 않는 데다 다른 음식은 가는 동안 상할 것 같아 먹을 것은 가져가지 않기로 했다. 남자들을 위해서는 면도를 할 수 있도록 면도기를 샀다. 아버지를 위해 빗 세트도 샀지만 아무래도 좋아하실 것 같지 않아서 도로 갖다 두었다. 아버지는 언제나 나를 거절했었다. 아버지가 한 말을 결코 잊을 수 없을 것이다.

"어디서 너 같은 게 나왔는지 모르겠다. 넌 우리 식구가 아니야."

그런 사람에게 어떻게 빗 세트를 선물할 수 있겠는가? 내가 살아남아야 했기에 흘리지 못한 눈물이 아직 가슴에 고인 채 그대로 있었다. 하지만 지금은 울 시간이 없었다. 긴 여행길에 올라야 했으니까.

서로의 차이

남자는 서로의 곁을 지켜주지
그렇게 해서 형제가 되네
우리도 서로 힘이 되어줄까?
아니면 그만 모른 체할까?

―소말리아 노동요

아메리칸 익스프레스 사의 여행담당 직원은 암스테르담으로 가려면 비행기 표를 21일 전에 미리 구입하거나, 주말을 피해 화요일이나 수요일에 떠났다가 수요일이나 목요일에 돌아올 수 있다고 했다. 나는 직원에게 사정을 설명했다. 우리 오빠가 어머니가 있는 곳을 알아냈으며, 어머니가 언제 다른 곳으로 옮겨갈지 모르기 때문에 가려면 당장 가야 한다고. 책상 건너편에서 직원은 나를 이상하다는 듯이 쳐다보았다. 그곳에 들어섰을 때 그 여자는 책상 위에 커다란 핸드백을 올려놓고 있었고, 내가 앉기 직전에 커다란 리필용 로션 병을 꺼내 손에 조금 짰다. 왜 여자들이 하루 종일 필요하지도 않은 것들로 가득 찬 약국을 통째로 들고 다니는지 모를 일이었다. 그런 사람이 유목민을 이해할 리가 없지 싶었다. 내가 말했다.

"다음 주에 출발하는 표를 두 장 끊어주세요. 어른 한 장, 아이 한 장이에요."

직원이 돌아올 날짜를 묻기에 나는 대답했다.

"암스테르담에서 소말리아로 갈 거예요. 거기까지 어떻게 가서 어떻게 돌아올지는 모르겠지만. 신께서 도와주신다면 괜찮겠죠. 별일 없이 다녀올 수 있을 거예요."

직원의 눈이 커지며 말했다.

"소말리아까지 갈 수 있을지 모르겠네요."

"가보려구요. 어머니가 거기 계시거든요."

그 여자는 눈빛이 부드러워지더니 나를 향해 고개를 끄덕였다. 그리고 돌아올 날짜와 시간을 정하지 않으면 비행기 표 값이 더 올라간다고 설명해주었다. 돌아올 날짜를 정해놓지 않을 경우 그곳 입국 심사에서 문제가 생길 수 있다는 말도 덧붙였다. 그래서 미국에서 회의가 있는 날 하루 전에 도착하도록 예약했다. 나는 비행기 표 값을 신용카드로 지불하면서, 공항 직원이 컴퓨터에서 뭘 찾을 수 없다고 말하는 일이 없었으면 한다고 말했다. 비행기 표를 손에 쥐고 있다가 공항 직원에게 곧바로 보여줄 수 있으면 좋겠다고.

직원이 웃으면서 솔직하게 말했다.

"저도 그래요."

우리는 화요일 밤에 떠났다. 그날 오후 오빠에게 전화를 걸어 마중 나올 시간을 알려주었다. 우리가 지금 공항으로 가는 길이라고 아무리 말해도 오빠는 여전히 내 말을 믿지 못했다.

"정말이야? 출구에서 네가 나오는 걸 봐야 믿겠는데."

비행기 안에서 알리크는 나의 자랑이었다. 아이는 의젓하게 앉아서 사람들을 쳐다보았고 가는 내내 사람들의 눈길을 끌었다. 우리 아들은 비행기나 차 타는 걸 좋아한다. 그럴 땐 집에서 늘 하는 것처럼 돌아다닐 수도 없고 이것저것 손대지도 못하는데 말이다. 화장실에 가고 싶으면 통로를 따라 걸어가서 작은 칸막이 안으로 들어갔다. 마치 날마다 하는 일인 것처럼. 이 아이는 나처럼 타고난 유목민이다.

좌석에 나란히 앉으니 아이의 조그만 정수리가 제대로 보였다. 피부병이 있었는데 원인이 뭔지 알 수 없었다. 곱슬곱슬한 보드라운 머리카락이 뭉텅뭉텅 빠져나가고 머리 뒤쪽에 흰 부스럼이 여기저기 생겼다. 나는 부스럼을 없애려고 백방으로 애를 썼다. 유칼립투스 오일을 구해 물 한 방울을 섞어서 거기에 문질렀다. 병균을 죽이느라 오레가노를 찧어서 반죽을 만들기도 했고, 꿀과 몰약을 섞어 연고를 만들기도 했다. 약초 요법이 바닥나자 아이를 소아과에 데려갔다. 하지만 의사는 아이들이란 원래 그렇다고 말할 뿐이었다. 의사가 처방해준 끈적거리는 흰색 크림은 발라도 아무 소용이 없었다. 흰 부스럼이 아직 그대로였다. 애가 아픈데 잘 알지도 못하는 사람에게 이렇게 아이를 맡기러 가다니.

오빠의 아내는 두라라고 했는데, 나는 아직 만난 적이 없었다. 오빠를 마지막으로 만난 건 오빠가 모가디슈에서 탈출해 암스테르담에 막 왔을 때였다. 그때는 오빠가 올케를 만나기 전이었다. 올케도 소말리아 사람이다. 지난 2년 동안 전화로만 얘기했는데 좋은 사람 같았다. 자상한 사람이라는 느낌이 들었다. 올케는 오빠에게 뭔가를 하도록 조언하고 가족을 보살폈다. 한번은 내가 오빠와 말다툼을 해서 서로 연락하지 않고 지낸 적이 있었다. 그때 올케가 오빠에게 먼저 전화를 하라고 일렀다.

"왜 그렇게 답답해요? 당신이 오빠잖아요. 먼저 전화해요. 안부도 묻고 아프리카 소식도 전해주고."

올케는 알리크를 잘 보살펴줄 것이다.

친척이라고 해서 다 아이를 잘 돌봐주지는 않는다. 내가 어렸을 때 키가 엄마 가슴께에 왔을 때쯤, 한 친척 아주머니 집에 가서 지내게 되었다. 불행히도 그 집에 도착한 다음날부터 심하게 아팠다. 처음에는 열이 오르더니 오한이 나고 머리가 계속 아팠다. 기운이 없어서 말도 제대로 나오지 않았다. 말라리아였던 것 같다. 아주머니는 나를 돌봐주지도 않고 그냥 내버려둔 채 친구들과 놀러 나갔다. 어지러워서 있기도 힘든 나한테 자기 애들을 봐달라고 하면서. 나는 엄마가 너무도 그리워서 내가 아픈 걸 엄마에게 알려달라고 알라 신께 기도했다. 엄마는 사람들이 아플 때 어떻게 해야 하는지 알았다. 나무껍질을 모아다가 특별히 효험이 있는 기도문을 읊조리며 가루로 빻아 약으로 썼다. 때로는 만져주고 잔 물수건을 내주는 깃만으로도 창생제만큼 효과가 있었다. 하지만 아주머니는 내가 낫도록 차를 만들어주기는커녕 병이 옮을까 봐 꺼리는 것처럼 행동했었다. 하지만 우리 올케에 대해서는 믿음이 갔다. 내 아이를 자기 애처럼 돌봐줄 것이다. 나는 알리크가 소말리아 방식을 배우는 것을 중요하게 생각했다. 어차피 데이나에게 배우지는 못할 것이다. 데이나는 아프리카적인 사고방식을 이해하지 못한다.

데이나를 처음 만났을 때 그 사람은 내가 아프리카 사람인 것을 자랑으로 여겼다. 내가 특별하며 이국적이라고 했다. 하지만 나중에는 내가 일을 처리하는 방식에 대해 의견이 맞지 않을 때가 많았다. 우리는 피부색은 같았지만 서로 다른 세계에서 자랐다. 데이나는 아프리카계 미국인이며 "피자 한 조각씩 먹으면서 영화 보러 가자"고 말하는 사람이었다. 소말리아에서 그런 행동은 있을 수 없다. 음식은 알라 신께서 주신 선물이므로 먹기 전에 몸을 씻고 기도를 드린다. 먹을 때는 손으로 집어서 먹으며 천천히 공손한 태도로 먹는다. 나는 미국 사람들이 길을 걸으면서 음식을 입 안에 쑤셔 넣는 것이 언제나 거슬렸다. 우리가 서로 생각이 맞지 않았던 게 단지 내가 아프리카에서 자랐기 때문일까? 아니면 내가 돈을 벌었기 때문일까? 내가 유명인이어서, 모델이어서 그랬을까?

데이나의 밴드가 연주하는 클럽에 처음 들어갔을 때 그 사람은 유난히 내 눈에 띄었다. 나는 데이나를 지켜보려고 나가서 춤을 추었다. 그날 저녁 나는 초록색 스웨터에 굽 높은 부츠를 신고 머리를 아프로 스타일로 해서 머리카락을 온통 흐트러뜨리고 있었다. 데이나는 아프로 헤어를 하고 초록색 스웨터를 입은 여자에게서 눈을 뗄 수 없었노라고 말했다. 내가 그 사람을 놀렸다.

"당신 아이를 낳고 싶어요."

데이나는 내가 제정신이 아닌 줄 알고 진짜 겁을 먹었다. 나중에 알리크를 가졌을 때 그 사람에게 그때 얘기를 했다. 데이나를 처음 봤을 때 나는 첫눈에 반했고, 곧 데이나의 고결한 성품에 사로잡혔다. 데이나는 미국 중서부 출신이다. 섬세하고 수줍음을 탔으며, 정직하고 착한 사람이라는 인상을 주었다. 나는 남자들을 잘 믿지 않았기 때문에 데이나의 조심스러운 태도가 신기했다.

할례를 받은 기억뿐 아니라, 부모님의 섹스에 관한 가장 어렸을 적 기억도 내게는 두려운 것이었다. 아주 어렸을 때 어느 날 밤, 이상한 소리를 들었다. 둥근 움막 안 저쪽에 엄마가 요 위에 누워 있었고 아버지가 엄마 위에 있었다. 엄마는 아무 소리도 내지 않았지만 아버지는 용을 쓰다 한숨을 내뱉고 낑낑거렸다. 나는 무슨 일인가 하고 일어나 엄마 아빠 가까이 갔다. 엄마의 주의를 끌려고 손을 뻗었는데 다음 순간 방 저쪽으로 내동댕이쳐졌다는 기억밖에 없다. 아버지가 내 다리를 움켜쥐고 나를 거꾸로 내던졌던 것이다. 나는 너무 놀라서 울지도 못했다. 꼼짝할 수도 없었다. 할레모 언니가 나를 품에 안아주며 속삭였다.

"조용히 해, 와리스. 엄마 옆에 가면 안 돼."

아침에 내가 엄마한테 그 일에 대해 물었더니 엄마는 내게 쉬잇 하고 가버렸다. 섹스는 비밀스러운 부분이었다.

데이나는 상냥했고 아침에 내리는 비처럼 신선하게 다가왔다. 데이나에게 편안해지고 그 사람을 신뢰하게 되면서 나는 욕망을 느꼈다. 데이나의 손이 내 손을 스치면 흥분했다. FGM이 성욕을 아주 없애버리는 것은 아니지만 그 때문에 나는 경계하고 많이 참아온 편이었다. 하지만 이제 데이나에게 믿음이 생기자 그 사람에게 안기기를, 내 몸에 그 사람의 손길이 닿기를 원했다.

　우리 가족, 우리 종족은 정이 많다. 남자와 여자가 공공장소에서 함께 다니는 법은 없지만, 남자끼리도 흔히 손을 잡고 시내를 걸어다닌다. 소말리아에서는 남자든 여자든 친한 친구끼리 신체적인 접촉을 통해 우정을 나타낸다. 서양에서는 친한 친구인 경우 인사할 때 끌어안는 게 고작이다. 그러니 데이나와 신체적으로 친밀하게 지내게 된 것이 내게는 즐거운 일이었다. 암으로 유방을 절제한 여자들도 여전히 성욕을 느끼는 것처럼, 내 몸의 일부가 잘려나갔음에도 데이나가 내게 키스했을 때 중요한 부분은 남아 있었던 것이다. 나에게 섹스란 내가 상대방에 대해 어떻게 느끼느냐와 관계가 있다. 오르가슴은 머릿속에서 시작되어 마음속에서 끝난다. 겁먹기 잘하는 내 몸을 향해 데이나는 수줍게 손을 뻗었다. 나는 그 남자를 사랑하게 되었다.

　알리크가 태어나자 우리 사이의 차이가 더 뚜렷하게 드러났다. 소말리아에서는 어린아이한테 기저귀를 채우지 않는다. 엄마는 언제나 아이 옆에 꼭 붙어 있어 아이가 언제 오줌을 누고 싶어할지 안다. 땅바닥에 다리를 벌리고 쪼그려 앉아 다리 위에 아이를 걸터앉힌다. 아이가 모래 위에 오줌을 누면 나뭇잎으로 아이 엉덩이를 닦아준다. 알라 신이 주신 일회용 수건이다. 이렇게 하는 내내 엄마는 아이에게 얘기를 해준다. 지금 뭘 하고 있는지 알려주어 아이가 자기의 행동과 엄마의 말을 연결시키도록 한다. 걷기 시작할 무렵 아이는 별로 어렵지 않게 스스로 쪼그리고 앉아 혼자서 오줌을 눈다. 아이들은 세 살 정도까지는 티셔츠만 입는다. 그러다 자라서 바지나 치마를 입게 되면 스스로 몹시 자랑스러워한다.

데이나는 이런 관습을 이해하지 못했고 데이나의 할머니도 마찬가지였다. 할머니는 데이나를 키워주신 분이다. 우리는 자주 할머니를 뵈러 갔다. 시할머니는 아기에게 늘 기저귀를 채워야 한다고 생각했다. 추운 바깥이라면 그럴 수 있겠지. 하지만 나는 알리크가 기어 다니게 되자 티셔츠만 입히고 아랫도리는 벗겨놓았다. 데이나는 알리크가 기저귀를 차지 않고 돌아다니는 것을 못마땅해했지만, 내게는 아이의 몸이 아름답고 보기 좋을 따름이었다. 아이들이란 그토록 육체적으로 완전하다. 데이나의 식구들은 아이를 벗겨놓는 것이 옳지 않다고 생각했다. 그들의 말은 내 가슴에 못을 박았다. 하지만 데이나 그 사람 가족에게 인정받고 싶은 마음에 나는 아이에게 셔츠와 바지를 입히고 양말과 신발을 신겼다. 하지만 일회용 기저귀만은 참을 수 없었다. 그 쓰레기를 다 어쩐담! 그 많은 아기들이 쓴 기저귀를 모두 그냥 버린다고? 그 종이와 비닐이 다 어떻게 되는 거야?

데이나와 나는 결혼하지 않았지만, 알리크가 태어나자 시할머니는 아이를 정말로 사랑해주셨다. 우리 둘 다 할머니라고 부르는 그분은 그처럼 예쁜 증손자를 보게 된 것을 몹시 기뻐하셨다. 시할머니는 어떤 면에서 우리 외할머니를 생각나게 했다. 두 분 모두 자립심과 강인함, 구시대적 가치관을 지니셨다. 다만 내 생각에 시할머니는 전형적인 미국 할머니인 반면, 모가디슈의 외할머니는 엄격한 소말리아 여성이었다. 외할머니가 집 밖에 나갈 때 항상 얼굴을 가리는 걸 보고 내가 물었다.

"그렇게 얼굴을 가리면 앞을 어떻게 봐?"

외할머니는 자식들을 혼자서 키워야 했지만 무슨 일이든 잘 처리하셨다. 그런데 시할머니의 방식은 내가 아는 방식과 전혀 달랐다. 시할머니는 내가 무슨 일을 하건, 그 일을 어떻게 하건 간에 의심부터 했다. 아프리카의 방식에 대해서는 알려고도 하지 않고, 내가 할머니의 방식을 배우기를 바랐다. 할머니는 평생 네브라스카 주의 오마하에 사셔서 바다를 한 번도 본 적이 없었다. 나는 농담을 하곤 했다. 언젠가 할머니를 바닷가로 모셔가 닭발 같은 두 발을 바닷물에 담그게 하면, 그때에야 비로소 나의 세계를 이해하실 거라고.

나는 항상 아이를 젖을 먹여 키우기를 꿈꾸었다. 심지어 염소들을 돌보기 전부터 그랬다. 엄마는 남동생들이나 내가 서너 살이 되고 다시 아기가 태어날 때까지 젖을 먹였다. 소말리아에서는 우유병을 쓰지 않는다. 그런 게 있다고 해도, 우유병을 씻을 여분의 물이 없을 것이다. 엄마가 나무로 된 우유그릇을 씻을 때는 방금 받은 염소 오줌으로 그릇을 헹군 뒤 불에서 벌겋게 단 숯 조각을 집어다가 안쪽을 소독했다. 설거지할 때는 재와 모래로 그릇 안쪽을 문질렀다. 엄마의 젖은 내가 아기였을 때 나를 키운 유일한 자양분이었다. 엄마젖은 배고픔뿐 아니라 마음까지 달래주었다. 좀더 자라서는 엄마나 다른 아주머니들이 아이에게 젖을 물리는 걸 보고 따라해보고 싶었다. 젖을 물리면 기분이 어떨지 궁금했다. 둘이 아주 친밀해 보였기 때문이다. 아기는 엄마와 함께 잠이 들었다. 엄마는 아기가 울면 앞으로 돌려 젖을 물릴 수 있도록 아기를 업고 다녔다.

내가 아직 키 큰 풀도 넘겨다보지 못할 만큼 작았을 시절의 어느 날 친척 아주머니가 덤불 사이에 아기를 누이고 땔나무를 모으러 갔다. 아기는 낙타 머리 크기밖에 되지 않았고 팔다리를 몸에 붙인 채 강보에 싸여 있었다. 액막이 부적을 달고 있었는데 그게 아기의 보드라운 배보다 더 컸다. 아기가 소리를 지르기 시작해서 나는 내가 한번 해보자고 마음먹었다. 아기가 젖을 빨면 기분이 어떨지 알고 싶었다. 내 납작한 가슴에 아기를 안자 아기는 작은 입을 동그랗게 만들어 가슴에 대려고 했다. 기분이 이상야릇했다. 처음에 아기는 자기 엄마가 아니라서 놀란 것 같았다. 나는 아기가 잘 물게 하려고 좀더 가까이 끌어안았다. 하지만 젖을 물리다 물 것이 없자, 아기는 진짜로 화를 내며 마치 낙타가 소리 지를 때처럼 목을 비틀었다. 아기는 내가 자기를 속이려 한다는 걸 알고 등을 젖히며 소리를 지르기 시작했다. 도무지 멈추려 하지 않더니, 내 얼굴이 보이지 않도록 아기를 업자 마침내 잠잠해졌다. 그때 만약 내 아기라면 더 잘할 수 있을 거라는 생각을 했었다.

얼마 뒤 여동생 하나가 태어나서 얼마 안 되어 죽었다. 엄마는 젖이 불어 아프기 시작했다. 염소젖을 짜듯이 자신의 젖을 짜보았지만 많이 나오지 않았다. 며칠이 지나자 엄마 젖은 빨갛게 부어올라 만지면 뜨거웠고 정맥이 나무뿌리처럼 불거졌다. 엄마는 너무 아파서 울었다. 나는 불안했고 겁이 났다. 아빠가 때릴 때도 울지 않던 엄마인데. 내가 엄마한테 간절히 부탁했다.

"엄마, 내가 도와주면 안 돼? 내가 젖을 빨아내볼게."

나는 엄마 젖을 빨아 땅에 뱉었다. 엄마가 나아질 때까지 빨고 뱉기를 되풀이했다. 젖은 내가 어렸을 때 먹던 맛이 아니었다. 고약한 냄새가 나고 신맛이 났다.

임신했다는 걸 알았을 때 나는 조금도 걱정하지 않았다. 어렸을 때부터 엄마들과 아기들을 하도 많이 봐서 나 자신이 벌써 여러 번 아이를 낳은 것 같았다. 임신 8개월째 되었을 때, 나는 사진 촬영을 위해 스페인에 갔다. 데이나의 가족들은 기겁을 했다. 마치 임신이 중병이기라도 한 것처럼. 그들은 내가 비행기를 타고 유럽까지 가는 데 반대했다. 하지만 우리 엄마나 친척 아주머니들은 임신을 했다고 해서 일을 쉬지는 않았다. 그랬다는 얘기는 들어본 적도 없었다. 나는 일하는 것이 두렵지 않았기에 헐렁한 스웨터를 걸치고 비행기에 올랐다. 그때 찍은 사진들 속에서 나는 기쁨으로 넘쳤다. 임신한 내 모습은 아름다웠다. 커다란 배와 그 속에서 꿈틀거리는 생명을 나는 사랑했다. 생명으로 충만하다는 것은 축복이었고, 알라 신께서 내게 새 가족을 만들기를 허락하신 명예였다. 나는 내가 강하다고 느꼈으며 아무것도 나를 해칠 수 없으리라고 믿었다.

의사는 검진을 받으러 갈 때마다 내게 물었다.

"딸인지 아들인지 알고 싶으세요?"

나는 대답했다.

"그건 알고 싶지 않아요. 하지만 아이 성격이 어떨지, 어떻게 생겼을지, 이 아이가 세상을 어떻게 바라볼지는 느낄 수 있어요. 그런데 팔다리나 눈은 제대로 두 개씩 붙어 있나요?"

내 걱정은 그것뿐이었다. 어렸을 때 태어나자마자 땅에 묻힌 아기들을 보았기 때문이다. 엄마가 아기를 흰 천으로 싸면 아버지가 모래섬에 묻었다. 그러면 알라 신께서 데려가신다고 했다. 알리크가 내 몸속에서 세상 밖으로 나왔을 때, 나는 내 예감이 맞았다는 것을 알았다. 알리크는 남동생 영감이 수호천사가 되어 돌아온 아이다. 간호사가 갓 태어난 그 애를 안겨주었을 때 우리는 서로 눈을 마주보았다.

"어머, 정말 너구나, 영감."

내가 그 애한테 말했다. 알리크가 나를 마주보았을 때, 나는 그 애도 날 알아보았음을 느꼈다. 신께서 그런 선물을 주셔서 뭐라고 감사를 드려야 할지 모르겠다. 영감을 되돌려주시다니.

우리는 알리크가 태어난 다음날 할례를 시켰다. 그것은 여성의 성기 절제와는 아주 다르다. 여성의 경우는 할례라고 부를 수조차 없다. 전혀 아니다. 남성의 할례는 청결을 위해 의학적인 목적에서 이루어진다. 수술할 때 알리크는 울었지만 내가 잡아주자 곧 울음을 멈추었다. FGM을 생각하면 몸서리가 쳐졌지만 어차피 해야 할 일이었다. 내 아들은 예쁜 고추를 가졌다. 잘생겼고 깨끗하다. 얼마 전에 아이가 화장실에 가겠다고 해서 내가 말했다.

"넌 혼자 할 수 있어. 이제 다 컸잖아."

하지만 알리크는 내가 와서 봐주기를 원했다. 꼿꼿이 선 깨끗한 고추를. 정말이지 예뻤다!

유감스럽게도 나는 알리크에게 젖을 먹이는 데 그다지 성공하지 못했다. 아이는 건강했지만 젖을 충분히 빨지 못하는 것 같았다. 소리를 지르면서 울어대면 나는 어쩔 줄을 몰랐다. 가슴이 많이 불었는데도 젖이 충분하지 않다는 것이 이해가 가지 않았다. 아이는 자꾸 울었고 등을 뒤로 젖히며 내게서 몸을 떼려고 했다. 엄마나 다른 아주머니들은 어떻게 했을까? 다들 아주 쉬워 보였고 아무 문제도 없었는데. 내가 아는 한 아기들은 그냥 잘 빨았다. 할머니와 데이나 둘 다 같은 말을 했다.
"우유를 먹여봐. 그 애한테는 우유가 낫겠어."
사흘 내리 자지 못하자 나는 마침내 아이에게 우유병을 물렸다. 아이는 쉽사리 받아들였다. 우유를 배부르게 마시고 만족스러워하는 것을 보고 나는 젖 먹이기를 포기했다. 할머니가 말했다.
"애들한테는 조제분유가 나아."
할머니와 언쟁을 벌이고 싶지는 않았다. 아이가 배부르게 먹고 행복해하면 그만이었다. 죽은 아이들은 악마의 색이자 상복 색깔인 흰색 천에 싸인다.
엄마가 화장실에 가거나 기도를 할 때는 남동생을 나나 언니나 친척 아주머니에게 맡겼다. 우리에겐 유아용 식탁의자도, 카시트도, 가축 우리처럼 생긴 놀이 울도 없다. 놀이 울이라는 건 정말 어이가 없다! 우리에 갇힌 아이는 덫에 걸린 사자나 호랑이와 마찬가지다. 나는 항상 아이를 안고 소말리아 자장가를 불러주었다. 그러노라면 아프리카에 대한 향수가 밀려와 마음이 아팠지만.

멀고 먼 곳에서
아빠 낙타가 오고 있어
아가야 걱정 말아라
알라 신께서 아빠를
우리에게 인도하실 테니

이런 노래를 부를 때도 있었다.

아빠는 멀리 멀리 멀리 갔어
숙모는 멀리 멀리 멀리 갔어
형도 멀리 멀리 멀리 갔어
아빠 올 때 선물이 한아름
숙모 올 때 선물이 한아름
형 올 때도 선물이 한아름
우리 착한 아기 줄 거야!

알리크가 생후 2개월이 되었을 때 나는 아이가 컵으로 마시도록 가르쳤다. 내가 어렸을 때 배운 것처럼 말이다. 컵에 우유를 조금 따른 뒤 아이를 무릎에 앉히고는, 양 볼을 눌러 입이 약간 벌어지도록 했다. 그리고 우유를 한두 방울 조심스럽게 떨어뜨렸다.

할머니가 말씀하셨다.

"안 돼, 와리스. 컵으로 마시기에는 애가 너무 어려."

글쎄, 그럴까? 나는 생각했다. 아이는 잘 해내고 있었다. 하지만 할머니가 아이를 데려다 우유병을 물리는 걸 바라보아야 했다.

한번은 내가 알리크를 무릎 위에 앉히고 따뜻한 물수건으로 닦아주었다. 할머니는 그걸 보고 목욕을 '잘' 시키는 방법을 가르쳐주겠다고 하셨다. 할머니는 그 불쌍한 아이를 설거지하는 개수대에 담그는 것이 더 낫다고 생각하셨다. 할머니가 아이를 금속 대야에 내려놓자 알리크는 섬을 먹고 소리를 지르며 팔다리를 버둥거렸다. 내가 아이를 안아다가 흔들어줄 때까지.

아기를 목욕시키고 나면 엄마는 아이 몸에 수박 기(버터)를 발라

주었다. 염소젖이나 낙타젖이 많을 때 엄마는 젖을 딜(우유바구니)에 따라두었다. 딜은 긴 타원형의 바구니인데 하도 촘촘하게 엮어서 땀 한 방울이라도 새지 않을 정도였다. 바구니의 바깥쪽은 나뭇가지를 U자 모양으로 구부려 감쌌다. 엄마는 바구니 위쪽을 단단히 동여맨 뒤 젖이 요구르트처럼 걸쭉해질 때까지 하루 이틀 놓아두었다. 그리고 바구니 밑에 작은 담요를 깔아 바구니를 흔들기 쉽게 만들었다. 그런 날은 아이들 중 하나가 하루 종일 딜을 앞뒤로 흔드는 일을 맡았다. 엄마가 오후에 돌아오면 바구니 위쪽에 난 작은 구멍으로 맛을 보았다. 그 구멍으로 우유가 흘러나오면 아직 덜 됐다는 뜻이다. 만약 아무것도 나오지 않으면 버터가 진하게 완성됐다는 뜻이다. 엄마는 딜을 열고 바닥과 옆면에서 *수박 기* 덩어리를 긁어모았다. 진짜 훌륭한 버터가 된 것이다! 그러고 나면 남은 젖을 우리에게 마시라고 주었다. 엄마가 *수박 기*를 만드는 날은 언제나 특별히 행복한 날이었다. 보통은 *수박 기*를 만들 만큼 젖이 많지 않았으니까. 우리는 *수박 기*로 고기를 굽기도 하고 그걸 음식에 넣어 먹기도 한다. 팬케이크에 얹어 먹거나 차에 넣어 마시기도 한다. 로션처럼 얼굴이나 몸에도 바르고 머리에도 바른다. 엄마는 아기 피부를 매끄럽고 보드랍게 하려고 *수박 기*를 발라 마사지를 해주었다.

 어느 상쾌한 가을날, 데이나의 가족과 함께 지내고 있었는데, 나는 면으로 된 긴 천으로 알리크를 업었다. 아이가 2, 3개월 됐을 때였다. 날이 약간 서늘해서 초록색 외투도 위에 덮었다. 남동생들이나 사촌들이 내가 업어주는 걸 좋아했기 때문에 나는 업는 법을 알고 있었다. 아이를 업는 데는 스카프가 안성맞춤이었다. 침대보처럼 짜임이

촘촘하면서도 폭이 그렇게 넓지는 않으니까. 내 스카프는 밝은 노란 색에 초록과 빨강의 아프리카 문양이 있었다. 나는 몸을 숙이고 알리크를 내 등의 평평한 부분에 살짝 올려놓았다. 아이의 팔 한쪽을 내 겨드랑이 밑으로 넣어 붙잡기 때문에 천으로 묶는 동안 아이가 떨어질 염려는 없다. 천은 한쪽 어깨와 다른 쪽 팔 밑을 지나서 가슴 한가운데서 묶인다. 그러면 편안하고 무겁지도 않으며, 아이와 바짝 붙어서 아이가 숨을 쉬는 것까지 느낄 수 있다. 나는 어린아이를 하루 종일 유모차에 혼자 앉혀두는 것을 이해할 수 없었다. 할머니는 알리크가 태어나기 전부터 유모차를 사야 한다고 말씀하셨다.

내가 대답했다.

"그런 건 필요 없을 거예요."

할머니는 깜짝 놀랐다.

"얘, 그게 무슨 말이니? 쇼핑은 어떻게 하고 아이 산책은 어떻게 시키려고?"

"아이를 좀 다른 방법으로 데리고 다닐 거거든요."

"얘, 와리스, 내 말 들어. 첫아이잖니. 뭘 어떻게 해야 하는지 잘 몰라서 그래. 아이를 데리고 마음대로 다닐 수 있을 줄 아니?"

"여기 사람들이 어떻게 하는지는 알아요. 하지만 소말리아에선 아이를 다른 방법으로 데리고 다녀요."

어쨌든 할머니는 유모차를 사셨다. 커다랗고 못생긴 회색 유모차였다. 나는 그게 너무 싫어서 몇 주일 쓰다가 그만뒀다. 할머니 때문은 아니었다. 할머니는 사랑하는 가족이다. 유모차가 암소만큼이나 커서 거추장스러웠을 뿐이다. 길에서 그런 걸 밀고 다니다니 코미디였다. 비좁은 뉴욕 거리에서 보도를 전부 차지하고 가면 사람들이 나를 비켜 다녀야 했다. 유모차를 밀면서 전진하거나 갓돌을 넘는 것도 불편했지만, 그걸 끌고 상점에 들어가기는 더 힘들었다. 먼저 문을 열어젖히느라 뒤로 쭉 기댔다가 재빨리 유모차를 끌고 들어가야 했다. 문이 닫히면서 다치기라도 할까 봐 언제나 겁이 났다. 지하철은 아예 탈 수 없어서 아무리 먼 곳이라도 걸어다녀야 했다. 알리크를 안고 아파트에 올라가는 동안에는 유모차를 아래층에 두고 갔다. 그러면 그 멍청한 물건을 계단 아래에 끌어다놓기 위해 아이를 혼자 두고 급히 되돌아가야 했다. 바깥 복도에 그대로 두었다가는 사람들이 유모차에 걸려 넘어질 수도 있으니까. 내게 꼭 필요하다는 편리한 물건이 그 모양이었다.

어쨌든 나는 그날 아침 알리크를 등에 업고 아래층으로 달려 내려갔다. 사막에서 자란 어린 시절의 습관이 남아 있어서 나는 목적이 없어도 항상 뛰어다닌다. 아이의 조그만 머리는 내 외투 아래 숨겨져 있었다. 할머니가 부엌에서 아침 설거지를 하고 계셨다.

"다녀올게요, 할머니."

할머니가 큰소리로 말씀하셨다.

"잠깐, 알리크는 어디 있니? 아이 데리고 산책 간다고 하지 않았니? 애는 어디 있어?"

"제 등에요."

할머니는 내 말을 도무지 믿지 못했다. 나는 알리크를 팔 밑으로 해서 앞으로 돌려 외투를 젖히고 말했다.

"여기 있잖아요."

아이는 방긋 웃으며 할머니를 쳐다보았다. 할머니는 아이 업는 것을 처음 보았기 때문에 아이가 좋아하리라고는 생각지 못했다. 할머니는 아이가 숨이 막힌다며 몇 번이나 말씀하셨다.

"제발 좀 내려놔."

"산책 갈 거예요. 다녀올게요."

나는 웃으며 말했지만 마음이 상했다. 아이를 숨막히게 한다고 말씀하실 것이 아니라, 날 격려하고 용기를 주셨더라면 좋았을 텐데. 나는 할머니가 어떻게 그렇게 했느냐고 물어주었으면 했다. 아프리카식이기 때문에 나쁘다고만 생각하지 말고.

끝없는 비행

가장 가까운 혀와 이조차 서로 싸운다.

—소말리아 속담

비행기는 구름 속을 빠져나와 암스테르담의 잿빛 착륙장에 도착했다. 날은 황량하고 어두웠지만 나는 절로 웃음이 났다. 탑승구 밖에서 기다리는 사람들 사이에 가시처럼 삐죽이 솟은 키 큰 사람이 보였다. 물론 우리 오빠였다. 키가 190센티미터도 넘는 오빠가 친구 한 사람과 함께 서 있었다. 내가 본 가장 커다란 웃음을 지으며. 오빠의 눈은 짙은 갈색에 비밀을 간직한 아프리카의 색이다. 처음 모가디슈에서 탈출했을 무렵 오빠는 먹을 것에, 물에, 희망에 굶주려 보였다. 이제 그때만큼 마르지는 않았지만, 여전히 어딘가 시달리고 허기진 표정이었다. 아랫입술은 너무 오래 물을 마시지 못해 여전히 갈라져 있었다. 모가디슈 감옥에서 입은 그 상처가 언제나 나을까? 오빠는 동그란 안경을 쓰고 우리가 걸어오는 모습을 우물가에서 물을 기다리는 낙타처럼 바라보고 있었다.

오빠를 다시 만나니 반가웠다. 꼭 껴안고 소말리아어로 인사도 했다. 알리크는 눈을 크게 뜨고서 키다리 삼촌을 올려다보았다. 오빠는 아이를 안아 공중으로 번쩍 들어올리더니 어깨 위에 앉혔다. 아이는 좋아서 소리를 질렀다.

암스테르담 교외를 한 시간쯤 달려 오빠가 사는 수수한 아파트에 도착했다. 올케 두라가 문 앞에 서서 우리를 맞이했다. 올케는 내가 기대한, 내가 머릿속으로 그린 모습과 꼭 같았다. 둥근 얼굴이며 웃을 때 반짝이는 눈이. 오빠처럼 키가 커서 두 사람은 잘 어울렸다. 올케는 소말리아 옷을 입고 스카프를 두르고 있었다. 오빠가 나를 소개하자 나에게 다가와 내 두 손을 잡았고, 집 안을 안내하고 우리가 잘 곳을 보여줄 때는 내 팔짱을 끼고 옆에 꼭 붙어 섰다. 나는 올케의 따뜻함과 강인함을 느꼈다. 올케 역시 다아로오드 족이었고, 전남편과의 사이에 낳은 아들 하나, 딸 하나가 있었다. 아들 이름은 모하메드였다. 소말리아 전통에 따라 맏아들에게 선지자의 이름을 붙여준 것이다. 아이는 열한 살 정도 되었다. 딸 자라는 열 살이었고 벌써 키가 엄마만큼 컸다. 올케의 전남편은 모가디슈에서 일어난 난리 속에 행방불명이 되었고 남편의 가족조차 그 사람의 생사를 몰랐다. 어느 날 밤 올케가 살던 건물이 포격을 당해 한쪽 벽면이 길바닥으로 폭삭 무너져 내렸다. 올케는 그길로 아이들을 데리고 키스마요로 갔다. 그곳에서 배를 타고 몸바사의 난민 캠프로 갔다고 한다. 네덜란드에 도착해서는 남편을 찾는 일을 포기하고 이혼했다. 남편의 부족 사람들에게 자신의 뜻을 알리자 그 사람들이 동의한 것이다.

두 아이는 모두 눈빛이 순했고 엄마의 긴 치맛자락 뒤에 수줍어하며 서 있었다. 아이들은 활짝 웃는 얼굴로 알리크를 보았다. 나는 너무 행복해서 울 뻔했다. 내가 어렸을 때처럼 내 아들도 사촌들과 함께 뛰어다니며 놀기도 하고 싸우기도 했으면 하고 바랐었다. 알리크는 태어날 때부터 그 아이들을 알았던 것처럼 곧 함께 놀았다.

올케와 나는 앉아서 카다멈 차를 마셨다. 내가 솔직히 털어놓았다.

"알리크를 맡겨두고 여행을 가게 돼서 걱정이에요."

"우리 애들하고 잘 지낼 텐데요."

"그 애 머리에 부스럼이 생겼는데 통 낫질 않아요."

나는 알리크를 불러서 올케에게 만져보게 했다. 올케가 부스럼 하나를 짜니 고름이 나왔다. 알리크는 부스럼이 신경 쓰이지도 않는지 돌아가 사촌들과 놀 생각뿐이었다.

"우리 모하메드도 이런 게 났었어요. 며칠 지나도 낫지 않으면 여기 네덜란드 의사한테 데려가보죠. 병원비가 공짜인 데다 의사들도 아주 친절하거든요."

"공짜라구요?" 나는 깜짝 놀랐다. "뉴욕에선 의사한테 백 달러나 냈는데도 처방해준 크림이 아무 소용 없었어요."

"여기선 의료비, 식비, 집세는 모두 공짜예요. 하지만 모하메드의 난민지위가 F-1등급밖에 되지 않아서 일을 할 수는 없어요. 영구거주권 없이 소말리아 상황이 호전될 때까지만 체류할 수 있다는 뜻이에요. 기다리고는 있지만 모하메드가 공부를 하거나 직업을 가질 희망은 별로 없어요. 그이는 소말리아로 돌아가는 건 정말 원하지 않는데 말이에요."

세상에! 나는 생각했다. 오빠가 소말리아를 위해 흘리는 눈물엔 진심이 얼마만큼 배어 있을까?

다음날 아침 오빠와 나는 아프리카행 비행기 표를 알아보러 집을 나섰다. 나는 면으로 된 랩 스커트를 입었다. 이 치마는 바람이 불면 가끔씩 사이가 벌어져 다리가 보일 때도 있었다. 날씨가 쌀쌀해서 나는 스웨터 위에 재킷을 입고 양말과 부츠를 신었다. 아파트를 나서는데 오빠가 나를 곁눈질하더니 물었다.

"그렇게 입고 가려고?"

"응. 왜?"

"그 치마는 별론데."

"다시 들어가 청바지로 갈아입을까?"

오빠는 눈을 흘기며 싫은 내색을 했다.

"안 돼! 청바지는 더 안 돼."

나는 걸음을 멈추고 오빠 얼굴을 빤히 쳐다보았다.

"왜 안 된다는 거야?"

"입을 게 그것밖에 없어? 청바지하고 그 치마?"

"오빠, 여긴 추운 곳이야. 도대체 뭘 입으라는 거야? 보통 때 이렇게 입고 다녀."

오빠는 한숨을 내쉬며 씩씩거렸다.

"비행기 표를 끊으러 소말리아 사무실에 가야 해. 그리고 소말리아로 여행을 떠날 거라구. 그렇게 다리를 내놓고 다니는 건 곤란해. 속에 입을 거라도 없어?"

"오빠, 이래 가지고 여행 제대로 하겠어? 이제 시작인데 첫날부터 집에서 나가지도 못하고 있잖아. 난 소말리아 여자처럼 행동하진 않을 거야. 온몸을 가리고 다녀야 하고 자기 말은 한마디도 못하는 사람은 되기 싫어. 오빠가 올케한테 이래라저래라 하는 거 다 들었어. 솔직히 말하면 난 마음에 안 들어."

"와리스, 넌 여기 사정을 몰라."

오빠가 말을 꺼내자 내가 말했다.

"그만해. 난 어릴 때 집 나와서 혼자 살아왔어. 오빠든 누구든 옷 입는 것 갖고 잔소리하는 건 싫어. 난 내가 벌어서 사는데 오빠는 늘 나한테 돈 보내달라고 하잖아. 소말리아에서는 다리가 제일 민감하게 여기는 부분이라는 걸 알아. 절대로 내놓아서는 안 되는 것도. 하지만 여긴 네덜란드야. 난 이미 익숙해졌어."

오빠는 몹시 놀란 표정이었다. 어떤 여자도 오빠한테 그런 식으로 대든 사람은 없었을 것이다. 눈이 안경만큼이나 동그래졌다.

소말리아까지 가려면 여러 곳을 들러야 했다. 위험을 무릅쓰고 현금을 들고 다닐 수는 없어서 뉴욕에서 아메리칸 익스프레스 여행자 수표를 구입했다. 오빠와 나는 먼저 은행에 들러 적어도 4천 달러 정도를 환전해야 했다. 우리는 기차를 타고 시내로 가 암스테르담에서 가장 큰 은행에 들렀다. 건물 전체가 흰색이고 정면에 기둥들과 놋쇠로 만든 문이 있었다. 안에는 환전을 하려는 사람들이 길게 줄을 서 있었다. 내 차례가 되자 나는 창구 직원에게 여행자 수표와 여권을 건

넸다. 두꺼운 목에 붉은 코를 가진 창백한 남자가 안경 너머로 나를 쳐다보며 물었다.

"본인 수표입니까?"

"물론 제 거예요."

"확인할 수 있도록 여기 사인 좀 해주시겠습니까?"

직원은 카운터 너머로 종이 한 장을 내밀었다. 내가 사인을 하자 그 남자는 내 사인을 이리저리 살펴보더니 말했다.

"안 되겠는데요. 사인이 맞지 않습니다, 손님."

"이건 제 여권이에요. 이름도 같고 사인도 같잖아요."

내 배낭에는 아직 5천 달러 이상의 수표가 더 있었다. 직원에게 그것까지 확인하겠냐고 물었다. 나는 학교에 다닌 적도 없고 글 쓰는 법을 따로 배우지도 않았지만 사인 정도는 제대로 할 줄 안다.

직원은 목까지 벌게지며 말했다.

"저는 이 거래를 승인할 수 없습니다. 환전하시려면 다른 데로 가보세요."

"제 사인은 아무 이상 없어요."

직원은 내 얼굴을 쳐다보며 천천히 되풀이했다.

"같은 사인이 아닙니다."

나는 벌떡 일어서며 말했다.

"지점장을 만나게 해주세요."

남자가 햇빛이 눈부신 곳에 나온 것처럼 눈을 가늘게 뜨고 거만하게 말했다.

"제가 지점장입니다."

사실이 아니었다. 분명 날 속이려는 수작이었다.

오빠가 내 팔을 잡고 일어서며 속삭였다.

"그만 가. 사인이 맞지 않는 건 사실이잖아. 여기서 나가자."

내가 꼼짝하지 않자 오빠는 짜증을 내기 시작했다.

"사인이 똑같지 않은데 뭘."

오빠는 카운터에서 수표를 집어들었다.

"어서. 신경 쓸 것 없어. 나가자."

오빠가 그렇게 쉽게 포기하는 것을 이해할 수 없었다. 내가 오빠에게 말했다.

"가만있어."

오빠를 때려주고 싶었다. 그렇게 애처럼 굴다니. 나는 나직이 오빠를 비난했다.

"그런 말 할 거면 그만둬! 내가 알아서 해."

그리고 그 지점장이라는 남자에게 물었다.

"그럼 제가 어디로 가면 좋을까요?"

자칭 지점장이라는 남자가 말했다.

"시내 반대편에 아메리칸 익스프레스 은행이 있어요. 그곳에선 손님의 수표를 확인할 수 있을 겁니다."

남자는 어떤 전차를 타고 가서 다른 전차로 갈아탄 뒤 여섯 블록을 걸어 왼쪽으로 돌면 그 블록 중간쯤에 은행이 있다고 했다. 내가 말했다.

"댁이 제 사인을 믿지 않은 탓에 그 멀리까지 가는 시간을 허비해야 하는군요."

그 남자는 날 노려보더니 내가 움직이지 않자 줄 서 있는 다음 사람에게 손짓을 했다. 오빠는 벌써 문 쪽으로 뒷걸음질치고 있었다. 한바탕 난리를 치든가, 아니면 이대로 나가는 수밖에 없었다. 그런 사람한테는 무슨 말을 해도 소용없을 것 같아 그냥 나와버렸다.

다른 은행으로 가는 내내 오빠는 내 잘못이라며 화를 냈다.

"넌 도대체 말을 안 들어. 좀 찬찬히 상황 파악을 해야지. 사인이 다르게 보였다구."

"펜이 달랐으니까." 나는 중얼거렸다. "뉴욕에서는 왼손으로 사인하고 아까는 오른손으로 했나 봐."

전차를 갈아타고 또 그때마다 기다리느라, 다른 은행에 도착하는 데는 꽤 긴 시간이 걸렸다. 오빠는 계속 나한테 화를 냈고 나는 잠자코 있었다. 알아서 일어났어야지 사람들한테 몰려서 나올 필요는 없었다는 거다. 나는 또 싸우고 싶지는 않았다. 어차피 듣지도 않을 테니까.

뒤에 찾아간 은행은 아메리칸 익스프레스 지점이어서 내 여행자 수표의 사인이 문제되지 않았다. 직원이 수표를 받자 내게 물었다.

"어떻게 드릴까요?"

그뿐이었다. 앞의 은행에서 있었던 일을 얘기했더니 놀라워했다.

"정말입니까? 왜 환전을 해주지 않았을까요? 무슨 문제가 있었습니까?"

"모르겠어요. 이미 아프리카 사람을 좋아하지 않나 보죠."

오빠가 비행기 표를 싸게 파는 곳이 있다고 해서 우리는 서둘러 그곳으로 갔다. 나는 왜 이렇게 서둘러야 하는지 따져 묻지 않고 그냥 오빠가 하자는 대로 따라다녔다.

오빠는 나를 소말리아 사무실로 데려갔다. 거기에는 소말리아 음악, 소말리아 지도와 다른 물건들이 있었다. 나는 어떤 것들이 있는지 둘러보고 싶었지만 오빠에게 여유라고는 없었다. 오빠가 말했다.

"네가 있어야 할지 모르니까 거기 앉아 있어."

오빠가 무슨 일인가를 적극적으로 하는 모습을 진짜로 처음 보았다. 오빠는 친구 한 사람과 다른 몇몇 사람들을 상대로 얘기하면서 왔다갔다 했다. 자리에 앉지 않고 계속 돌아다니면서, 내가 보기에 대단치 않은 일에도 끊임없이 손짓을 했고 서 있을 때조차 다리를 떨었다. 나는 그처럼 흥분한 모습을 보고 있을 수가 없었다. 날씨가 차고 눅눅했지만 밖으로 나왔다. 오빠가 알리라는 친구와 함께 나오자, 우리는 가까운 여행사로 서둘러 갔다. 비행기 표 한 장이 2천 달러 정도라고 해서 나는 오빠에게 현금을 건네주었다. 돈을 대는 게 내 역할이니까. 우리는 소말리아 북부 연안에 있는 보사소 공항으로 가는 비행기 표를 샀다. 나는 내일 출발할 수 있는지, 그리고 직항으로 갈 수 있는지 물었다. 뉴욕에 돌아갈 때까지 13일밖에 남지 않았다. 여행사 직원은 소말리아의 어느 곳도 직항으로 갈 수는 없다고 했다. 그런 표는 없으며, 게다가 토요일까지 기다려야 한다고 설명했다. 런던으로 가는 이른 아침 비행기를 탄 후 보사소까지 비행기를 두세 번 더 갈아타야 한다면서.

나이로비와 모가디슈를 오가는 항공편이 있긴 했지만 일주일에 몇 번 안 되었다. 그마저 모가디슈에서 전쟁이 일어나면 결항되었다. 난민 구호 수송대의 일원이 아니고서는 케냐나 에티오피아에서 육로로 소말리아에 입국할 방법은 없었다. 나는 UN과 관계가 있었지만 그런 것을 미리 조처해두지 못했다. 최근에는 무장한 사람들이 평화회담에 참석하러 가는 정부 관리들을 공격해 아홉 명이 죽었다. 오빠는 암스테르담에 있는 난민들을 통해 육로 여행이 얼마나 위험한지 들어서 알고 있었다. 도적들이 도처에 있는데 그자들은 총도 많지만 총보다 훨씬 더 큰 무기도 갖고 있다고 했다. 도적들은 조국을 탈출하려는 사람들이 돈이 조금이라도 있어 보이면 습격했다. 돈을 내주지 않았다가는 그 자리에서 살해되었다. 오빠의 친구는 보사소까지 비행기로 가는 이 방법이 가장 믿을 만하다고 했다. 북쪽으로 갈수록 위험이 적어지기 때문이다. 오빠와 알리가 이 방법이 최선이라고 고집하기에 나는 비행기 표를 샀다. 그리고 오빠에게 물었다.

"보사소에서 식구들이 있는 곳까지는 어떻게 가?"

"공항에서 차를 빌려 갈카요까지 운전해서 가야지. 엄마가 사시는 곳이 갈카요 교외에서 별로 멀지 않아. 난 모가디슈 가까이는 가지 않았으면 해."

오빠는 모가디슈 근처는 가기 싫다고 했다. 모가디슈 상공을 지나는 항공편마저 싫다고 했다. 오빠가 말했다.

"모가디슈의 덜떨어진 군지휘관들은 여객기와 전투기도 구별 못해. 취한 상태거나 지루하거나 하면 막 쏘아댄다구. 캇 밀수업자들만 빼놓고."

"밀로 쏘는데?"

오빠는 나를 보고 한심하다는 듯 말했다.

"와리스, 그 사람들 스커드 미사일이 있어. 오래되고 위험한 물건인 데다 그게 훈련도 안 받은 무모한 사람들 손에 있어. 그자들 상관도 미친놈들이고."

"오빠, 모가디슈는 어떻게 됐어? 어릴 땐 거기가 세상에서 제일 아름다운 도시인 줄 알았어. 옛 시가지인 하마웨인이 인도양 해변에 있었는데, 바닷가 모래밭에 서서 달빛에 희게 빛나는 2층, 3층 건물을 바라봤었어. 난 모가디슈에 갈 때까진 계단이란 걸 본 적이 없었어. 삼촌 말씀이 모가디슈가 몸바사나 잔지바보다 더 아름답다고 했어. 물론 난 다른 두 곳을 알지도 못하지만. 이슬람 군주들이 다우선으로 인도양을 오가면서 중국, 페르시아, 인도와 교역을 했는데 그런 사람들이 그곳 해변에 건물을 많이 지었대. 한 집은 '젖과 꿀의 집'이라고 불렀어. 그 집을 지은 군주가 돈이 얼마나 많았던지 우유와 꿀을 섞은 회반죽으로 벽돌을 만들어 집을 지었다는 거야. 연한 황금색 건물이 푸르디푸른 바다를 향하고 있었지. 사람들은 그 회반죽 때문에 집이 절대로 무너지지 않을 거라고 했어. 이모 말씀이, 그 집 위층에 긴 복도 양쪽으로 조각을 새긴 나무문이 네 개씩 있는데 주인이 방마다 자기 여자들을 가둬놓았대. 밖에서만 열 수 있는 문이라나."

오빠가 한숨을 쉬며 말했다.

"와리스, 도시는 거의 다 폐허가 됐어. 건물이 있던 곳엔 잔해가 쌓이고 길에는 불타버린 트럭과 바리케이드에 쓰인 바윗덩어리만 굴러다녔지. 캇 때문에 정신이 몽롱해진 군인들이 거리에 나와 장난으로 건물에 수류탄을 던졌어. 멍청한 놈들이 건물이 무너지는 걸 보고 좋아서 야단들이었어."

"세상에!"

"모두들 캇과 마약 때문에 제정신이 아니었어. 자기가 무슨 짓을 하는지도 몰랐고 알려고도 하지 않았지. 캇을 씹는 오후에는 내내 조용하다가 해가 지고 나면 행패를 부리기 시작했어. 마약 약효가 떨어지면 다시 잠잠해졌지."

마음 깊이 자리한 분노와 울분을 내보이며 오빠의 눈이 번득였다. 그 얘기를 할 때면 오빠는 나이 들어 보였고 모든 기쁨을 빼앗긴 것 같았다. 마치 안에서 뭔가가 끝나버린 것처럼. 올케의 배가 새 생명으로 불러오지 않는 것이 어쩌면 그 때문이 아닐까?

아파트로 돌아가니 알리크가 뒷방에서 사촌들과 함께 뛰어다니는 소리가 들렸다. 알리크는 사촌들보다 훨씬 어렸지만 형과 누나를 쫓아다니며 잘 놀고 있었다. 그 애는 아직 어리지만 소말리아와 아프리카의 피를 물려받은 타고난 전사다. 소말리아어로 남자를 가리키는 말에는 전사라는 뜻이 담겨 있다. 오빠와 함께 지내면서 소말리아 남자에 대한 생각이 되살아났다. 우리 아들한테도 그런 면이 있다. 내가 사막에서 자라던 시절에 남자는 전사이거나 목동이었다. 우리는 전사를 최고로 여겼다. 우리 알리크도 물론 전사다.

내가 그런 것처럼 알리크가 이 다음에 사람들 사이에서 소외감과 외로움을 느끼지 않을지 걱정이다. 자신이 가족에게서 물려받은 것들을 이해하지 못할 수도 있다. 알리크는 강인하고 유력한 부족의 일원이다. 우리 아들을 고향으로 데려가 엄마한테, 그 아이 외할머니한테 보여주고 싶다. 아이가 할머니에 대해 할머니 이름만이 아니라 더 많은 것을 알았으면, 할머니의 성품과 살아가는 방식과 지혜를 꼭 배웠으면 좋겠다. 자신의 뿌리를 모르고서 어떻게 자부심을 가질 수 있겠는가. 하지만, 아이가 아프리카에 있는 가족을 알기를 바라지만, 내 목숨보다 더 사랑하는 그 애를 데려갈 수는 없었다. 그저 오빠와 나만이라도 안전하게 다녀올 수 있기를 빌었다. 별일 없이 잘 다녀와야 할 텐데. 오빠가 모가디슈에 날아다니는 총알과 에티오피아 국경지대에 출몰하는 도적에 대해 얘기할 때마다 불안해지고 긴장이 되었다.

인샬라. 신께서 허락하신다면 언젠가 알리크를 데려갈 수 있겠지. 엄마에게 알리크가 죽은 남동생 영감과 꼭 닮았다는 것을 알리고 싶다. 아이의 모든 것 하나하나가 영감을 생각나게 한다. 하지만 엄마는 내가 말을 해도 믿지 못할 것이다. 눈으로 직접 보지 않고서야 믿을 수 없을 테니 그 얘기는 하지 말아야지.

올케에게 내가 싸온 옷들을 보여주었다. 뉴욕에서 적당한 옷을 구할 수 없었던 난감한 상황에 대해 얘기하며 우리는 함께 웃었다. 올케가 말했다.

"오빠는 나한테 그런 랩 스커트는 절대 못 입게 할 거예요."

"오빠는 소말리아로 돌아가 살 생각이 없다면서요. 그런데 올케는 왜 여기 여자들처럼 입지 않아요?"

올케는 고개를 끄덕이며 웃기만 했다.

"글쎄요."

나는 근처에 소말리아 옷 *디라*를 살 수 있는 곳이 있는지 물었다. 올케는 *디라*는 여자들이 직접 만들어 입는다며, 여행하는 동안 자기 옷을 빌려주겠다고 했다. 어떤 *디라*는 내가 좋아하는 화려한 노란색 꽃무늬가 있었다. 올케는 속에 입으라고 파란색 실과 은색 실로 수놓은 속치마를 주었고, 내 머리와 얼굴을 가릴 만한 스카프도 주었다.

그걸 모두 걸쳤더니, 올케는 내가 얌전한 소말리아 여자처럼 보인다고 했다. 나는 방을 한 바퀴 돌고 나서 스카프를 내려 올케에게 미소를 지어 보였다. 긴 치맛자락이 발까지 치렁치렁 내려와 알리크에게 걸려 넘어질 뻔했다. 아이는 우리가 무슨 일로 그렇게 웃는지 궁금해서 달려왔던 것이다.

어릴 때 나는 항상 그 긴 치마와 씨름했다. 어느 날 밤 아버지가 다른 초원으로 옮겨가야 한다며 우리를 깨웠다. 엄마와 나는 움막 뼈대를 덮은 돗자리를 걷어서 말았다. 엄마는 뼈대 역할을 하는 나무기둥들을 땅에서 뽑아 낙타 한 마리에 모두 실었다. 다른 낙타에는 우유 바구니들, 물주머니들을 끈으로 동여맸다. 아버지가 낙타를 이끌고 앞장섰고 우리는 뒤에서 염소를 몰면서 따라갔다. 한밤중에 걷기 시작해 다음날 푸른 언덕들 너머로 해가 지기 시작할 때까지 쉬지 않고 걸었다. 마침내 아버지는 우리가 새로 머물 아담한 땅을 정하고 대열을 멈추었다. 다음 보름달이 뜰 때까지 머물 곳이었다. 풀도 있었고, 아버지 말씀으로는 멀지 않은 곳에 우리 부족 소유의 우물도 있었다. 도착하는 대로 가축을 가둘 울을 쳐야 했다. 아버지가 말했다.
"와리스, 덤불을 베러 가야겠다. 오늘밤 낙타와 염소를 몰아넣을 우리를 만들어야지."
소말리아 사막의 나무나 덤불은 어느 것이나 가시가 있었던 같다. 그걸 손으로 나르려면 온몸이 가시에 긁히게 마련이었다.
아버지는 긴 칼로 나무를 베어 쓰러뜨린 뒤 나더러 가지를 잘라 내라고 했다. 아버지가 빠른 걸음으로 덤불숲으로 더 들어가면서 말했다.

"거기 있는 덤불을 가지고 돌아가. 엄마가 움막을 짓고 있을 게다."

바람이 불어, 내가 덤불가지를 잡으려고 할 때마다 치마가 가시에 걸렸다. 치마를 가시에서 뺄 때는 찢어지지 않도록 조심해야 했다. 옷이라곤 그것밖에 없었으니까. 아버지가 눈에 안 보이자 나는 곧 치맛자락을 가시에 걸리지 않도록 걷어올려 다리 사이에 끼우고 덤불을 안았다. 집으로 향하기 시작하는데 아버지가 소리쳤다.

"와리스, 잠깐 기다려."

아, 아버지는 치마를 무릎 위로 올리고 다니는 걸 보면 가만 안 둘 것이다. 나는 덤불에서 큰 가시를 하나 부러뜨려 내 몸을 긁었다. 그리고 피를 얼굴과 팔 여기저기에 발라 몸에 온통 피가 난 것처럼 꾸몄다. 나를 따라잡았을 때 아버지가 내 팔과 얼굴을 보고 말했다.

"어떻게 된 거냐?"

"아, 괜찮아요, 괜찮아요. 하지만 아빠, 이렇게 온통 피가 나는데 덤불을 어떻게 나르죠? 치마는 날려서 자꾸 덤불에 걸리고 저도 발이 걸려 넘어져요. 못 하겠어요!"

아버지가 말했다.

"그래 좋다. 이번만 치마를 올리고 가거라. 하지만 다른 사람 눈에 띄어서는 안 돼. 도착하는 대로 치마는 내리고. 꼭 내려서 다리를 가려야 해, 아브도홀."

아브도홀은 내 별명이었다. '작은 입'이라는 뜻이다. 내가 말했다.

"네, 알았어요."

나는 기뻐하며 치맛자락을 걷어올린 채 출발했다. 나는 아버지보다 앞서 가면서 집에 돌아가는 내내 풀쩍풀쩍 뛰었다. 아버지인들 어쩔 수 있었겠는가. 우리 둘 다 덤불을 한아름씩 안고 있었는데.

비행기를 탈 때까지 기다리는 이틀 동안 나는 오빠 때문에 돌아버리는 줄 알았다. 오빠는 올케에게 소리쳤다.

"체크 셔츠 좀 가져와. 내 안경집은 어디 있는 거야?"

오빠는 잠시도 가만히 앉아 있지를 못했다. 그 모습에 마음이 아프면서도 화가 났다. 하루 종일 왔다갔다 했고 계속해서 짐을 다 꾸렸느냐고 물었다. 떠나기 전날 나는 알리크를 무릎에 앉히고 우유를 조금 먹이고 있었다. 오빠는 내가 뭘 하는지 뻔히 보면서도 물었다.

"아직 준비 안 됐어?"

"아이, 오빠, 사막의 전사님! 비행기 출발 시간은 내일 오전 아홉시야. 오늘 밤은 여기서 잘 거고. 준비는 밤새도록 할 수 있다구."

"이 많은 걸 언제 다 준비해? 물건들을 죄다 여기저기 늘어놓고."

"아직 가방에 넣지는 않았지만 가져갈 건 다 준비해뒀어. 걱정할 것 없어."

"저건 가져가지 마."

오빠는 내가 미국에서 가져온 선물 가방을 가리키며 말했다.

"네 잡동사니는 가져가도 소용없을 거야. 꼭 필요한 것만 가져가."

"내 물건이야. 난 가져갈 거야."

"그걸 다 어떻게 비행기에 싣겠다는 건지 모르겠다."

오빠는 어깨를 으쓱했다.

오빠는 그날 저녁 다섯 시에 자신의 갈색 여행가방을 다 쌌다. 다음날 새벽 다섯 시에나 출발할 텐데 오빠의 짐은 벌써 준비 완료되어 문간에 놓여 있었다. 나는 뒷방으로 가서 물건들을 모두 가방에 챙겨 넣었다. 새벽 한 시 반에 짐을 꾸리는 일을 끝냈다. 마지막으로 사랑하는 알리크를 감싸안고 머리를 쓰다듬으며 노래를 불러주었다.

"엄마는 아프리카에 갈 거야.

네가 잠에서 깨어보면

엄마는 여기 없을 거야.

하지만 금방 돌아올 거야."

아이가 잠든 모습이 너무 사랑스러워 이 아이를 두고 갈 수 없을 것만 같았다. 살다 보면 이처럼 한 발을 뒤에 두고 다른 한 발을 먼저 내디뎌야 하는 때가 있다. 다시 해가 뜨기 전에 우리는 여행을 시작할 것이다.

그날 밤 나는 잠을 이루지 못했다. 막 정신이 몽롱해지려는데 오빠가 문을 두드렸다. 나는 아직 뉴욕과 유럽 간의 시차에 적응하지 못하고 있어서 그때는 내게 진짜 한밤중이었다. 오빠가 소리쳤다.

"일어나. 출발해야 해."

"아직 시간 있잖아."

오빠는 화가 나서 말했다.

"와리스, 가야 해. 공항으로 출발해야 한다구."

오빠는 어쩌다 비행기를 놓칠까 봐 제정신이 아니었기 때문에 나는 일어나 서둘러 차에 올랐다. 우리는 새벽 다섯 시도 되기 전에 오빠 집을 나와 한 시간 반 동안 잠든 도시를 가로질러 갔다. 그리고 비행기에 오르기 두 시간 전에 도착했다. 나는 코끼리 가죽 같은 잿빛 구름 사이로 해가 떠오르는 것을 보면서, 무사히 다녀올 수 있도록 축복해달라고 알라 신께 기도했다. 우리는 런던행 비행기에 올랐다. 비행기가 활주로를 달리기 시작하자 오빠는 일어나 화장실에 가고 싶어 했다. 갑자기 급하다며 어린애처럼 굴었다. 안전벨트 착용 신호가 켜져 있었지만 계속 우는 소리를 했다.

"화장실에 가고 싶어. 볼일을 봐야겠어."

"잠깐만 있어봐, 오빠. 안전벨트 신호가 금방 꺼질 거야. 이륙하면 꺼질 테니까 그때 다녀와."

"못 참아, 못 참겠어."

오빠는 끙끙거리며 자리에서 몸을 앞뒤로 흔들고 몸부림을 쳤다. 마침내 내가 말했다.

"그래, 정 못 참겠으면 일어나서 가. 꼭 가야겠으면."

오빠는 자리에서 일어나려 했지만 승무원 한 사람이 달려와 다시 앉으라고 말했다.

"손님, 안 됩니다. 지금 일어나시면 안 돼요."

오빠는 다시 앉았지만 다리를 꼬고 배를 움켜쥐었다. 나는 오빠를 보면서 알리크도 지리지는 않을 거라고 생각했다. 그 아이라면 일어나서 승무원에게 가게 해달라고 말할 것이다. 오빠는 갈수록 더 큰 소리로 끙끙거렸다. 사람들이 우리를 쳐다보기 시작해서 나는 오빠에게 조용히 좀 하라는 신호를 했다.

"오빠, 나 민망해 죽겠어. 어린애같이 좀 굴지 마. 가야겠으면 가. 승무원한테 더 얘기해 보든지. 어쨌든 가."

"못 가게 하잖아."

오빠가 툴툴거렸다.

"저 여자가 그럴 권리는 없어. 누구라도 가야 한다면 그냥 가면 되는 거야. 왜 꼭 승무원 말을 들어야 해?"

승무원은 오빠를 아무것도 모르는 어린애 취급하는데 오빠는 왜 끝까지 참고 있는지 알 수 없었다. 승무원은 오빠가 일어날 때마다 쳐다보았고 그러면 오빠는 다시 앉았다. 왜 그 여자가 이래라저래라 하도록 놔두는지 이해할 수 없었다.

우리는 히드로 공항에 내려 바레인까지 가는 비행기를 탔다. 17시간 이상 비행기를 탔고, 게다가 비행기를 갈아타는 데도 시간이 걸렸으니, 몇 시나 됐는지 알 수 없었다. 우리가 어디에 있는지도, 또 시차 때문에 비행기를 얼마 동안 탔는지도 짐작이 안 갔다. 나는 피곤하고 짜증이 났다. 좁은 좌석과 비좁은 공간과 형편없는 음식에 질렸다. 바레인에 도착해 마침내 비행기에서 내렸을 때, 엄마를 만나려면 몇 시간이나 더 걸리느냐고 물었다.

오빠는 비행기 표를 꺼내 한 부분을 가리키며 말했다.

"아직 반도 못 왔어. 여기서 다시 비행기를 갈아타고 아부다비로 가야 해."

"아부다비? 아부다비에도 가는 줄은 몰랐어."

아부다비에 대해서는 나쁜 기억이 있었다. 여동생이 그곳에 있었는데, 내가 거기 마지막으로 갔을 때 서류가 문제가 돼서 동생을 만나러 공항에서 나가지도 못했다.

"그래도 아부다비까지는 한 시간밖에 안 걸려. 거기서 소말리아로 갈 거야."

끝없는 비행을 하는 동안 내 마음은 의심으로 가득 찼다. 내가 누굴 만날 수 있을까? 가족 중에 무사한 사람이 있을까? 전쟁과 기아와 험한 바위, 회오리바람을 헤치고 내 고향에 아직 누군가가 남아 있을까? 엄마는 내가 아이 아버지와 결혼하지 않은 사실을 어떻게 생각할까? 소말리아에서 아이를 기르는 독신 여성이 살 방법은 창녀가 되는 길뿐이다.

나는 아버지가 나를, 자기 딸을 똑바로 쳐다보길 바랐다. 온 세상 사람들이 내 사진을 보았고, 사진가들과 잡지사들이 내 사진을 찍으려고, 영화에 나를 출연시키려고 큰돈을 지불했다. 내가 어떻게 생긴 아이였는지 아버지는 기억이나 할까? 어렸을 때 아버지는 아들한테만 관심이 있었다. 딸들은 차 시중을 들다가 떠나갈 존재였다. 여자는 남자가 말을 걸어오지 않는 한 먼저 말을 걸어서는 안 되었다. 어른들이 말을 할 때는 대개 옆에 서 있지 말아야 했다. 이제 나는 남자와 여자가 서로에게 직접 말을 거는 세계에 산다. 남녀가 대화하는 것이 나쁘다든가, 그 때문에 뭔가 나쁜 일이 일어날 거라든가, 그 일이 *진*을 불러와 재앙을 일으킬 거라고 믿지 않는다.

"와리스, 아버지한테 이야기할 땐 이래를 봐야지."

엄마는 내가 우유그릇을 가지고 다닐 수 있는 나이가 되자마자 그렇게 가르쳤다. 내가 엄마 눈을 쳐다보며 물었다.

"왜요?"

"*에브와예, 에브와예!*"

부끄러워서지, 부끄러워서! 엄마는 내가 다리를 벌리고 앉거나 치마를 걷어올렸을 때도 같은 말을 했다. 엄마는 내 질문에 대답을 한 적도, 이유를 설명한 적도 없었다. 그게 왜 부끄럽지? 부끄럽다니 무슨 뜻일까? 소말리아에서는 만사가 그런 식이었다. 어렸을 때는 그게 그냥 싫었는데, 서양에서 살고 있는 지금은 적의를 느꼈다. 우리의 전통을 존중하지만, 아버지를 볼 때 아버지 눈을 똑바로 쳐다보고 싶었다. 아버지는 절대로 나를 외면하지 않으리라. 내가 아래를 보기를, 아버지에 대한 존경을 표하기를 기대하겠지. 하지만 그러지 않을 거야! 아버지를 똑바로 보고 뚫어지게 응시하면서 아버지 눈길을 맞받을 거야. 아버지는 나를 볼 것이다. 자신이 낙타 몇 마리에 노인에게 팔아넘기려 했지만 이제 스스로 돈을 버는 딸 와리스를 볼 것이다. 한 번도 학교에 보낸 적이 없지만 이제 작가가 된 여자아이를 응시해야 할 것이다. 여성의 권리를 위해 일하는 UN 특별대사인 딸을.

FGM에 대해 해두고 싶은 얘기가 있다. 우리 가족이 나를 해치려 한 것은 아니라는 것이다. 그것은 우리 엄마와 엄마의 자매들, 엄마의 엄마가 스스로 겪은 일이었다. 그분들은 진심으로, 내가 순결해지기 위해 그 일을 해야 한다고 생각했다. 그것이 코란에 명시되어 있다고 믿었다. 나는 그분들보다는 많은 것을 알고 있다. 이런 종교적인 의식의 관행은 코란에 언급조차 되어 있지 않지만 *와다도*(종교 지도자)는 그걸 말해주지 않았다. 아무도 코란이나 하디트(마호메트의 언행을 기록한 책 — 옮긴이)를 읽지 못했기에 이슬람 장로들의 말에 귀를 기울였고 그들이 한 말을 의심하지 않았다.

아버지는 내게 말했다.

"와리스, 넌 너무 고집이 세고 제멋대로야. 지금 결혼하지 않으면 널 데려갈 남자는 아무도 없을 거다."

아버지는 내가 결혼을 하면 더 이상 대들거나 남자애처럼 행동하지 못할 거라고 생각했다. 남편을 선택할 때 중요한 것은 사랑이 아니다. 가족을 부양하고 부족의 동맹관계를 긴밀히 하고 아이를 낳을 수 있는가이다. 선택은 부모가 한다. 여자를 데려오면서 남자가 지불하는 대가는 그 남자가 아내를 부양할 능력이 있는지를 보여준다. 만약 그 사람이 줄 것이 없고 그의 부족이 가축을 얼마간 내놓지 않는다면, 그 남자에게 연고가 없다는 뜻이 된다. 그런 사람이 아내를 부양할 책임을 맡아서는 안 되는 것이다.

"저 애는 신부 값으로 암컷 낙타와 흰 염소를 많이 가져다줄 거야."

친척 아주머니들이 할레모 언니를 보고 늘 하던 말이다.

"*히이예!*"

엄마는 대답하면서 언니의 치마를 들어올려 언니 다리를 자랑했다. 여자들만 있을 때 말이다. 모두들 놀리느라 치마를 붙잡으려 하면 언니는 피하느라 빙빙 돌았고, 그럴 때면 매혹적인 가는 발목이 살짝살짝 보였다.

"이 정도면 저어도 낙타 스무 마리 값어치는 되지, 그럼."

엄마가 자랑했다. 엄마가 내 치마를 걷어올려 다리를 보여주려 한 적은 없었다. 다리가 우스꽝스럽게 생겼고 휘어져 양 옆으로 벌어졌기 때문이다. 내 다리는 예쁘지는 않았지만 튼튼하고 빨랐다. 낙타를 돌보려면 몸놀림이 날래야 한다. 큰 보폭으로 걸어야지, 안 그러면 어두워지기 전에 목적지까지 가기 어렵다. 어두워지면 하이에나가 나보다 더 앞을 잘 보기 때문이다. 아마 아버지는 나를 자랑스러워했을 것이다. 어느 남자 못지않게 빨랐으니까. 하지만 나는 항상 말대답을 하거나 치마를 걷어올리고 있다고 야단을 맞았다. 무슨 일을 하건, 나는 계집아이일 뿐이었다.

아버지가 화를 내면 우리는 언제나 엄마 뒤로 숨었다. 한번은 한밤중에 집을 옮겨 새로운 초원에 도착해 짐을 풀었다. 밤새 걷느라 지친 나머지 나는 나무 그늘에서 잠이 들었다. 아직 어린애였던 데다, 피곤해서 눈이 저절로 감겼다. 눈을 떴을 땐 해가 저만치 움직여 더 이상 그늘은 아니었다. 내 몸 한쪽이 까맣게 타서 물집이 잡혔고, 가축들은 하나도 보이지 않았다! 모두 사라져버렸다! 나는 겁에 질려 발자국을 찾아보았지만, 발자국이 너무 많아 어디로들 갔는지 알 수 없었다. 결국 근처에서 제일 큰 나무에 올라가서야 멀리 키 큰 풀잎 사이로 작은 머리들을 볼 수 있었다. 가축들에게 달려갈 때 나는 가젤처럼 풀밭을 가로질러 뛰었다. 몇 마리라도 발견한 것이 기뻐서 없어진 놈이 얼마나 되는지는 신경도 쓰지 않았다. 나는 아무 일도 없는 것처럼 하고서 집으로 돌아갔다.

아버지는 저녁에 가축을 우리에 몰아넣기 전에, 그리고 매일 아침 풀을 뜯으라고 내보내기 전에 한 마리 한 마리 세었다. 아버지가 세기 시작하자마자 나는 엄마 뒤에 섰다. 아버지는 가축들을 천천히 세었다. 하나, 둘, 셋, 넷, 다섯…… 그리고 쉰까지. 세기가 끝나가자 나는 점점 더 엄마 옆에 바싹 다가섰다. 엄마를 타고 기어올라 엄마 속으로 들어가고 싶었다. 아버지는 가축을 두 번이나 세었지만 두 마리가 모자랐다. 새끼양 한 마리와 염소 한 마리. 아버지가 내 이름을 불렀다.

"와리스, 이리 와봐."

내가 꼼짝하지 않고 있으니까 아버지가 내 쪽으로 왔다.

"아버지가 부르는 소리 안 들리니?"

"죄송해요, 아빠. 부르시는 줄 몰랐어요."

"이리 와."

나는 아버지 옆으로 갔다가는 크게 혼날 것을 알고 있었기 때문에 엄마에게서 떨어질 수 없었다. 내가 말했다.

"싫어요!"

아무도 아버지에게 싫다고 말한 적은 없었다. 아무도. 나는 어차피 죽었다 생각했기 때문에 운에 맡기는 쪽을 택했다. 어떻게든 되겠지. 달아날까도 생각했지만 어디로 가겠는가.

아버지가 지팡이를 잡자 엄마가 손을 들어 아버지를 말렸다.

"때리지 말아요. 아직 어린애잖아요. 없어진 놈들이 어디로 갔을지나 생각해봐요."

눈 깜짝할 새에 아버지가 엄마를 때렸다. 얼마나 세게 때렸는지 엄마는 우리 위로 쓰러졌다. 코와 입에서 피가 흘러나왔다. 내가 엄마에게서 떨어지지 않으면 아버지는 한꺼번에 때려 죽일 기세였다.

아버지는 성난 사자 같았다. 용서라고는 없었고 아무도 아버지를 말릴 수 없었다. 사자들은 왕이나 여왕 같다. 하루 종일 조용히 앉아 있다가 배가 고파지면 우아하게, 품위 있게 먹잇감을 죽인다. 상대의 주둥이나 목을 곧바로 공격하면 대개 그 자리에서 죽는다. 사자는 보통 차분하고 위엄을 잃지 않지만, 한 가지 유난히 싫어하는 일이 있다. 그건 누군가가, 특히 하이에나가 성가시게 하는 것이다. 한번은 하이에나가 황금빛 사자를 귀찮게 하는 것을 보았다. 사자는 한동안 아주 침착하게 앉아 있었다. 그러다 갑자기 참을 수 없어졌는지, 단번에 달려들어 그 성가신 짐승의 등 한가운데를 물어뜯었다. 사자는 하이에나를 입에 물고 흔들더니 내던져버렸다.

나는 돌아가면 아버지에게 여자도 뭔가를 할 수 있다는 것을 보여드리고 싶었다. 여자 혼자 힘으로도 잘 살아갈 수 있다는 것을.

아부다비에 도착했을 때 나는 뱃속이 딱딱해졌다. 마치 며칠을 걸은 후에 바싹 말라버린 샘에 도착한 것 같았다. 아부다비 공항과 아랍에미리트 연방에 대해서는 끔찍한 기억이 있었다. 이번에는 나쁜 일이 일어나지 않기를 바랐지만, 오빠와 나는 가방을 하나도 찾을 수 없었다. 우리는 컨베이어 벨트에서 마지막 여행가방이 없어질 때까지 기다렸다. 나는 그 자리에서 울 뻔했다. 무슨 문제가 있는 게 분명했다. 소말리아로 가는 비행기를 놓치면 어쩌지. 처음에는 우리가 엉뚱한 곳에서 기다린 게 아닐까 생각했다. 모든 표지판이 아랍 문자로 되어 있어서 나는 읽을 수가 없었다.

"오빠, 이 컨베이어가 맞아?"
"맞아. 같은 비행기에 탄 사람들을 봤어."
"가방이 다 어디로 간 거야?"
오빠가 소말리아어로 자신 있게 말했다.

"내가 알아볼게. 해결할 수 있어."

"오빠, 내가 얘기해볼게. 전에도 이런 일이 있었어. 내가 여행도 많이 다녔으니까."

오빠가 고집을 부렸다.

"아니, 아니야. 내가 할 수 있어."

오빠는 짐 찾는 곳 바깥에 있는 작은 사무실로 가서 거기 있는 여자 직원에게 말했다. 밖에서 기다리면서 보니 그 여자는 별로 기분이 좋아 보이지 않았다. 오빠가 무슨 일인지 제대로 설명하지 못하는 것 같았다. 직원은 머리를 흔들면서 몇 번 위층을 가리켰다. 그 여자는 수하물과 관련이 없어 보였고 우리 짐이 어디 있는지 모르는 게 확실했다. 오빠는 답답해서 소말리아어로 소리를 지르기 시작하더니 화를 내며 나왔다.

"내가 얘기해볼게, 오빠. 그러다 아무것도 안 되겠어."

내가 다시 사무실로 갔더니 여자는 위층으로 올라가 안내데스크를 찾아보라고 했다.

"짐이 없어졌어요."

내 차례가 되자, 나는 카운터 뒤에 앉아 있는 남자에게 말했다. 남자는 나를 쳐다보지도 않고 한마디 대꾸도 없이 공항의 다른 구역을 가리켰다.

"실례지만 영어 하세요?"

내가 물었지만 남자는 다시 손짓만 할 뿐이었다. 이 남자가 도움이 안 될 것 같아서 다른 사람을 찾아보았다.

유니폼을 입은 다른 남자가 말했다.

"탑승구에 있는 직원한테 가서 얘기해보세요."

그래서 우리는 탑승구까지 되돌아가야 했다. 올케가 빌려준 드레스가 너무 길어 치마 앞자락을 잡고 걸어야 했는데, 나는 그걸 계속 잊어버렸다. 걸으려 할 때마다 걸려 넘어질 뻔해서 마치 절뚝거리며 걷는 것 같았다. 탑승구역으로 다시 갔더니 직원은 우리를 마치 제정신이 아닌 사람들인 양 쳐다보았다.

"저기, 잠깐만요. 위층에 있는 직원들이 가방을 찾으려면 이곳으로 가라고 하던데요. 어떻게 된 일인지 여기서 대답을 들어야겠어요."

남자는 어깨만 으쓱하고는 오빠를 힐끗 쳐다보고 등을 돌리고 가버렸다. 나는 소리를 지르기 시작했다.

"도대체 어떻게 해야 하죠? 빈손으로 돌아가라구요? 여기서 언제쯤이면 우리 짐을 찾을 수 있나요?"

직원이 오빠에게 말했다.

"손님 짐이 언제 도착할지는 알 수 없습니다. 저기 가서 앉아 계세요. 누군가가 알려줄 겁니다."

그 남자는 나란히 놓인 딱딱한 나무 벤치를 가리켰다.

비행기가 여러 대 도착하고 다시 떠났다. 사람들이 친척들에게 인사를 하고 아기들을 안아 올리며 지나갔다. 여자들은 거의 다 검은 차도르로 몸을 가렸고, 남자들은 아무거나 내키는 대로 입었다. 어떤 사람은 셔츠와 바지를, 어떤 사람은 무슬림 전통의상을 입고 있었다. 밝은 해가 지고 날이 어두워졌다.

내가 말했다.

"오빠, 소말리아로 가는 비행기가 몇 시에 떠나는지 확인해봐.

비행기를 놓치면 큰일이잖아."

오빠는 비행기 표를 꺼냈지만 시간이 어디에 적혀 있는지 찾지 못했다.

"표 이리 줘봐. 내가 다른 사람한테 물어볼게."

나는 머리에 두른 스카프를 당겨 얼굴을 가렸다. 스카프는 실크여서 머리에 잘 붙어 있지 않았고, 꼭 매어도 미끄러져 내렸다. 나는 비행기 표를 가지고 항공사 카운터로 갔다.

"짐이 도착하지 않아서 하루 종일 기다렸어요. 예매한 소말리아행 비행기가 몇 시에 떠나는지 알고 싶어요. 비행기를 놓치지 않도록 제대로 좀 알아야겠어요."

"오늘은 더 이상 소말리아행 항공편이 없습니다."

직원이 서류 정리를 계속하면서 말했다.

"이것 보세요."

나는 스카프를 어깨 위로 내리며 말했다. 그 남자가 나를 이슬람 신자라고 생각하든 말든 상관없었다.

"우리가 비행기를 놓친 건가요? 아무도 얘기해주지도 않고 도와주려 하지도 않아요. 어떻게 된 거예요?"

"오늘은 소말리아행 항공편이 없습니다."

그 남자는 계속 아래를 보면서 말했다. 나는 이쪽을 보게 하려고 카운터를 두드렸다.

"그럴 리가 없어요. 착오가 있겠죠."

"표 좀 보여주세요."

직원은 내가 자기를 너무 귀찮게 한다는 듯이 한숨을 쉬었다. 나는 비행기 표를 건네주었다. 직원은 비행기 표를 휙 넘겨보더니 작은 네모 칸에 쓰인 숫자를 가리키며 비웃듯이 말했다.

"여기 보세요. 9월 29일에 떠나셨고 10월 2일까지는 소말리아에 도착하지 않는 걸로 돼 있습니다."

"뭐라구요?"

직원은 입을 크게 벌리지 않은 채 한 단어씩 끊어가며 천천히 말했다.

"오늘은 9월 30일입니다. 이 비행기 표는 출발이 10월 2일이에요. 이틀 후입니다."

표에 적힌 숫자를 가리키는 직원의 태도는 나를 멍청하고 하찮은 인간으로 느끼게 만들었다. 직원은 내가 더러운 뭐나 되는 태도로 표를 내밀었다.

"오빠."

내가 소리쳤다.

"이 지긋지긋한 공항에서 이틀이나 기다려야 된다는 거 알고 있었어? 난 몰랐어."

오빠는 어리둥절하고 불안한 표정으로 나를 바라보았다. 내가 말했다.

"이 사람들은 우리를 완전 바보 취급하고 있어. 내가 여자라고 상대도 안 하려고 해. 나도 이슬람 신자인데 말이야."

오빠는 두 손을 다리 사이에 끼우고 나무 벤치에 앉아 나를 쳐다보았다.

나는 심호흡을 했다. 마침내 정신을 가다듬자 여동생 파르툰이 생각났다.

"택시를 타고 파르툰한테 가. 적어도 그 애를 만날 수는 있잖아. 비행기가 뜰 때까지 기다리는 동안 샤워도 하고 잠도 좀 자두자."

우리는 짐을 챙겼다. 나는 화장실에 가서 세수를 하고, 스카프가 미끄러지지 않도록 다시 머리를 잘 감쌌다. 언제나 머리와 얼굴을 가리고 있어야 하는 건 비참한 일이었다. 뭘 잘못했기에 이런 벌을 받아야 하나?

입국 심사대에서 오빠는 바로 통과했다. 오빠는 네덜란드에서 발급한 여행 서류를 갖고 있어서 비자가 필요 없었다. 그런데 매부리코를 가진 세관 직원은 내 여권을 보더니 페이지마다 샅샅이 살피기 시작했다.

"손님은 아랍에미리트 연방 입국 비자가 없습니다."

그 남자는 어린애한테 말하듯이 아주 천천히 말했다. 말도 안 되었다. 나는 입이 바짝바짝 마르고 숨도 쉬지 못할 것 같았다. 전에도 이런 일을 당했었다.

내가 사정했다.

"제발 좀 도와주세요. 오빠와 소말리아에 가는 길이에요. 가족을 오랫동안 보지 못했거든요. 우리가 예약한 항공편이 이틀 후에나 출발한다니 그때까지 여동생한테 가서 지내려는 거예요."

세관 직원이 통통한 손가락으로 내 여권을 톡톡 두드리며 말했다.

"손님은 입국 비자가 없습니다."

"어머니가 계신 소말리아에 갈 예정이니까요. 제가 소말리아 사람인 걸 모르겠어요?"

직원은 얼굴은 나를 향하면서도 눈은 벽을 보고 있었다. 내 눈을 보려고 하지 않았다. 내가 애원했다.

"제발 부탁합니다. 이틀만 동생과 지내고 싶어요."

직원은 되풀이해 말했다.

"손님은 입국하는 데 필요한 서류가 없습니다. 이 공항을 떠나서는 안 됩니다."

그 남자는 내 여권을 던지다시피 하고는, 몸을 돌려 다음 사람에게 손짓을 했다.

왜 서류라는 게 그토록 중요한지 나는 결코 이해할 수 없을 것이다. 그 사람들은 왜 다른 사람들을 좌지우지할까? 왜 사람들에게 이건 해도 된다, 저건 하면 안 된다고 명령할까? 소말리아에서는 아무도 서류를 갖고 다니지 않는다. 염소들이 뜯을 풀을 찾아다닐 때 여권을 보여줄 필요는 없다. 누구를 보고 싶으면 보러 가면 되는 것이지, 누구는 들여보내고 누구는 밖에 서 있게 하는 서류 따위는 가지고 다니지 않는다. 우리는 종잇조각에 적힌 숫자나 문자가 아니라 살아 있는 인간이다. 유목민에게 그 사람이 어디서 왔는가는 중요하지 않다. 중요한 것은 현재 그 사람이 어디에 있는가이다. 한번은 엄마한테 내가 몇 년에 태어났는지 물었다. 하지만 엄마는 기억하지 못했다.

"짐작은 가. 우기였던 것 같은데, 글쎄?"

내가 말했다.

"기억해, 못해?"

"어쩌지, 기억이 안 나네. 그런데 그게 뭐가 중요하니?"

내가 우기에 태어났으리라는 느낌은 내게도 있다. 왜냐고? 나는 물에, 특히 비에 몹시 애착을 느낀다. 비를 정말 좋아해서 우기에 태어났을 거라는 느낌이 든다. 하지만 내가 몇 년에 태어났는지, 몇 살인지는 모른다. 그건 알 수 없다.

약 20년 전 내가 열네 살쯤 되었을 때, 이모부는 나를 런던으로 데려가기로 했다. 집에 가정부가 필요했기 때문이다. 그때 이모부가 말했다.

"너를 런던으로 데려가려면 여권이 필요해."

"네."

나는 대답했다. 하지만 사실은 여권이라는 게 뭔지 전혀 알 수 없었다.

이모부는 나를 어딘가로 데려가 사진을 찍게 했고 다음날 여권을 받아왔다. 나는 글자는 보지 않고 사진만 보았다. 나 자신의 모습을 처음으로 본 것이다. 사진 속에서 나는 사진기를 보지 않고 위쪽을 올려다보고 있었다. 사진사가 "눈을 크게 뜨세요."라고 말했을 때 어느 쪽을 봐야 할지 몰라 그냥 위쪽을 보았다(사실은 뭐가 어떻게 돌아가는지 몰라 신께 기도를 드리고 있었다). 런던으로 가서도 몇 년 후까지 나는 여권이 뭔지 몰랐다. 내 여권에 적힌 생년월일은 이모부가 대충 적은 것이다. 나는 아직도 내 생년월일을 모른다.

나는 사람들 속에 오빠를 버려두었다. 가만히 있을 수가 없었다. 뭔가를 하든지, 어디로든 가든지 해야 했다. 위층으로 올라가니 공항

안에 호텔이 있었다. 호텔 직원에게 물었다.

"지금 방 있어요?"

"네, 빈 방이 있습니다. 하지만 현금으로 지불해야 합니다."

마치 내게 방을 빌릴 만한 돈이 없을 거라는 태도였다. 내가 힘주어 말했다.

"방 하나 주세요."

"하룻밤에 150달러입니다……. 암스테르담 달러로요."

세상에, 돈이라도 없었으면 어쩔 뻔했어. 나는 체크인했다. 너무 피곤했기 때문에 숙박료가 얼마건 신경 쓸 여력이 없었다. 방은 작고 지저분했다. 싱글 침대에는 얇은 싸구려 타월과 더러운 갈색 커버가 덮여 있었다. 나는 침대에 몸을 던지자마자 울기 시작했다. 아이가 걱정되었다. 어디로도 가지 못하는 이런 어처구니없는 여행을 하겠다고 피부염이 있는 아이를 두고 오다니. 끔찍하게도 그 애의 예쁜 머리 여기저기서 머리카락이 빠져나갔다. 그게 뭔지 알 수 없었는데, 신께서 뭔가 알리려고 계시를 주셨던 것은 아닐까 싶었다. 아마 나를 벌 주시려는가 보다. 나는 속수무책으로 오도 가도 못하게 되었다.

아부다비 공항에 대해서는 참담한 기억이 있는데 이렇게 다시 오게 되다니. 지난번에도 여기서 그냥 돌아갔었다. 같은 곳에서 말이다. 이건 저주라고 할 수밖에 없었다. 그렇지 않은가. 그때도 엄마를 만나려고 했었다. 엄마는 반목하는 부족들 사이의 전쟁에 휘말려서 부상을 당했다. 누굴 방해하려는 생각 없이 땔나무를 주우러 나갔는데, 양쪽 군인들이 상대방에게 총을 쏘기 시작했다. 엄마는 피하려 했지만 가슴에 총알 두 방을 맞았다. 내가 파르툰에게 돈을 보내서 엄마를 아부다비로 모셔와 치료를 받도록 했다. 물론 나는 엄마를 만나기 위해 첫 번째 비행기에 올랐다. 뉴욕에 있는 사람들은 내게 비자가 필요 없다고 장담했다. 18시간 비행기를 타고 왔을 때 나는 공항에서 나가지 못했다. 못생기고 뚱뚱한 직원이 비자가 없어서 입국할 수 없다고 말했다. 엄마와 여동생이 바로 바깥의 로비에 있었지만 나는 나갈 수 없었다. 나는 굳은 결심으로 다시 비행기를 타고 뉴욕으로 돌아가서 아랍에미리트 연방 대사관에 찾아가 비자를 받았다. 다시 아부다비로 가는 비행기 표를 사느라 2,704달러를 지불했다. 아부다비에 돌아왔을 때 이번에도 그 인정머리 없고 못생기고 키 작고 뚱뚱한 남자가 거기 있었다. 남자는 앞니 두 개가 빠져 있었는데 생각 같아서는 나머지 이도 모두 부러뜨려놓고 싶었다. 남자는 비자 스탬프가 찍힌 내 여권을 받아서는 나를 공항 세관 입국장에 세워두고 가버렸다. 나는 하루 종일 기다리고 또 기다렸다. 혹시 그 남자가 돌아와 나를 찾을까 봐 뭘 먹으러 가지도 못했고 화장실에 가기도 두려웠다. 마침내 내 이름을 부르는 소리가 들려서 앞으로 나갔더니, 남자는 나를 비웃으며 입국을 허락할 수 없다고 말했다.

나는 남자에게 간청했다.

"부탁이에요. 비자가 필요하다고 해서 뉴욕까지 갔다 왔어요. 뭐가 문제죠? 말 좀 해주세요. 어머니가 총에 맞았어요. 지금 날 기다리고 계시다구요. 어머니를 만나게 해주세요."

"손님은 입국이 안 된나고 했잖아요."

남자는 나를 쳐다보며 딱딱거렸다. 그리고 내 여권을 넘겨주면서 말했다.

"어딜 가겠다고 그러시냐? 손님은 다음 비행기를 타고 이곳을 떠나야 합니다."

"뭐가 문제인지 설명해주세요. 그냥 갈 수는 없어요."

"지금 탑승하는 런던행 비행기가 있으니 손님이 그 비행기를 타도록 조처하죠."

남자에게 나는 런던에 살지 않는다고 말했다.

"왜 날 거기로 보낸다는 거예요? 난 뉴욕에 살아요."

소리치고 애원도 해보았지만 남자는 내 말을 들으려고도 하지 않았다.

"저기 서 있는 여자들 보이죠?"

남자가 소리쳤다. 그 여자들은 모두 험상궂어 보였고 경찰복을 입고 있었다.

"잘 들어요. 다음 비행기를 타고 여기를 떠나지 않으면 다칩니다. 저 사람들이 당신을 강제로 비행기에 태울 거예요."

여자들은 나를 탑승구로 데려갔다. 내가 지나갈 때 사람들이 비웃는 소리가 들렸다. 결코 잊을 수 없는 일이었다.

그런데 다시 그때 그 공항에 붙들린 것이다. 너절한 호텔에서 이틀 밤에 3백 달러를 지불하며 인간 이하의 취급을 받고 있다니. 굴욕감이 내 목구멍에, 피부에, 피에 엉겨붙었지만, 어떻게 말로 표현해야 할지 떠오르지 않았다.

이슬람교는 복종을 의미한다. 이슬람 신자는 신에게 복종하는 사람을 가리킨다. 나는 무릎을 꿇고 앉아 알라 신께 기도했다.

"제발 저를 도와주세요."

이처럼 힘든 일들이 겹친 후에 뭔가 기쁘고 좋은 일이 일어날 수 있을까?

"인샬라, 인샬라. 알라께서 모두 이루어지게 하소서."

나는 몇 번이고 되풀이했다. 모든 일에는 이유가 있다. 나는 마음속 깊이 진심으로 그 말을 믿었다. 그리고 신께 빌었다. 모두가 좋은 일을 위해 예비하신 것이기를.

사막을 가로질러서

악마를 물리치는 기도
우리 뒤에 숨은 악마들아, 거기 멈춰 서라
우리 앞에 기다리는 악마들아, 꼼짝없이 달아나라
우리 위에 서성이는 악마들아, 얌전히 매달려 있으라
우리 발밑에서 일어나려는 악마들아, 창끝이 무디어져라
우리 옆에 붙어 걷는 악마들아, 멀리 떠밀려가라
—소말리아 노래

20년 만에 내 고향 사막에 발을 디뎠다. 비행기가 착륙했을 때 아프리카에 관한 노래들이 머릿속에서 메아리쳤다.
"안녕, 아프리카! 어떻게 지내니? 나는 행복해. 너도 행복하게 지내길 바랄게." (나이지리아 출신 팝 뮤지션 Dr. Alban의 노래 〈Hello

Afrika〉의 가사 일부 – 옮긴이)

비행기에서 내리면서 나는 함박웃음을 지으며 흥얼거렸다. 하늘이 나를 맞아주었다. 고향에 돌아왔다! 나는 금속 계단을 춤추듯 밟아 활주로에 내려섰다. 아프리카의 땅을 보니, 그보다 더 하늘을 보니 가슴이 쿵쾅거렸다.

소말리아의 하늘은 해와 달의 고향이다. 내일에 다다를 때까지 해와 달은 쉼 없이 나아간다. 하늘이 너무 넓어서 나 자신도 커다랗게 부푼 느낌이다. 그 공간을 느끼고 싶어, 자유를 느끼고 싶어 팔을 한껏 벌렸다. 태양이 너무도 환하고 강렬해서 모든 것이 도드라져 보이고 가까이 당겨진 듯 보였다. 인도양을 보니 바다 위로 걸어가 뛰어들 수 있을 것 같았다. 정말 정말 오랜만에, 탁 트인 사막을 지나며 바람이 내는 달콤한 소리를 들었다. 거의 잊었던 소리였다. 아카시아 나무, 딱정벌레, 흰개미 집, 작은 디크디크(작은 영양 – 옮긴이), 타조, 그리고 거북이 내는 꺽꺽대는 소리들. 모두 다 내가 아는 소리였다.

활주로를 벗어나면서 사람들을 바라보았다. 나는 그 얼굴들을 이해할 수 있었다. 그 사람들이 무슨 생각을 하는지, 뭘 하고 있는지 알 수 있었다. 그동안은 이방인으로서 상황이 어떻게 돌아가는지 이해하려 노력하고 함께 어울리려 무던히도 애쓰며 살았다. 그런데 이처럼 보기만 해도 안다는 것은 통쾌한 일이었다. 무슨 냄새인가가 느껴졌다. 안젤라 냄새였다. 안젤라는 우리가 아침식사로 먹는 신맛이 나는 팬케이크다. 실딩이 잔뜩 든 초콜릿 케이크와는 정반대의 것, 하루 종일 속을 든든하게 채워주는 것. 내 눈에 눈물이 가득 고였다. 슬퍼서가 아니라 기뻐서. 마마 소말리아, 너무 그리웠어. 당신이 내게 이토록 특별한데, 어떻게 그토록 오래 떠나 있었을까? 무엇이 그렇게 만들었을까? 공항에 있는 사람들은 내 눈에 모두 제대로였다. 모두 정상으로만 보였다. 나는 황홀한 소속감을 느꼈다. 내 꿈이 태어난 이곳, 아프리카의 딸로서. 당장 엄마를 만나고 싶었다. 그러면 정말로 고향에 돌아왔다는 것을 알게 될 텐데.

해가 맑고 푸른 하늘에 있었다. 햇볕은 뜨거웠다. 너무, 믿을 수 없을 만큼 뜨거웠다. 런던이나 뉴욕에 비하면 열기가 너무 강해 놀랄 정도였다. 지면에서 열기가 너울너울 솟아올랐고 숨을 내쉬기 힘들었다. 멀리서 인도양이 반짝였다. 찌는 더위에 적응해야 하는데 바다 쪽에서 미풍이 불어와 다행이었다. 더위 속에서는 느긋하게 있어야지, 긴장하거나 흥분해서 움직이면 안 된다.

보사소의 작은 공항에는 버스 편도 기차 편도 없었다. 흰 벽돌로 지은 터미널 밖에서 남자들이 길을 따라 대절 택시를 대놓고 기다리고 있었다. 이 차들은 여자가 소유주인 경우가 많았다. 굶어 죽거나 난민촌에서 구걸을 하느니 사우디아라비아로 가서 창녀로 일해 돈을 번 여자들이다. 그 여자들이 차를 사서 배에 싣고 소말리아로 돌아와, 운전수를 고용해서 택시 영업을 했다. 소말리아에서는 여자가 운전을 할 수 없지만, 차를 갖고 있으면 진짜 부자라고 할 수 있다.

오빠가 말했다.

"여기선 내가 알아서 할게."

오빠는 왔다갔다 하면서 줄지어 서 있는 차들과 사람들을 살펴보더니 모가디슈에서 알던 부족 사람을 발견했다.

"고용할 만한 사람을 알고 있어. 압딜라히라는 마지어티인 파 사람이야."

마지어티인은 우리 아버지의 부족이다.

내가 오빠에게 사정했다.

"오빠, 가다가 차가 고장나면 안 돼. 좋은 차를 가진 사람을 골라야지."

하지만 오빠는 이미 결심한 것 같았다.

"같은 부족 사람이니까 믿어도 돼. 갈카요까지 데려다줄 수 있는지 물어보자."

압딜라히의 차는 낡은 스테이션왜건이었다. 차 앞쪽은 움푹 들어가고 후드는 잘 닫히지 않아 철사로 동여맨 것 같았다. 타이어는 아기 피부처럼 매끄럽게 닳아 있었고 좌석 시트는 해져 찢어졌다. 오빠가 압딜라히에게 인사했다. 두 남자는 이슬람 신자들이 하는 양손 악수를 한 뒤 서로 팔짱을 끼고 서서 얘기를 주고받았다. 압딜라히는 키가 크고 마른 얼굴에 염소수염을 길렀고, 전통적인 *마아-아-웨이스* 위에 흰 셔츠를 덮어 입었다. *마아-아-웨이스*는 남자들이 허리에 두르는 무늬가 있는 긴 천을 말하는데, 앞에서 윗단을 접어 여미게 되어 있고 길이는 종아리 중간까지 온다. 공항에 있는 남자들 대부분이 이 옷을 입었다. 오빠와 압딜라히가 공항세를 내고 여행 서류를 찾아오려고 건물 안으로 들어갔다. 비행기에 오를 때 스튜어디스가 서류를 모아서 가져갔기 때문이다. 영국에서 발행한 내 여행 서류에는 소말리아 여행이 금지되어 있었다. 나는 돌아가야 하거니 혼자 뒤처지게 될까 봐 불안했지만 오빠는 자기가 처리할 수 있다고 우겼다. 해가 사정없이 내리쬐어 뒷목부터 허리까지 땀이 줄줄 흘렀다. 섭씨 90도가 넘는 게 아닐까 싶을 정도였다. 나는 남자들이 왜 이렇게 오래 걸리는지 불안했다. 실크 스카프가 머리와 목에 달라붙어 벗어버리고 싶었다. 빨리 차를 타고 떠나고 싶은 마음이 간절했다.

마침내 남자들이 밖으로 나왔다. 가만 보니까 압딜라히가 화가 나 있었다.

"모하메드가 경찰한테 싸움을 걸었어요!"

오빠가 주장했다.

"그 사람들이 우리 서류를 가지고 있을 권리는 없어. 공항세를 냈으니까 돌려줘야지!"

내가 오빠보다 좀더 침착해 보이는 압딜라히에게 물었다.

"자세히 좀 얘기해봐요."

"이 친구가 흥분해서 직원한테 소리를 지르고, 말리는 경찰을 쓰러뜨릴 뻔했어요."

오빠는 여전히 흥분이 가라앉지 않아 왔다갔다 했다. 압딜라히가 돌아서서 오빠에게 손바닥을 들어 보였다.

"진정해, 진정하라고.."

"그자들이 나한테 그렇게 말하면 안 되지. 내가 특별세까지 냈는데 그놈이 무슨 권리가 있어."

압딜라히는 바로 오빠 눈앞에서 손을 저으며 말했다.

"이봐, 여긴 유럽이 아니야. 그 사람들은 총을 갖고 있어. 쏠 수도 있다구. 네가 누군지, 뭐가 문제인지는 신경도 안 써. 얌전히 지나가는 게 상책이지. 총 있는 놈하고는 부딪치면 안 돼. 총에 맞으면 누가 옳건 그르건 다 소용없어."

압딜라히가 오빠를 붙들어 더 이상 누구를 때리지 못하도록 잡아끌고 나왔다고 한다. 경찰이 내 서류를 돌려주긴 했지만, 나는 그 사람들이 마음을 바꿀까 봐 불안했다.

"압딜라히, 우리 엄마를 찾을 수 있을까요?"

두 사람이 경찰의 대응방법이니 마약과 캇에 취한 군인들이니 얘기하고 있는데 내가 말을 잘랐다. 빨리 공항을 빠져나가 식구들을 찾고 싶었다.

"와리스의 가족은 에티오피아 국경 근처에 살고 있어요. 바로 거기서 오는 길인걸요. 비행기 시간에 맞춰 밤새 운전해왔죠. 정말이에요, 찾을 수 있어요."

나는 여전히 불안한 마음으로 물었다.

"지도 있어요?"

압딜라히가 우습다는 듯 나를 쳐다보며 말했다.

"소말리아 사람이 지도는 무슨."

오빠가 웃으며 말했다.

"찾을 수 있을 거야. 지도는 이 친구 머릿속에 다 있어."

"시간이 얼마나 걸릴까요?"

내가 갑자기 흥분해서 말했다. 엄마 손을 잡고 얼굴을 만져보고 싶었다.

"도로 사정에 따라 여덟, 아홉 시간쯤 걸릴 거예요. 군대 검문이 있을 수도 있고."

"여덟 시간이라니 무슨 소리예요!"

나는 비명을 질렀다. 그럴 리가. 내 귀중한 시간 중에서 이미 사흘을 공항과 지저분한 호텔에서 허비했는데 이제 또 하루를 더 가야 한다. 해는 벌써 중천에 떠 있었다. 초조해서 왔다갔다 하는데 치맛자락이 자꾸 발에 걸렸다. 숨이 막힐 것 같아 스카프를 벗어버렸다. 너무 더워 숨쉬기도 힘들었지만, 움직여야 했다. 이 여행을 빨리 끝내야 했다. 차로 여덟 시간을 가야 한다는 건 사실상 가족들과 지내는 시간을 이틀이나 줄여야 한다는 뜻이었다. 돌아가는 비행기를 타러 보사소로 올 때도 하루를 잡아야 하니까. 오빠와 압딜라히는 나를 이상하다는 듯 쳐다보고 서 있었다. 그 둘은 시간이 얼마나 걸리건 상관없다는 태도였다. 내가 사는 곳, 마감시간과 약속들로 가득 찬 곳과는 다른 별에 사는 사람들이니까. 어차피 다른 선택은 없었다. 마음을 가라앉히고 정해진 대로 하는 수밖에.

"거기까지 가는 데 얼마를 내면 되지?"

오빠가 물었다. 압딜라히는 미국 달러로 3백 달러를 요구했고, 오빠가 백 달러를 주겠다고 하자 거절했다. 내가 작은 소리로 말했다.

"오빠, 그냥 그러자고 하고 빨리 여기서 나가. 이 문제로 시간 낭비하지 말자."

오빠는 자기 일에서 빠지라는 듯 나를 쏘아보았다. 나는 둘이 흥정하는 동안 타는 듯한 햇볕 속에서 기다렸다. 오빠가 말했다.

"3백 달러라니 말도 안 돼. 우리는 같은 마지어티인이잖아. 내 동생과 내가 너한테 남이야?"

"난 돈이 없어. 애들 키울 돈이 필요해."

"이봐, 압딜라히. 미화 백 달러면 큰돈이야. 나도 알고 너도 아는 사실이잖아. 그 정도면 시세보다 많이 주는 거야. 게다가 내가 제정신이 아니라는 건 벌써 알고 있겠지.”

오빠는 농담을 덧붙였다. 압딜라히도 농담으로 대꾸했다.

“그건 그래. 더 말썽 일으키기 전에 너하고 동생을 여기서 빼내는 게 낫지. 네가 사람을 다치게 하면 나도 부족 합의금에 보태야 할 테니까.”

“좋아. 그럼 백 달러로 하지.”

두 사람은 거래를 매듭지었다는 뜻으로 악수를 했고 내가 돈을 지불했다. 소말리아 국토를 가로질러서 최근에 그가 엄마를 보았다는 작은 마을까지 데려다주는 대가였다. 압딜라히는 머리가 꽤 좋아 보였고 자기 할 일을 아는 사람 같았지만, 사려 깊은 사람이라고 하기는 어려웠다. 압딜라히는 소말리아에서 보통 남자가 여자를 다루는 것처럼 나를 대했다. 돈을 낸 사람이 나라는 것은 중요하지 않았다. 압딜라히와 오빠는 선물 가방과 다른 짐들을 나 혼자 차까지 끌고 가도록 내버려두고 부족 사람들 몇 명을 만나러 갔다. 둘은 아는 사람들을 만나 끌어안고 손을 잡고 야단이었다.

소말리아에 도착하자마자 오빠는 소말리아어로 얘기하기 시작했고 그때부터 아주 딴사람이 되었다. 오빠는 당당하게 똑바로 서서 턱을 치켜들었고 공격적으로 변했다. 잘난 체하는 그 모습은 어릴 적 오빠가 우리 집에 왔을 때를 생각나게 했다. 오빠는 도시에서 공부했는데, 어느 날 우리 움막에 나타나 흙에다 뭔가를 그리기 시작했다.

“야, a b c 배울 준비됐어?”

그때는 내게 낯선 남자아이일 뿐이었던 그가 소리쳤다. 오빠는 자기가 대장이며 뭐든지 안다는 듯 행동했다. 나는 오빠가 뭘 하는지 궁금해서 가까이 갔다.

"앉아."

오빠가 명령했다. 하지만 나는 오빠 손에 있는 막대기가 무서워서, 혹시 나를 때리려고 하면 안전하게 달아날 수 있는 곳에 섰다. 오빠가 땅바닥에 글자를 썼지만 나는 알아보지 못했다. 실은 읽기라든가 쓰기에 대해 들어본 적조차 없었다. 오빠는 큰 막대기로 a b c d e f를 아주 빠르게 써나갔다.

"이게 뭐지?"

오빠가 물었다. 내가 알 턱이 없었다.

"이게 뭐냐구?"

오빠는 회초리를 내 눈앞에서 휘두르며 소리쳤다. 나는 뭘 하는지 몰라 이 낯선 남자아이가 흙에 선을 긋는 것을 뚫어져라 쳐다보았다. 오빠가 나를 보고 소리치기 시작했다.

"이 멍청한 유목민 계집애, 왜 날 그렇게 쳐다보는 거야? 글자를 보란 말이야. 읽어봐."

오빠가 너무 소리를 질러대서 나는 웃고 말았다. 그러다 막대기로 날 때리려고 하기에 달아났다.

"사막 애들은 너무 게으르고 멍청해. 그러니까 읽기나 쓰기를 못 배우지."

오빠가 내 뒤에서 큰 소리로 말했다.

"그만둬. 너한테 안 가르쳐줘. 계집애 데리고 시간 낭비 안 해."

오빠가 돌멩이를 던져서 내 발목에 맞았다. 상처가 심하게 난 것을 보고 엄마는 오빠 옆에 가지 말라고 했다. 나는 더 이상 읽기나 쓰기에 관심을 두지 않았다.

지금도 오빠는 거들먹거리며 걸었고 뭐든지 아는 체했다. 나는 여전히 아무것도 모르는 유목민 계집애였다. 차 안이 너무 더워서 창을 열었더니 파리가 수없이 날아들었다. 나는 그냥 뜨거운 햇볕 속에 서 있었다. 오빠가 돌아와서 나한테 차에 타라고 명령했다. 마치 모두를 기다리게 한 사람이 나인 것처럼. 오빠가 앞에 타고 나는 뒷좌석에 탔다.

"이게 다 내 덕인 줄 알아."

차가 출발하자마자 오빠가 나를 돌아보며 말했다.

나는 아무 말도 하지 않았다. 창밖으로 내가 그리워한 나라를 바라보았을 뿐이다. 소말리아 남자들은 원래 그렇다. 남자는 여자 말을 듣지 않는다. 그 여자가 누구인지, 뭘 하는 사람인지는 중요하지 않다. 아프리카의 삶에는 적응해야지, 그 삶을 바꿀 수는 없다.

가설 착륙장에서 나가는 자갈길 가에 주유소 같은 것이 있었다. 압딜라히는 자동차 연료탱크를 가득 채운 뒤, 40리터짜리 비상용 석유통 두 개도 채워서 낡고 지저분한 차 뒤칸에 실었다. 나는 그 먼 길을 지도도, 보호장비도 없이 간다는 데 마음이 놓이지 않았다. 가다가 도로 검문이나 군인들로 인해 난처한 일을 겪지 않기만을 빌었다.

"알라 신이시여, 무사히 도착할 수 있게 해주세요. 엄마를 찾을 수 있게 도와주세요."

계절은 *하가아*(건기)여서 모든 것이 갈색으로 바싹 타들어가고 있었다. 먼지가 차 뒤에서 소용돌이를 일으켜 창문으로 기어들었고 표면마다, 주름진 곳마다, 파인 곳마다 내려앉았다. 길은 갑자기 시작되어 얼마간은 포장까지 되어 있다가 비포장도로로 바뀌었다. 바퀴자국이 여러 방향으로 엇갈려 나 있었다. 나는 압딜라히가 길을 제대로 알고 있기를 바랐다. 차가 젖은 모래층이나 낙석을 잘 피해 무사히 가기만을 빌었다.

얼마 안 가서 압딜라히가 도로를 벗어나더니 작은 오두막 몇 채가 있는 곳에 차를 세웠다.

"캇을 좀 사야겠어. 여기 오느라 밤새 운전했더니 정신이 안 들어."

사람들이 그늘에 앉아 있다가 캇 가지를 안고 이쪽으로 달려왔다. 가는 가지에 달린 초록 잎, 악마의 가지에 달린 악마의 잎사귀를 나는 증오한다. 그것이 내 조국을 버려놓았다고 믿기 때문이다. 그런데 여기 돌아와서 내가 처음으로 본 것이 저것이라니. 소말리아에는 캇이 자라지 않기 때문에 남자들이 캇을 사는 데 쓰는 돈은 모두 에티오피아와 케냐로 흘러들어간다. 압딜라히는 천천히 차를 몰면서, 사람들이 보여주는 가는 가지와 잎으로 된 다발을 살펴보았다. 누더기 옷을 입고 신발도 신지 않은 어린 남자애들이 입을 빠끔거리고 있었다. 예닐곱 살 남짓한 아이들이 그 빌어먹을 것을 피웠다. 이쑤시개처럼 가는 팔다리 때문에 꼭 새끼거미처럼 보이는 아이들. 그 애들은 배가 고프면 배고픔을 잊으려고 캇을 씹는다. 압딜라히는 길을 따라 좀 더 올라가서 비슷한 광경이 벌어지고 있는 곳에 다시 차를 세웠다. 남자아이들과 여자들이 캇 다발을 들고 차를 향해 달려들었다. 압딜라히는 찰무트(스카프)로 캇 가지를 싸서 들고 서 있는 여자에게 창밖으로 손을 흔들며 소리쳤다.

"마마, 이쪽으로 와봐요, 이쪽으로."

그리고 물었다.

"이것 얼마나 된 거요? 새로 들어왔어요? 신선한 겁니까? 오늘 들어왔어요?"

캇은 하루만 지나면 효능이 없어진다. 소말리아로 캇을 들여오는 비행기가 한둘이 아니며, 밀수업자들은 아무런 제재 없이 신선한 캇을 항공편으로 들여올 수 있다.

그 여자가 말했다.

"아유, 지독한 가뭄이긴 해도, 그럼요, 바로 어젯밤에 에티오피아에서 들어온 거예요."

압딜라히는 캇이 얼마나 된 건지 살펴보느라 손가락으로 잎을 쓸어보았다. 내가 말했다.

"이봐요, 압딜라히. 아무거나 사고 빨리 가요!"

"물건 괜찮은데. 저 여자한테 20실링만 줘요."

"싫어요. 당신 캇 값까지 낼 생각은 없어요."

"갈 길이 먼데 이게 도움이 되죠. 비행기 시간에 맞춰 오느라 이번 주에 밤새 운전을 했다니까. 캇을 씹으면 잠을 쫓을 수 있어요."

"벌써 백 달러나 줬잖아요. 캇을 사는 데 내가 또 돈을 내야 하나요?"

그러자 압딜라히가 대답했다.

"다른 사람이 운전하면 거기까지 가는 데 이틀은 더 걸릴 겁니다. 나는 길도 알고 당신 가족이 어디 있는지도 알아요. 경찰이나 군인들과 문제가 생기면 캇을 줄 겁니다. 그 사람들이 바라는 건 이것뿐

사막을 가로질러서 133

이니까."

"그 쓰레기에 내 돈을 내진 않겠어요. 사려면 당신이 사요."

압딜라히는 돌아앉더니 캇을 사고 바로 출발했다. 캇을 가까이 운전대 옆에 내려놓으면서 잠깐 토닥거렸다. 압딜라히는 잎을 한 장씩 뜯어 입에 넣었다. 그리고 끈적끈적해질 때까지 씹어서 입속 한쪽에 밀어넣고 새 잎을 씹었다. 몇 시간 후면 볼이 튀어나오고 초록색 즙이 턱을 타고 줄줄 흐를 것이다. 정신이 몽롱해지면서 힘이 넘칠 것이다. 차에는 작은 녹음기가 있었다. 압딜라히는 볼륨을 최대한 높이고 오후 내내 소말리아 노래인 *게바이*를 따라 불렀다.

그녀 품에 안긴 남자라면
그의 인생을 충만하다 하겠네
신이시여, 그런 행복의 샘을
부디 저에게 허락하소서.

압딜라히의 목소리는 높고 날카로웠다. 볼 안쪽에 캇 덩어리를 물고 있어서 입 한쪽으로만 노래를 불렀다. 노래는 계속되었다.

운명이 한 부족에게 불행한 시절을
맞으리라 명하면,
저주받은 이들이 택한 길에서는
구름이라도 달아날 것이네.
어른들은 비틀거리고 약해져

조언을 듣는 이 없고,
겨우 달콤하게 익은 대추야자 때문에
배가 뒤집히듯
신은 그 부족의 눈에서
지혜와 빛을 감추네.

갑자기 음악이 멈추었다. 도로에 심하게 파인 곳이 있어서 앞바퀴에 펑크가 났다. 압딜라히는 차를 길 한쪽으로 붙였다. 그곳에는 간간이 지나가는 트럭뿐이라 도와줄 사람이 없었다. 압딜라히는 캇 잎을 입에 쑤셔넣으며 잭을 찾아내서는 늘 있는 일이라는 듯 타이어를 갈았다. 시간이 엄청 걸렸다. 차 안이 너무 더워서 나는 차에서 내렸다. 그늘을 찾을 수 없어 압딜라히를 지켜보는 수밖에 없었다. 잭으로 차를 들어올리고는 캇을 입에 넣고, 펑크 난 타이어를 스페어타이어로 갈아끼우고는 또 캇을 입에 넣었다. 만약 스페어타이어마저 펑크가 나면 누군가가 지나가다가 도와줄 때까지 속수무책일 것이다. 그러다 강도를 당하거나 더 나쁜 일을 당할 수도 있겠지. 압딜라히는 도로에 깊이 파인 바퀴자국을 피하려고 애썼다. 하지만 도로에 파인 곳 못지않게 열도 타이어에 나쁘다. 한낮이라 하루 중에 가장 더웠고 사막에서 열기가 스팀처럼 피어올랐다. 압딜라히는 마을에 도착하자마자 타이어를 하나 더 샀다. 그곳 사람들은 펑크 난 타이어를 가져다가 타이어를 사라는 다음 사람에게 필 것이다. 이 무슨 시간 낭비인가! 우리는 이 끝없는 여행에서 타이어를 네 번이나 갈았다. 차를 14시간 이상 탔고 수없이 멈추어야 했다. 그날 압딜라히는 아마 타이어를 가느라고 내가 준 백 달러를 거의 다 썼을 것이다.

사막에서 거리는 아무런 의미가 없다. 아주 먼 곳까지 보이기 때문에 아무것도 만나지 못한 채 영원히 가야 할 것만 같다. 차를 뒤따르는 먼지기둥마저 없다면 자신이 움직이고 있다는 것도 느끼지 못할 정도이다. 길이 험해서 차가 울퉁불퉁한 곳을 지날 때마다 내 몸은 앞뒤로 흔들렸다. 길을 몸으로 느꼈다. 마치 나 자신이 울퉁불퉁한 풍경의 일부인 것처럼. 앞뒤로, 아래위로, 우리는 삼차원으로 여행했다. 숨기는 것도 비밀도 하나 없이, 우리 마음속을 샅샅이 여행했다.

여행길에서 본 모습들 때문에 나는 하루 종일 마음이 무거웠다. 키가 낙타 배 높이밖에 안 되는 아이들이 누더기를 걸치고 희망 없는 멍한 표정으로 길가에 서 있었다. 부모들은 어디에 있을까? 캇을 씹어서 이가 까맣게 변한 남자들도 보았다. 한번은 타이어를 갈려고 멈추었는데 한 노인이 낮은 언덕 위에 서서 우리를 말없이 지켜보고 있었다. 노인은 움직이지도, 자기 눈 위에 기어다니는 파리를 쫓아내지도 않았다. 나는 낙타들의 행렬을 찾아보았다. 아름다운 황금빛 갈색의 낙타들, 사막의 배들. 하지만 지나치는 사람들은 가축이라고는 없이 초라하기만 했다. 내가 본 가장 가슴 아픈 모습은 아이를 업은 채 황량한 곳 한가운데 나와 있는 야윈 여인이었다. 그 여자가 태워달라고 손을 흔들었다. 날이 저물고 있었는데 우리는 몇 시간 동안이나 마을을 보지 못했다. 여인은 신발 앞부분만 신고 있었다. 뒤축은 떨어져달아나 발이 까지고 피가 났다. 꼭 낙타 발 같았다. 깊숙이 갈라지고 굳은살이 두껍게 박여서 사람 발 같지가 않았다. 그냥 지나칠 수 없어 내가 애원했다.

"세워봐. 저 사람 좀, 저 아주머니 좀 태우게!"

오빠가 물었다.

"왜 그래?"

"저 아주머니 신발 뒤축이 달아났어. 맨발로 걸어서 발에서 피가 나."

한때 내 발도 저랬었다. 저렇게 딱딱하고, 가뭄 때의 흙바닥처럼 깊숙이 갈라졌었다. 여인은 아주 먼 길을 가야 하는 게 분명했는데 곧 날이 저물려고 했다. 분명 하이에나가 아이를 보고 뒤쫓아올 텐데, 목적지가 너무 멀면 사막에서 자야 할 수도 있다. 내가 아버지에게서 도망쳤을 때가 생각났다. 사막에서 혼자 밤을 보내는데 주위에는 먼지와 파리들뿐이었다. 먹을 것도, 내 몸을 지킬 것도 없이 혼자서 며칠 밤을 보내야 했다. 겁이 나서 잠을 잘 수가 없었다. 배고픈 짐승들이 밤이 오기만을 기다린다는 걸 알고 있었으니까. 한번은 사자 한 마리가 나를 기다리고 있었다. 사자가 내 얼굴에 숨을 내뱉는 냄새에 잠에서 깨었다.

나는 계속 졸랐다.

"태우고 가자. 나하고 뒷좌석에 앉으면 돼. 자리는 충분해."

"걱정 말아요."

압딜라히가 여인을 지나치면서 말했다. 손사래를 치며 아무것도 아니라는 듯 그냥 지나갔다. 두 남자는 같은 말을 할 뿐이었다.

"익사잖아. 익사를 왜 태워줘? 걷는 데는 익숙할 텐데."

눈물이 났다. 남자들은 내 말을 들으려 하지 않았다. 우리는 하루 종일 여자들과 아이들을 지나쳐갔다. 우리가 일으킨 먼지 속에서 숨이 막히도록 내버려둔 채.

오빠가 부족 사람들에게서 아버지 소식을 들었다. 아버지가 지금 사막에 혼자 있을지도 모른다는 얘기였다. 3년 전쯤, 우리 가족이 계속 살아온 하우드의 부족 우물 가까이에서 남동생 라시드가 아버지의 낙타를 돌보고 있었다고 한다. 그 애는 그냥 자기 일을 하고 있었다. 낙타들이 풀을 뜯도록 풀어놓고 앉아서 쉬고 있는데, 갑자기 무슨 소리가 들려서 일어났다. 다음 순간 사방에서 총알이 날아왔다. 라시드가 뛰기 시작하자 남자들 몇 명이 쫓아오며 마구 총을 쏘았다. 라시드는 팔에 총을 맞고 풀 위에 쓰러져 기절했다. 정신을 차렸을 때는 가축들이, 아버지의 낙타가 한 마리도 보이지 않았다. 사막은 고요했고 공허한 바람뿐이었다. 낙타는 아버지가 일생 동안 이룬 보람이었다. 암수 두 마리를 큰 무리가 되도록 불렸고 가뭄과 적은 먹이로도 어떻게든 키워왔다. 그런데 아버지의 재산이자 자랑인 낙타들이 흔적도 없이 사라진 것이다. 라시드는 다친 몸을 이끌고 집으로 돌아가 엄마의 보살핌을 받았다. 다행히 총알이 뼈를 건드리지 않고 팔꿈치 위쪽을 관통해 라시드는 무사했다. 하지만 아버지는 무너졌다. 그 일이 일어난 뒤 아버지가 사라졌다. 소말리아 속담에, 사람이 절망하면 우유 바구니 안에서 낙타를 찾는다는 말이 있다. 아버지는 삶의 활기를 잃었고 혼이 빠져나간 것 같았다. 두 손에 얼굴을 묻고 며칠을 앉아 있다가 밤중에 나가버렸다. 어디로 갔는지 아무도 몰랐다. 낙타를 찾으러 갔는지, 낙타를 훔쳐간 사람들을 죽이러 갔는지, 아니면 너무 절망해서 다 포기하고 죽을 곳을 찾으러 갔는지 모를 일이었다.

엄마의 삶 엄마의 영혼

은혜롭고 자비로운 알라의 이름으로……
우리를 올바른 길로 인도하여주십시오.
그 길은 당신께서 은총을 내리신 자들의 길이며
……방황하는 자들의 길이 아니옵니다.
—《코란》수라 제1장

우리는 지평선의 푸른 언덕들을 향해 달리고 또 달렸다. 하지만 결코 그곳에 닿지 못할 것만 같았다. 하늘이 우리 머리 위에 광대한 원을 그리며 펼쳐져 있었다. 하늘도 끝이 없었고 더위도 끝이 없었다. 해를 피하지 않으면 사람이 죽을 수도 있을 정도의 더위라고 압델리히가 말했다. 덤불도 언덕도 모두 내 어린 시절을, 특히 엄마를 생각나게 했다. 나는 엄마에게 강박적으로 매달리는 그런 아이였다. 엄마에게 아무 일도 일어나지 않게 해달라고 매일 기도했고, 엄마가 모르는 사이에도 가는 곳마다 따라다녔다. 엄마는 내 우주였는데 어떻게 떠날 용기를 냈는지 모르겠다. 정말 그러려고 했던 건 아니었을 텐데, 하나의 길이 다른 길로, 또 다른 길로 이어져 결국 엄마를 잃어버린 것이다. 소말리아어 단어 중에 누로라는 말이 있다. 직관이라는 뜻이다. 죽음에서 탈출한 동물이나 사람은 알라에게서 누로를 선물로 받는다. 흰개미가 침으로 집을 짓는 것도, 도마뱀이 알을 깨고 나와 먹이를 찾아내는 것도 누로에 의해서다. 나는 내 누로를 믿고 싶었지만 너무 오래 떠나 있었던 것이 불안했다. 신호를 어떻게 읽어야 할지 더 이상 알 수 없었다. 어쩌면 이렇게 오래 헤매고서도 결국 엄마를 찾지 못할지도 모른다. 나는 두려움과 절망으로 울음이 나오려는 것을 참아야 했다. 어쩌면 엄마를 영원히 잃어버렸는지도 몰랐다.

밤이 뱀처럼 음흉하게 기어들었다. 날은 덥고, 차는 비포장도로에서 부딪치고 서기를 끊임없이 되풀이해 나는 실망하고 지쳤다. 압딜라히는 나를 불안하게 했다. 엄마가 사는 마을을 찾지 못하고 길을 잃고 만다면, 가망 없이 길을 잃는다면 어떻게 하나? 압딜라히는 아무런 예고도 없이 도로를 벗어나 작은 언덕 위로 차를 몰았다. 그리고 엔진을 껐다. 정적이 잠처럼 우리를 둘러쌌다. 자그마한 야영지가 보였지만 움막에서 새어나오는 불빛은 하나도 없었다.

그때 압딜라히가 큰소리로 말했다.

"다 왔어요. 여기예요."

나는 갑자기 흥분해서 힘이 솟았다. 자리에서 튀어 일어나며 말했다.

"정말? 정말이에요? 엄마가 여기 살아요?"

"그래요, 와리스. 여기가 거기예요."

"알라 신이시여, 감사합니다."

우리는 사실상 국토를 횡단한 셈이었다. 더위와 타이어가 문제였지 우리를 괴롭힌 사람은 없었다. 나는 곧바로 내려 차에 기대고 서서 공기 냄새를 맡았다. 세상에, 얼마나 그리워하던 냄새인지. 바로 고향의 냄새였다.

압딜라히가 고요한 마을의 구석에 있는 네모난 집을 가리키며 말했다.

"저 집에 와리스의 가족이 살아요."

압딜라히와 오빠가 그 집으로 가서 문을 두드렸다. 몇 분 후 문이 열리고 키 큰 남자가 *마아-아-웨이스*를 허리에 두르며 대답했다. 오빠는 그 남자가 사촌 압둘라라고 했다. 압둘라는 누가 어디에 사는지 낱낱이 알고 있었다. 좁은 길을 내려가 우리를 네모난 작은 집에 데려다주었다. 압둘라가 나무로 된 덧문을 두드리니까 아이를 밴 여자가 대답했다. 그 여자는 사촌이 우리를 소개하는 동안, 문간에 서서 졸음이 가득한 눈으로 우리를 쳐다보았다.

내가 물었다.

"누구세요?"

그 여자가 대답했다.

"저는 아가씨의 남동생 부르하안의 아내입니다. 하지만 그 사람은 집에 없어요. 제 이름은 누르예요."

오빠는 내가 엄마를 찾으러 왔다고 설명해주었다. 그러자 올케 누르는 급히 자기 스카프를 끌어 쥐고 어둠 속에서 내 손을 잡았다. 누르가 나를 데리고 좁은 길을 가로질렀다. 들리는 소리라곤 다져진 흙길을 걷는 우리의 발소리뿐이었다.

눈앞에 작은 오두막의 형체가 나타났다. 한 칸짜리 오두막이었는데, 곧은 나뭇가지들을 세워 삼실로 엮고 지붕으로 양철조각을 댄 집이었다. 그 집 앞에 멈춰 서자 나는 숨을 깊이 들이쉬었다. 그리고 오빠와 누르에게 부탁했다.

"잠깐 기다려줘. 내가 엄마를 안고 키스할 때까지 아무 말도 하지 마."

물론 자물쇠는 없었다. 문은 얇은 양철판 한 장이 다였는데, 모서리 윗부분과 아랫부분에 경첩 대신에 철사를 달아 옆을 고정시켰다. 이 쭈그러진 문은 집에 기대 세워져 있어서 일단 들어올렸다가 땅 위로 끌어서 열어야 했다. 집이 너무 작아서 엄마 발이 문 바로 앞까지 나와 있었다. 문을 열면서 내가 엄마 발을 건드렸다. 엄마가 일어나 앉아 그림자들을 향해 물었다.

"누구야?"

나는 아무것도 볼 수 없었지만 엄마 목소리가 나는 쪽으로 기어 갔다. 오두막에 들어가려면 몸을 푹 숙여야 했는데 키가 큰 오빠는 몸을 숙이고서도 머리를 부딪쳤다. 또 소리가 나자 엄마가 다시 물었다.

"누구니?"

나는 정적 속에 무릎을 꿇고 앉은 채 아무 말도 하지 않았다. 그 순간을 느끼고 싶었다. 엄마가 큰소리로 말했다.

"누구니, 누구야?"

마침내 엄마 얼굴이 보였다. 나는 두 손으로 엄마 얼굴을 감싸고 키스했다. 그리고 내 뺨에 흐르는 눈물을 엄마가 느낄 수 있도록 뺨을 비볐다. 엄마는 잠시 내 숨소리에 귀를 기울이더니 내 얼굴을 바싹 끌어당겨 속삭였다.

"이게 누구니?"

"저예요, 엄마. 와리스예요."

엄마가 내 목소리를 알아들은 것을 알 수 있었다. 엄마는 잠깐 숨을 멈추는 것 같더니 나를 붙잡아 꼭 끌어안았다. 마치 아슬아슬한 순간에 불속으로 떨어지려는 아이를 건져낸 것처럼.

"와리스? 진짜 내 딸 와리스야?"

엄마는 말을 하면서 울다가 웃다가 했다.

"응, 엄마. 진짜 나야. 그리고 모하메드 오빠도 같이 왔어."

엄마는 오빠를 향해 팔을 뻗어 오빠 손을 잡았다. 엄마의 기쁜 눈물이 내 팔에 떨어졌다.

"어디 있다가 왔니? 너희들이 죽은 줄 알았다. 알라 신이시여! 알라 신이시여! 내 딸, 내 아들아!"

엄마는 갑자기 뒤로 물러서더니 나를 앞뒤로 흔들며 야단치는 척했다.

"세상에, 와리스. 엄만 놀라서 기절할 뻔했다. 그렇게 기어들어와 달려들면 어쩌니!"

그러고는 다시 울다가 웃다가 했다.

"너 사는 데로 돌아가. 엄마는 이런 일을 감당하기엔 너무 늙었어."

엄마의 삶 엄마의 영혼

엄마는 나를 다시 끌어안으며 말했다.

"웬일이니, 아가!"

나는 웃음을 터뜨렸다. 내가 에티오피아에 잠시 들러 엄마를 만난 이후로, 우리는 5년 동안이나 만나지 못했다. 그런데 한밤중에 나타난 나에게 가벼운 농담을 할 수 있다니. 나는 생각했다. 내가 조금이라도 엄마를 닮았으면 좋을 텐데.

"모하메드."

엄마가 오빠를 안으며 말했다.

"네가 머리를 부딪치는 소리를 들었을 때 모하메드 *데리*인 줄 알았어야 하는 건데."

*데리*는 오빠의 별명이다. 키다리라는 뜻이다. 오빠는 서 있는 낙타만큼이나 키가 크다.

엄마는 아이와 자고 있었는데 그 애는 우리가 그렇게 얘기를 해도 잠에서 깨지 않았다. 내가 물었다.

"이 남자애는 누구야?"

"네 동생 부르하안의 장남이다. 모하메드 이니에, 모하메드 2세지."

엄마는 자는 아이의 머리를 쓰다듬었다.

압딜라히는 오빠를 아메드 삼촌과 자도록 그 집에 데려다주겠다고 했다. 엄마의 작은 오두막은 다같이 자기에는 너무 비좁았기 때문이다. 남자들이 가고 엄마가 *페이누스*라고 부르는 초롱불을 켠 뒤에도 모하메드 이니에는 계속 잤다. 초롱불의 부드러운 빛이 엄마의 낯익은 얼굴을, 완벽한 코와 계피 색깔의 눈을 비추었다. 엄마는 마치 꿈속인 양 나를 가까이 끌어당겨 쓰다듬었다. 그러지 않으면 꿈에서 깨기라도 할 것처럼.

우리가 잠시 얘기를 나누는 동안 누르도 함께 앉아 있었다. 누르는 집 밖에서 나는 차 소리와 사람들 목소리에 자다가 깨었다고 했다. 누르는 나를 끌어안고 내 팔과 옷을 어루만졌다. 나는 두 사람에게 우리가 어떻게 거기까지 왔으며 차를 얼마나 오래 탔는지 얘기해주었다. 엄마는 나를 앞뒤로 흔들고 껴안고 희한하다는 듯 기뻐했다. 마치 마법 양탄자에 올라탄 것처럼.

내가 누르에게 말했다.

"올케한테 누구냐고 물어본 것 미안해. 무엇보다 난 올케가 있는 줄도 몰랐어. 당연히 엄마와 이렇게 가까이 살고 있는 것도 몰랐지. 그 애가 첫 결혼을 했을 때도 몰랐는데, 올케가 둘째 부인인 데다 벌써 딸 하나에 둘째까지 가졌다니."

나는 당황스러웠지만 소말리아에서는 있을 수 있는 일이었다.

누르가 내 팔을 쓰다듬으며 나를 안심시켰다.

"정말요! 결혼한 지 꽤 오래됐는데 제가 있는 줄도 몰랐다구요?"

"미안해. 우리 한심한 오빠가 아무것도 얘기해주지 않았어."

누르가 또 웃으며 짓궂게 농담을 했다.

"그럼 제 선물은 없겠네요."

"그러게 말이야. 미안해서 어쩌지."

누르에게 줄 선물도, 아기나 조가에게 줄 선물도 없었다. 내가 가방을 가리키며 말했다.

"올케 주려고 가져온 건 없지만, 이 가방에서 마음에 드는 게 있으면 뭐든지 가져."

내가 또 물었다.

"첫 번째 올케는 어떻게 됐어?"

엄마는 한참 말이 없더니 대답했다.

"그 애는 알라 신과 함께 천국의 정원에 있다."

"아니, 세상에, 어쩌다 그렇게 됐어?"

"난들 알겠니. 때가 돼서 알라 신께서 데려가신 거지."

엄마는 단호하게 말했다. 소말리아 사람들은 누가 어쩌다가 죽었냐고 물어보면 이렇게 대답한다. "난 신이 아니야. 신만이 아시지. 난 어떻게 된 일인지 몰라." 그게 전부다. 갈 때가 됐으면 가야 한다. 소말리아 사람들은 달에 생명의 나무라고 불리는 나무가 있다고 믿는다. 그 나무에서 당신의 잎이 떨어질 때가 바로 당신이 죽는 때이다. 죽으면 작별을 고하고 천국으로 간다. 죽음이 당신과 알라 신을 이어준다. 아마 저 아이 엄마가 어떻게 되었는지는 아무도 말해주지 않을 것이다. 엄마는 주저없이 손자를 데려왔겠지. 아이에게 엄마의 손길이 필요하니 그 아이를 맡았을 것이다. 아이는 세 살쯤 되어 보였다. 나는 엄마가 이 아이에게 홀딱 빠져 있다는 걸 알 수 있었다. 엄마는 아이와 꼭 붙어 잤고, 아이는 할머니 목소리를 들으면서 안심하고 평온하게 잠들었다.

엄마는 엄마 모습 그대로였다. 내가 평생 동안 알던 엄마. 피부는 기름을 먹인 흑단 같고, 웃을 땐 앞니가 하나 없는 모습이다. 언젠가 아버지한테 맞았을 때 부러졌을 거라고 나는 생각하지만 엄마는 절대로 말하려고 하지 않았다. 엄마는 많은 일을 겪었고 그로 인해 피부에는 지혜와 고난의 주름이 새겨져 있었다. 내 눈에 엄마는 늙어 보이지 않았다. 이마 주위의 주름은 크나큰 위엄을 느끼게 하며, 그것은 고난이 근심과는 다르다는 것을 말해준다.

갑자기 무언가가 지붕을 톡톡 두드리다 쾅쾅 울려대는 소리가 들렸다. 나는 깜짝 놀라서 말했다.

"무슨 소리야?"

잠시 동안은 그게 무슨 소리인지 알 수 없었다. 너무 세차고 시끄럽게 울렸고 서서히가 아니라 갑자기 시작되었기 때문이다.

엄마와 올케 둘 다 웃으면서 동시에 말했다.

"아, 비야, 와리스. 드디어 비가 오는구나."

엄마가 위를 올려다보며 말했다.

"감사합니다, 알라 신이시여."

어디선지 알 수 없는 곳에서 비가 쏟아졌다. 소말리아의 비는 성가시게 찔끔찔끔 내리는 서구의 비와는 다르다. 소말리아에서는 비가 얼굴을 후려치는 것처럼 내린다. 실제로 비가 머리를 때린다. 빗방울은 바닥에 접시를 내던진 것처럼 양철지붕을 쿵쿵 쳐댔다.

"아아, 엄마, 비가 오니까 시원해지겠어. 어쩌면 이렇게 딱 맞춰서 비가 오지?"

초롱불 아래서 엄마가 나를 바라보며 말했다.

"얘, 비 온 지가 일 년도 더 됐어."

"정말? 내가 비를 몰고 왔나 봐."

엄마는 그건 아니라는 듯 혀를 찼다.

"와리스, 넌 신이 아니야. 그 말은 도로 주워 담아. 그런 말은 입에 올리는 게 아니야. 자기를 신에 비교하다니. 비가 오는 건 알라 신께서 비를 보내셨기 때문이지, 너하고는 아무 상관이 없어."

"알았어요, 안 그럴게요."

내가 말했다. 엄마 집에 와 사물의 질서에 대해 다시 생각하면서 나는 행복했다. 내려주신 비에 감사했고 알라 신께서 나를 축복하신 거라고 믿었다.

엄마가 미소 지으며 말했다.

"네가 올 줄 알고 있었어."

엄마가 그토록 확신에 찬 것이 내게는 놀라웠다.

"어떻게 알았어?"

"며칠 전에 네 언니 꿈을 꾸었다. 네 언니가 물을 길어 등에 지고 나한테 가져왔더라. 그 애가 물 긷는 노래를 부르는데 목소리가 점점 더 커지지 않겠니. 그래서 내 딸 중 하나가 오려나 보다 생각했지. 누구일지는 몰랐지만."

나는 탄성을 질렀다.

"세상에, 엄마."

내 눈에 눈물이 가득 고였다. 그렇게 긴 세월이 지나고 고난을 겪은 후에도 우리가 여전히 이어져 있었다니. 내가 무엇보다 그리워한 것이 한때 익숙했던 직관과 영혼의 힘이다. 좀더 자주 왔어야 했는데, 엄마 집에서 힘센 엄마의 영혼과 계속 닿아 있었어야 했는데. 신이 허락하신다면, 다시는 그렇게 오래 떨어져 있지 말아야지. 이제는 길도 알고 오는 방법도 알았으니까.

엄마. 나는 엄마를 제대로 알지 못했다. 어린아이였을 때 엄마를 떠났으니까. 하지만 엄마를 느낄 수는 있었다. 뭔가를 알고는 있지만 말로 표현할 수는 없는 것과 같았다. 지난번 에티오피아에서 만났을 때 나는 엄마한테 애원했다.

"엄마, 나하고 같이 뉴욕으로 가. 엄마한테 뭐든지 다 줄게."

그때 엄마가 나를 쳐다보며 물었다.

"얘, 그게 무슨 말이니? '다'라니? 나한테 필요한 건 여기 '다' 있는데?"

나는 사막의 삶이 내게 맞지 않는다고 뼛속 깊이 느꼈기에 달아났었다. 하지만 이제 엄마의 삶을 이해하고 싶었다. 엄마의 고귀한 영혼을 내 힘으로 찾고 싶었다. 다시는 떨어지고 싶지 않았다.

"엄마, 아버지는 어디 계셔? 오빠 말로는 낙타를 도둑맞고 나서 집을 나가셨다던데. 그리고 라시드는 어때?"

"그래, 그런 불행한 일이 있었는데 너도 들었구나. 라시드는 괜찮아. 총알이 팔을 뚫고 지나갔으니까. 내 가슴에 박힌 것들과는 다르게 말이야. 아버지는 낙타를 다시 찾겠다고 했지만 거의 다 놓쳤어. 결국 포기하고 돌아왔단다. 지금은 사막에서 지내셔. 그렇게 됐다."

엄마가 어둠 속에서 손을 저었다.

아버지는 마을에서 멀지 않은 곳에서 다른 부인과 함께 지낸다고 누르가 설명했다. 아버지는 가축을 몇 마리 겨우 찾아서 그것들을 돌보며 사막에서 살겠다고 고집을 부렸다. 아버지의 가축은 모두 선명하게 아버지 사인이 찍혀 있어서, 부족 사람들 도움으로 몇 마리는 건질 수 있었다. 아마 낙타 다섯 마리와 염소 몇 마리, 양 몇 마리가 있을 것이다. 막내 라시드가 아버지가 가축을 돌보는 것을 돕고 있었다.

나는 올 때 언덕들이 모두 텅 비어 있었던 것을 떠올렸다. 그런데 우리가 아버지를 찾을 수 있을까? 엄마는 여전히 아버지를 사랑했지만, 아버지는 이미 내가 어렸을 때 젊은 여자를 둘째 부인으로 얻었다. 그 후로 둘째 부인과 사막에서 지낼 때가 많았다.

"아버지가 셋째 부인도 얻었다고 들었는데?"

나는 그 일에 대해 엄마의 반응이 어떨지 궁금했다. 엄마가 대답했다.

"그래, 그랬지. 하지만 그 여자는 달아났어. 얼마 전에 아버지가 이혼하겠다고 했다더라."

"왜? 무슨 일 있었어?"

"그 여자가 왜 떠났는지는 나도 몰라. 아마 일하기가 싫었겠지."

엄마가 퉁명스레 말했다. 초롱불에서 연기가 나기 시작해서 엄마는 초롱을 손보았다. 소용돌이치는 연기가 비밀을 알려준다는 말이 있지만, 엄마가 다른 여자들을 어떻게 생각하는지는 끝내 비밀로 남았다. 때때로 아내가 여러 명인 것이 좋은 점도 있다. 여자들이 할 일이 산더미처럼 많은데 여럿이 서로 도울 수 있으니까. 하지만 엄마는 아버지의 다른 여자들 얘기는 하지 않으려고 했다. 부르하안의 첫 번째 아내가 왜 죽었는지에 대해 입을 다물었던 것처럼.

누르가 작은 소리로 말했다.

"아버님은 이틀 전에 사막에서 수술을 받았어요. 상태가 나쁘다는 얘길 듣고 부르하안이 찾으러 갔어요."

"사막에서 수술을 받았다고?"

"히이예."

"이틀 전에?"

나는 숨이 멎는 것 같았다. 조금만 더 일찍 올걸. 아부다비의 그 끔찍한 호텔 방과 거기서 허비한 날들이 떠올랐다. 내가 더듬거리며 말했다.

"무슨 수술?"

"눈이에요, 와리스. 눈이 안 좋으셨거든요."

누르가 조용히 말했다.

"세상에, 눈을."

아버지가 눈이 안 좋다는 얘기를 들었지만 언제나 그랬던 것처럼 나아질 거라고만 생각했다. 눈이 나빠 안경을 써야 하는 것이겠거니 짐작했다. 아버지에게 내가 필요했는데 와서 도와드리지 못한 것이다.

누르가 말했다.

"앞을 못 보시고 통증도 심하다고 들었어요. 부르하안이 아버님을 찾아 갈카요에 있는 제일 가까운 병원에 모시고 갈 수 있을까 해서 간 거예요. 아직 어떻게 됐는지 모르지만, 무사하시길 빌어야죠."

갑자기 미칠 것처럼 불안하고 두려웠다. 사막 한가운데서 수술이라니! 누가 그런 짓을 했을까? 어떻게 그럴 수가! 있을 수 없는 일이었다. 아버지는 앞을 못 보면서 집은 어떻게 찾아가셨을까? 가축은 어떻게 돌보고 물은 어떻게 찾았을까? 누르의 설명을 들으니, 오랜 세월 동안 눈이 모래에 반사되는 눈부신 햇빛에 노출되어 백내장이 생긴 게 아닌가 싶었다.

"내가 내일 아버지를 찾아 나서볼게."

아버지를 찾기 위해 또다시 끝없는 여행을 해야 하더라도 어쩔 수 없었다.

"엄마, 우리 셋이 같이 자도 될까?"

엄마는 다같이 자기는 어려울 거라고 했다. 돗자리 위에 깐 옷가지와 너덜너덜한 모기장은 엄마와 아이 둘이서 누우면 딱 맞을 것 같았다.

어렸을 때는 밖에서 별을 보며 잤다. 집 안이 더운데 공기가 통하는 큰 창이 없었기 때문이다. 해가 세상의 끄트머리에서 떨어지고 별이 뜨면, 대개는 밖에 바람이 좀 있었다. 나는 실은 손바닥만 하게 깔 것만 있으면 밖에서 자고 싶었다. 하지만 비가 왔으니 모기들이 사납게 달려들 것이다.

비가 그치자 새로 찾은 올케와 함께 자러 갔다. 나는 누르와 여자아이인 조카와 요 한 장에 같이 누웠다. 조카는 두 살 가까이 되었다. 네모진 부르하안의 집은 흰 칠한 흙벽돌로 지었는데, 현재는 방이 두 개이고 세 번째 방을 짓는 중이었다. 짓고 있는 방은 벽이 허리께까지 왔다. 방이 완성되면 엄마가 거기 들어와 살겠다고 하시면 좋을 텐데. 하지만 엄마는 나뭇가지로 손수 지은 초라한 집을 더 좋아할 것이다. 엄마는 평생을 자신이 직접 지은 집에서 살아왔다.

그날 밤 나는 피곤했다. 힘들고 오랜 여행을 한 데다 불안과 걱정으로 마음까지 지쳤기 때문이다. 하지만 아침에 일어나 식구들을 모두 만날 생각을 하니 흥분되어 잠이 오지 않았다. 어서 날이 밝았으면. 나는 올케와 어린 조카 옆에 누워서 마음이 가라앉기를 기다렸다. 마지막 빗방울들이 지붕에서 떨어지는 소리를 들으니 뼛속 깊이 평화가 깃드는 것 같았다. 엄마를 찾았고, 편찮으시긴 하지만 아버지가 살아 있다는 것도 알았다. 그리고 주위에는 온통 가족들이 있다.

문득 무슨 기척을 느낀 것 같았다. 내 정강이 위에 검은 형체가 보였다. 완전히 캄캄했으니 그 커다란 형체를 본 것조차 행운이었다. 나는 내가 전갈이라고 생각한 것을 오랫동안 노려보았다. 그리고 누르에게 천천히 속삭였다.

"저게 내가 생각하는 것 맞지?"

나는 침착하려고, 움직이지 않으려고 애썼다. 이럴 땐 허둥대지 말라고 배웠기 때문이다. 위험은 순식간에 덮칠 것이고, 그러면 무슨 일이 일어났는지도 모른 채 당하게 된다. 그러니 움직이지 말아야 한다. 어쩌면 전갈이 그냥 지나가는 중인지도 모르지 않는가. 알 수 없는 일이다. 전갈이 공격하는 것보다 더 빨리 그놈을 떨어낼 수 있다고 생각하더라도, 확실히 제대로 공격하기 전에는 움직이지 말아야 한다. 나는 칠흑 같은 어둠 속에서 그놈을 노려보았다.

내가 다시 말했다.

"저게 내가 생각하는 것 맞아?"

"어머, 그러네요."

누르가 내 귀에 대고 속삭였다.

우리는 전갈을 *항그랄라*라고 부른다. 그놈이 몸을 틀었을 때 독을 품은 뾰족한 꼬리가 보였다. 틀림없는 전갈이었다. 게다가 전갈 집안의 할아버지이거나 할머니였다. 내 고향 소말리아에 돌아온 나를 환영하려고 나온 것이다. 나는 벌떡 일어나 그놈을 짓이겨버렸다.

그런 일이 있었음에도, 다시 자려고 누웠을 때 나는 두렵지 않았다. 모든 근심과 중압감과 혼란을 떨쳐버리고 소말리아의 어둠과 깊은 정적이 나를 둘러싸도록 내버려두었다. 사람들은 소말리아가 세계에서 가장 위험한 곳이라고 하지만 나는 평화로웠다. 내 삶에서 다른 곳에서는 느낄 수 없는 그런 평화였다.

나는 더할 수 없이 편히 잤다. 사실 바닥에서 자는 것이 편하다. 마음대로 굴러다녀도 되고 발로 차도 거치적거리는 게 없기 때문이다. 바닥에서 자는 것은 허리에도 좋다. 몇 년 만에 그렇게 잘 자기는 처음이었다. 뉴욕에서는 이런저런 일들 때문에 쉽게 잠들지 못하거나, 뭔가를 걱정하며 자주 잠에서 깨었다. 사막에서 살아가는 방식을 알게 되면 그곳에서도 안전하다는 것을 알게 된다. 마치 마른 땅에 엎질러진 물처럼, 마음에서 두려움이 빠져나가 사라진다.

나는 그곳에 있는 동안 매일 밤 달게 잤다. 정말 그랬다. 먼 언덕에서 하이에나의 웃음소리가 들려왔다. 그 소리는 사악하고 사악한 여자의 웃음소리 같다. 하하하. 하이에나들이 장난을 치고 있다. 하지만 우리는 두렵지 않았다. 왜냐고? 그놈들이 오지 않으리라는 것을 알기 때문이다. 하이에나들이 사람을 해치러 마을로 오지는 않는다. 신의 손이 마을을 감싸고 있으니 모두가 안전하다. 내일 일도, 어제 일도 걱정할 필요가 없다.

사막의 꿈이 이루어지다

피를 넣은 간 요리

재료 : 피 2컵, 간 500그램, 수박 기 2스푼

간을 씻어서 잘게 썬다. 작은 냄비에 간, 피, 수박 기를 넣고, 달아오른 숯 위에 얹어 뭉근히 끓이면서 계속 저어준다. 이때 숯에 대고 부채질을 해서는 안 된다. 재가 음식에 들어갈 수도 있으니까. 부드럽고 촉촉한 상태가 되도록 조린다.

그날 아침 나는 다른 세상에서 잠을 깼다. 먼지 날리던 회색 벌판이 여기저기 물웅덩이가 생긴 암적색의 땅으로 변했다. 엄마 집에 있는 모든 것이 물에 젖었다. 올려다보니 골이 진 양철지붕에 들쑥날쑥한 틈이 있어 하늘이 보였다. 누가 제대로 만든 지붕 같지는 않았다. 엄마가 나뭇가지를 엮어서 한 칸짜리 집의 네 벽을 만든 후, 양철조각을 여기저기서 주워 그 위에 얹어놓았음이 분명했다. 집이 너무 좁아 엄마는 대각선으로 누워 자야 했다. 엄마와 누르 둘 다 해가 뜨기 전부터 일어나 있었다. 누르는 벌써 시장에 다녀왔고, 엄마는 얼마 없는 옷가지를 말리느라 집 주위의 가시덤불 울타리와 파란색 드럼통 위에 널어놓았다. 망가진 자동차 타이어 하나가 벽에 기대어 있었는데 그 안에 고인 물을 염소 한 마리가 신나게 핥고 있었다. 염소는 황갈색 눈으로 나를 곁눈질해 보더니 다시 물을 핥았다.

 소말리아에서는 물건이 비에 젖었다고 해서 의기소침해하거나 불평하지 않는다. 우리는 늘 신에게 감사드린다. 코란에 따르면 살아 있는 모든 것은 물로 만들어졌다고 한다. 비가 오면 풀은 푸르러지고 짐승들은 배를 채운다. 우리도 또한 그럴 것이다. 사막에서는 물이 귀하다. 물은 푸른 금이다. 우리는 비를 기다리고, 비를 내려 달라고 기도하고, 비가 오면 빗물로 몸을 씻는다. 우리에게는 여름과 겨울 대신 건기와 우기가 있다. 소말리아에서는 손님을 맞이할 때 반가움과 존경의 표시로 물을 대접한다. 알라 신이 나를 반겨주는 것 같았다. 험난한 여정, 긴 자동차 여행, 힘든 가뭄의 날들이 끝났다. 알라 신께서 우기를 시작하는 비를 내려 우리를 물로 축복해주셨고, 덕분에 가족과의 만남이 기쁨과 행복으로 시작되었다.

 나는 포옹과 키스로 엄마에게 아침인사를 했다.

 "신께서 함께하시길, 엄마. 이렇게 얼굴을 보면서 함께 있으니까 너무 좋아. 그것도 이렇게 좋은 날에."

 나는 엄마를 붙들고 꽉 껴안았다.

 "얼마나 보고 싶었다구! 엄마, 정말 사랑해. 얼마나 사랑하는지 말로는 못해!"

"어어, 엄마 숨막힌다."

엄마가 신음 소리를 냈다. 엄마는 입가에 웃음을 약간 머금고 나를 흘겨보았다. 겉으로는 귀찮은 체했지만 눈에는 사랑과 기쁨이 넘쳤다.

"와리스, 이렇게 널 만날 줄 어떻게 알았겠니. 사람들은 네가 죽었다고 했어. 어떤 사람은…… 어떤 사람은 네가 창녀가 됐다고 했고. 그런데 알라 신께서 널 보내주셨어. 네가 이렇게 집에 와 있다니 믿어지지가 않는다."

엄마는 남다른 태도로 인생을 대했고 그것이 언제나 내 마음을 끌었다. 엄마는 목에 검은 구슬 목걸이를 걸고 불행을 막아주는 부적을 지니고 있었다. 부적은 작은 가죽주머니 속에 코란에서 뽑은 성스러운 글귀를 넣고 기운 것이다. 몇 년 전에 한 *와다도*(종교 지도자)가 엄마에게 특별히 만들어준 것을 늘 가지고 다니셨다.

"엄마, 엄마 주려고 뉴욕에서 가져온 선물을 보여줄게."

엄마는 표정이 많은 긴 손가락으로 놔두라는 손짓을 했다.

"먼저 삼촌한테 가봐야지."

항상 그런 식이다. 엄마는 자신보다는 다른 사람 생각을 먼저 한다.

누르한테 들으니, 아메드 삼촌이 편찮으셔서 찾아뵈어야 할 거라고 했다. 악령이 삼촌 육신의 왼쪽 반을 점령했다는데, 나로서는 믿을 수 없는 얘기였다. 삼촌은 그동안 많은 일을 겪었을 것이다. 나는 어렸을 때 아메드 삼촌의 염소를 돌보았다. 그때 내가 제일 갖고 싶었던 것이 신발이었다. 이제 어른이 되어 고향에 와보니 왜 그랬는지 이해가 갔다. 가는 곳마다 울퉁불퉁한 바위가 튀어나와 있어, 그걸 보니 바윗돌과 가시가 맨살에 닿을 때의 느낌이 되살아났다. 어떤 가시는 길어서 발을 뚫고 나왔다. 어렸을 때 나는 뛰고 달리기를 좋아했다. 힘이 넘쳐서 가만히 있지를 못했다. 내 발은 항상 베이고 멍들어 있었는데, 염소를 몰고 이리저리 기어오르느라 특히 더했다. 염소들의 단단한 발굽이 부러울 정도였다. 염소들은 발을 까일 일이 없으니까. 내 발은 밤이면 욱신거렸고 항상 피가 났다. 나는 삼촌한테 염소를 돌보는 대가로 신발을 한 켤레 사달라고 애원했다. 나는 매일 삼촌네 염소를 보살피고 안전하게 지켜주었다. 덥고 가물 때면 풀을 찾아 염소들을 먼 곳까지 데려가야 했는데, 그러면 날이 저물도록 돌아오지 못할 때가 많아 발을 여기저기 다쳤다. 지금도 나는 발과 신발에 관심이 많다. 사람들을 보면 맨 먼저 발부터 본다. 옷은 별로 가지고 있지 않고 관심도 없지만, 신발은 정말 좋아한다. 하지만 편안한 신발을 사지, 하이힐은 사지 않는다. 하이힐을 신으면 꼭 바윗돌 위에 서 있는 것 같지 않은가! 그럴 필요가 없는데도 왜 굳이 그런 걸 신을까?

마침내 아메드 삼촌이 갈카요에서 신발을 한 켤레 사다주기로 했다. 나는 멋진 신발을 기대했고 그 신발을 신으면 마법 양탄자를 탄 것 같으리라 생각했다. 다치지 않고 어디라도 갈 수 있겠지. 타조처럼 돌멩이를 뒤로 차올리며 빠르게 달릴 수도 있겠지. 가젤이 사냥에 나선 사자 냄새를 맡았을 때처럼 뛰어오를 수도 있겠지. 마침내 삼촌이 왔을 때 나는 좋아서 춤을 추며 소리를 질렀다.

"내 신발, 내 신발!"

아버지는 내게 조용히 하고 나가 있으라고 소리쳤지만 나는 나가지 않았다. 너무 흥분했던 것이다. 삼촌은 짐 속에 손을 집어넣더니 나에게 싸구려 고무 슬리퍼를 건네주었다. 기대한 튼튼한 가죽 샌들이 아니었다. 나는 너무 화가 나서 슬리퍼를 삼촌 얼굴에 내던졌다.

누르가 불을 피웠다. 아침에 마실 차에서 김이 피어올랐다. 누르는 엄마를 위해 시장에서 간을 사와서 벌써 요리해두었다.
"어머니는 아직 가슴에 총알이 박혀 있어서 많이 못 드세요. 먹은 걸 자꾸 토하고요."
누르의 말에 내가 대꾸했다.
"정말 너무 마르셨어."
"간 요리를 드시고 기운이 나면 좋을 텐데."
누르는 엄마 드시라고 그릇을 땅바닥에 조심스럽게 내려놓았다. 엄마는 그 앞에 앉아서 음식을 주신 것에 기도를 드렸다. 모하메드 이니에가 팔딱팔딱 뛰며 끼어들었다. 아이는 배가 고파 간 요리를 먹고 싶어했다. 아직 바지를 입기에는 어려서 엉덩이를 내놓은 채 할머니 앞에 쪼그리고 앉았다.

엄마는 기도를 마치고 고개를 들자 조용히 말했다.
"아가, 할머니 아침밥에서 엉덩이를 치워야지."
나는 웃음을 터뜨렸다. 웃고 있는데 아메드 삼촌의 아들인 사촌 라게가 들어왔다.

엄마는 라게를 반갑게 맞이한 뒤 나를 재촉했다.
"어서 가봐. 안 그러면 네 삼촌이 네가 외가 식구들만 좋아한다고 생각할 거야."

사촌 라게는 내가 떠날 무렵에는 어린애였다. 숙모를 대신해 그 애를 돌봐준 일이 있었다. 이제 스물두 살이 되었고, 키가 크고 호리호리했으며, 영어를 아주 잘했다. 나는 곧 라게가 마음에 들었다. 그 애는 옆머리는 짧고 위는 길게 남겨둔 구식 헤어스타일을 하고 있었다. 뒷주머니에 아프로 헤어용 빗(폭이 좁고 빗살이 긴 빗—옮긴이)을 꽂고 다니면서 5분에 한 번씩 머리를 빗었다.

나는 자기 집으로 가는 길을 안내하는 라게를 따라 마을을 가로질러 걸었다. 마을은 집이 60채 정도 되는 것 같았다. 모두 방이 하나나 둘이었는데 집이 완성된 정도는 저마다 달랐다. 사막의 관목림을 개간해서 최소한의 은신처로 만든 곳이었다. 건축재를 살 돈이 충분한 사람들은 좋은 집에 살았다. 그런 집들은 햇볕에 말린 벽돌로 벽을 쌓았고 골이 진 양철로 지붕을 덮었다. 돈이 없는 집은 여자들이 낡은 타이어, 돗자리, 양철조각 따위를 주워다가 그것들을 잇대어 오두막을 지었다. 어떤 집은 곧은 나무를 세워서 네모지게 지었고, 어떤 집은 아카시아 나무의 긴 뿌리를 휘어서 돗자리나 비닐로 덮었다. 이것이 둥근 소말리아식 오클레(움막)인데, 외벽을 덮은 낡은 비닐이 바람에 펄럭였다. 이곳에서는 하찮은 물건이라도 소용이 될 것 같으면 버리는 법이 없었다. 한 집은 비에 젖은 집 안을 말리느라 돗자리를 젖혀놓았다. 또 다른 집은 진흙으로 둥글게 벽을 쌓아 햇볕에 말린 뒤 지붕을 고깔 모양으로 이었다. 집 모양은 부족에 따라 달랐다. 그렇지만 어느 집에도 수도, 하수관, 전기선이 없었고 그런 것을 들일 계획조차 없었다. 어떤 사람들은 닭을 기르느라 작은 오두막을 지었는데,

둥근 모양에 작은 원추형 지붕을 덮었다. 안에서 불그스름한 암탉 한 마리가 방해하지 말라는 듯 나를 향해 꼬꼬 울었다. 두 살도 채 안 된 남자아이가 우리를 따라왔다. 아이는 가고 싶은 대로 아무데나 돌아다녔고 그처럼 혼자 다닌다고 해도 전혀 위험할 것이 없었다. 달랑 티셔츠만 입고 있는 아이의 새까만 얼굴에서 흰 이가 눈부시게 빛났다. 수줍은 미소를 머금은 아이 입은 낙타 입만큼이나 커다랬다.

오래전, 그 많은 일들을 겪기 전 내 어린 시절이 바로 그러했으리라. 이 마을은 거북을 생각나게 했다. 머리와 팔과 다리를 껍데기 속에 오므려 넣고 누가 막대기로 찔러도 아는 체하지 않는다. 거북은 찔러본 사람이 지루해져 그냥 지나갈 때까지 기다렸다가, 가던 길을 계속 갈 것이다. 마을은 바깥세상에서 일어나는 일들과는 아무 연관도 없었다. 나는 확실히 변했는데, 이곳은 내가 살던 때와 그다지 변한 것이 없었다. 어렸을 땐 내게 필요한 것은 다 가졌다고 생각했었다. 샌들만 빼면 말이다. 내가 가난하다는 생각은 한 적이 없었다. 나는 소말리아가 지구상에서 가장 가난한 다섯 나라 가운데 하나라는 것을 지금도 믿을 수가 없다. 아침이면 닭들과 아이들 우는 소리, 나무에서 나는 연기와 젖은 돗자리 냄새가 나를 깨웠다. 오랫동안 내 안에 잠자고 있던 부분들까지 잠에서 깨어났다. 그곳에 있어서 나는 행복했다. 하지만 아이들 중 아무도 신발을 신고 있지 않다는 사실은 지나칠 수 없었다.

삼촌은 딸 아샤 내외와 함께 네모진 집에서 살고 계셨다. 햇볕에 말린 벽돌로 벽을 쌓고, 골 진 양철로 지붕을 대었고, 문은 청회색으로 칠했다. 문 한가운데는 커다란 붉은색 합성 다이아몬드를 박고 양쪽에 작은 파란색을 박아 장식했다.

아메드 삼촌은 건물 옆에 놓인 *미칠리스*(세발의자)에 앉아 계셨다. *미칠리스*는 가죽을 당겨서 댄, 다리가 짧은 의자다. 삼촌은 머리가 염소처럼 희었고, 소말리아 전통 의상인 체크무늬 *마아-아-웨이스*를 둘렀다. 거기에 위가 평평한 둥근 모자를 썼는데, 하지, 즉 메카 순례를 마친 남자들이 흔히 쓰는 모자였다.

"아브도홀, 아브도홀!"

삼촌이 의자를 앞뒤로 흔들며 앉아서 내 별명을 불렀다. '작은 입'이라는 뜻이다.

"앉아라, 이리 가까이 앉아. 어디 보자. 웬일이냐, 아가. 잘 안 먹니? 왜 그렇게 말랐어? 어디 아프니?"

"아니에요, 삼촌. 엉덩이가 산만 해야 건강한 건 아니잖아요."

"그렇지. 하지만 너무 말라 보이는구나. 배고프니?"

"네, 삼촌. 어제 막 도착했는데 *안젤라*가 먹고 싶어 죽겠어요."

비행기에서 내렸을 때도 그 냄새가 났고, 그날 아침에 나를 깨운 것도 그 냄새였다. *안젤라*를 굽는 기막힌 냄새. 이 수수 부침개를 만들기 위해, 여자들은 통나무를 파서 만든 절구에 곡식을 넣고 가루가 될 때까지 빻는다. 그리고 잠자리에 들기 전에 가루를 물과 섞어 반죽한다. 반죽이 고르게 공기를 가득 품도록 휘젓는데, 어둠이 내려앉을 때쯤이면 모두들 반죽을 젓는 소리가 마을에 울려 퍼진다. 이 소리는 일종의 경쟁이 된다. 시끄럽게 휘저을수록 더 좋은 반죽이 되기 때문이다. 아침이면 반죽이 부풀어오르고 여자들은 불을 피운다. 불가에 돌멩이 세 개를 놓은 뒤 그 위로 균형을 잡아 평평한 뚜껑을 얹는다.

뚜껑이 뜨겁게 달아오르면, 마치 프랑스 사람들이 크레페를 만들 때처럼 뚜껑에 반죽 한 스푼을 놓아 스푼으로 둥그렇게 살살 편다. 그렇게 해서 3, 4분 정도 굽는다.

아메드 삼촌이 딸 아샤를 불렀다.

"아브도홀에게 안젤라 열 장하고 차를 갖다 줘라. 안젤라에는 차가 있어야지. 얘가 배고파 죽겠단다. 애 좀 봐! 미국에는 먹을 게 넘쳐나는 줄 알았더니."

"열 장은 너무 많아요, 삼촌. 네 장이면 충분해요."

아샤는 염소젖을 넣은 향차를 가져다주었고, 두드려 만든 양철접시에 안젤라를 담아 내왔다. 나는 안젤라에 차를 조금 부어 촉촉하게 만들었다. 우리는 포크나 스푼을 쓰지 않고 음식을 손으로 조심스럽게 집어 먹는다.

이 독특한 신맛을 맛보는 것이 얼마 만인지 몰랐다. 처음 안젤라를 집을 때는 흥분해서 아무 생각이 없었다.

내가 안젤라를 집으려는데 삼촌이 갑자기 성난 낙타처럼 일어섰다.

"안 돼! 가만, 가만. 와리스, 왼손이잖니, 왼손. 왼손으로 먹으면 안 되지."

"어머, 삼촌, 죄송해요. 잊어버렸어요. 용서하세요."

창피하고 당황스러웠다. 나는 왼손잡이여서 서양에서는 왼손으로 음식을 먹었다. 그렇게 해도 별 상관이 없기 때문이다. 하지만 소말리아에서는 어느 손으로 무얼 하는지 혼동하지 말아야 한다. 오른손은 어떤 경우에나 쓰지만 단, 성기를 만져서는 안 된다. 우리는 화

사막의 꿈이 이루어지다

장지를 쓰지 않으며 화장실에 가서는 왼손으로 밑을 씻는다. 오른손으로는 먹고 던지고 자르고 다른 사람을 만지고 그 밖의 일을 한다.

삼촌은 나를 향해 허옇게 센 머리를 흔들었다.

"그렇게 오래 떠나 있었니? 옛날에 알던 것을 다 잊어버렸어? 어떻게 정결한 몸가짐에 대해 잊어버릴 수가 있니. 소말리아에선 그것만은 잊으면 안 된다."

나는 배가 너무 고파 빨리 음식을 입 안에 넣으려는 생각뿐이었다. 소말리아 사람들이 음식에 대해 어떻게 생각하는지 잊어버린 채 뉴욕에 있을 때처럼 행동한 것이다. 우리에게는 '패스트푸드'가 없다. 뭔가 다른 일을 하면서 음식을 먹는다는 것은 생각도 할 수 없다. 나는 음식이란 알라 신께서 주신 선물이라고 배웠다. 음식은 축복이므로 경의를 갖고 대해야 한다. 음식은 맛으로 먹는 것이 아니라 배를 불리기 위해, 죽지 않기 위해 먹는 것이다. 우리는 음식을 아무 생각 없이 움켜쥐고 입 안에 쑤셔넣지 않는다. 앉아서 감사의 기도를 드린 후 한 입 한 입 음미하며 먹는다. 그런데 나는 기도를 드리거나 적절한 경의를 표하지도 않고 음식을 집었던 것이다. 그것도 왼손으로.

나는 숨을 깊이 들이쉬고 다시 시작했다. 삼촌을 만나게 해주셔서, 그런 하루와 그런 음식을 주셔서 감사하다고 알라 신께 기도했다. 그리고 천천히 조심스럽게 안젤라를 맛보았다. 기막힌 맛이었다. 나는 먹으면서 삼촌을 바라보았다. 콧수염 조금과, 왼쪽 턱에 흰 수염 몇 가닥이 나 있었고, 회색과 검은색이 섞인 체크무늬 천의 *마아-아-웨이스*를 두르고 있었다. 자세히 보니 벽에 기댄 삼촌의 자세가 어딘가 이상했다. 입매가 처지고 단어를 생각해내기 힘들다는 듯 말도 아주 느렸다. 오빠는 삼촌이 뭐라고 했는지 되묻느라 "*히이예?*"를 되풀이했다.

아샤가 차를 갖다 주러 왔을 때 내가 물었다.

"삼촌이 어디가 안 좋으신 거야? 왜 저렇게 기대고 계셔?"

"하루는 자고 일어났는데 왼쪽 팔과 왼쪽 다리가 안 움직였어. 오른쪽은 멀쩡한데 왼쪽 팔다리는 그냥 달려 있는 거나 같아."

"어쩌니! 의사는 뭐라고 해?"

"여긴 의사가 없어."

"병원에는 모시고 갔었어?"

"병원은 멀고 아버지는 걷질 못하시잖아. 편찮으신 분을 어떻게 거기까지 모시고 가?"

"뭐라고!"

믿을 수가 없었다. 아버지가 몸이 반쪽이 마비되었는데 병원에 모시고 가지 않다니.

"언제 저렇게 되셨어?"

"몇 년 됐어. 오늘은 좀 나으신걸. 알라 신이시여, 감사합니다."

아샤는 아버지에게 일어난 일을 받아들일 뿐이었다. 그나마 조금 나아 보인다고 알라 신께 감사했다. 물론 나도 우리 집안 식구들을 이해한다. 사람은 죽을 때가 정해져 있고, 그것은 알라 신의 뜻이며, 죽음을 삶의 일부로 받아들여야 한다고 믿는 이유를 이해할 수 있다. 하지만 몸이 아프면 치료할 수 있다는 것을 모르고 의사를 믿지 않는 것은 곤란하다. 왜 그러는지 이해는 가지만. 그것은 자신들이 할 수 있는 일과는 다른 세계가 존재한다는 것을 알지 못하기 때문이다.

사막의 꿈이 이루어지다

내가 말했다.

"삼촌, 어쩌다 이렇게 됐는지 말씀해보세요."

"어느 날 일어나보니 몸 왼쪽이 움직이지 않았어."

삼촌은 묵묵히 참고 있는 것처럼 보였다.

"아프지는 않아. 하지만 왼쪽 손을 못 쓰고 팔을 들지 못해. 걸을 때 다리를 끌면서 걸어야 하고."

"*히이예*."

"네 어머니가 차를 만들어 갖다 줬다. 타조알 껍데기 가루하고 신코나 나무 껍질을 우린 차라고 하더라."

엄마의 약이 여러 곳에 잘 듣는다는 건 알지만 그래도 삼촌 병세가 어떤지는 알아야 할 것 같았다. 내가 라게에게 말했다.

"아버지 찾으러 병원에 갈 때 삼촌도 같이 모시고 가야겠다."

라게가 어깨를 으쓱하며 말했다.

"왜? 그 사람들이 뭘 할 수 있겠어?"

"적어도 왜 이렇게 되셨는지는 알아야지. 약을 받아 오든가, 필요하면 수술을 받으시게 하든가 해야 해."

아샤가 삼촌이 세수하는 것을 도왔다. 대접에 물을 떠 와서 작은 수건으로 얼굴과 팔을 닦아드렸다. 삼촌이 푸른 셔츠와 진 재킷을 입을 때 아샤는 마비된 한쪽 팔을 들어서 소매 속으로 밀어넣었다. 아샤 남편의 친척 한 사람이 택시를 갖고 있어서 우리를 갈카요에 있는 병원까지 데려다달라고 부탁했다. 아샤가 삼촌을 부축해서 차 뒷좌석에 태웠고, 오빠와 라게는 앞좌석에 탔다. 갈카요까지는 세 시간 이상 차를 타고 가야 했다. 그 전날 긴 여행을 하고 또다시 차를 타고 되돌아가야 했지만 나는 개의치 않았다. 갈카요에는 아버지를 찾을 수 있는 병원도 있었고, 약국도 있었고, 삼촌을 낫게 해줄지 모를 의사들도 있었다.

　소말리아 사막의 모래는 바닷가 모래하고는 다르다. 암적색의 흙에 가까우며, 흰 바위와 낮은 가시덤불이 표범 무늬처럼 여기저기 흩어져 있다. 비가 내리면 얼마 지나지 않아 사막 식물들이 흙을 뚫고 나온다. 덤불과 아카시아 나무에 작은 잎들이 술처럼 달린다. 그날 차를 타고 달리면서 본 그 광경이 너무 아름다워 깜짝 놀랐다. 끔찍한 열기는 큰 비와 함께 수증기가 되어 날아갔다. 땅은 어두운 붉은색, 거의 핏빛이었고, 공기는 신선하고 깨끗해서 들이쉬면 몸에 좋을 것 같았다. 왜 신문에선 이런 것들을 얘기하지 않을까? 그 사람들은 골치 아픈 문제들만 뒤쫓는 듯했다. 내 조국이 가난하고 슬픔이 많은 것은 사실이지만, 그래도 이곳은 여전히 아름답다. 눈물이 빗물에 지나지 않는다면 얼마나 좋으랴.

　가는 길에 검문소를 지났다. 긴 총을 어깨에 멘 남자들이 지키고 있었다. 각 부족이 지배하는 영역의 경계에는 방위군이 있다고 라게가 말했다.

　내가 뒷좌석에서 라게에게 물었다.

　"저기, 실제로 총을 쏘지는 않겠지?"

　"물론 쏠 수도 있지. 뭘 가지고 가는지, 누구와 함께 가는지 살펴볼 거야. 정말 잘못될 수도 있어. 그냥 사람이 미움에 안 든다고 그럴 수도 있고. 다른 부족 사람이 돈이나 뭔가가 필요하다고 하면 주는 쪽이 나아. 저 사람들은 그걸로 먹고 사니까. 군대에서 급료나 뭘 주는 것 같지는 않아."

"무사히 지나갈 수 있게 기도해야겠다."

나는 말하면서 가슴이 쿵쾅거렸다. 우리가 멈추자 군인 한 명이 차 안을 살펴보았다. 우리가 통행료를 내자 군인들이 문을 열어주며 지나가라고 손짓을 했다. 다른 군인들은 우리를 본 척도 하지 않았다.

우리가 어렸을 땐 *아바*(아버지)라는 말만 들어도 벌벌 떨었다. 아버지에 대해 생각만 해도 불안했다. 그분에 대해서는 여러 가지 감정이 뒤섞여 있다. 그럼에도 나는 아버지가 몹시 그리웠다. 아버지 얼굴을 똑바로 보고 싶었다. 그리고 아버지가 나를 보기를, 자신이 이래라저래라 부려먹기만 하던 계집아이가 어떻게 변했는지 보기를 바랐다. 잡지 표지나 영화에 나온 내 얼굴을, 온 세상 사람들이 다 알아보는 얼굴을 아버지가 보았으면 했다. 아버지가 내게 무슨 말을 했는지 기억하기를 바랐다.

"넌 우리 식구가 아냐. 어디서 너 같은 게 나왔는지 모르겠다."

그 말은 나에게 무엇보다 깊은 상처를 주었다. 그동안 돌아오지 않았던 것도 어쩌면 그 때문이었는지 모른다.

갈카요에 있는 병원에 대해 정확히 어떤 기대를 한 것은 아니었다. 하지만 병원을 보자 나는 낙담하고 말았다. 건물 대부분은 벽을 중간까지만 쌓아올린 상태였고 작은 진료실 하나만 문을 열고 있었다. 공사를 시작해놓고 마무리하기 한참 전에 손을 놓은 것 같았다. 건물을 완성하는 데 쓸 벽돌이나 건축재는 주위 아무데도 보이지 않았다. 오빠와 라게는 삼촌이 차에서 내려 진료실로 들어가도록 부축했다. 삼촌은 아들과 조카에게 기댄 채 먼저 한쪽 발을 뻗은 뒤 다른 쪽 발을 그 옆으로 끌어다 붙였다.

의사를 기다리는 동안 병원을 둘러보았다. 작은 방 두 개만이 마무리가 되어 있었다. 방 하나에는 약간의 비품과 현미경과 약병 몇 개가 있었다. 진료 기계, 약, 보급품 따위를 넣어두는 캐비닛 같은 건 보이지 않았다. 창의 나무 덧문 사이로 햇빛이 들어와 여기저기 흩어져 있는 빈 쟁반 몇 개와 약병들을 비추었다. 벽은 묽은 칠이 되어 있었고 바닥은 하늘색, 천장은 분홍색으로 칠해져 있었다. 벽에는 나무 액자에 시력검사표가 붙어 있었다. 화장실에는 타일 더미들과 아직 설치하지 않은 변기가 하나 있었다. 사방으로 한참을 둘러봐도 의료 시설이라고는 그게 다였다. 의사들이 이런 곳에서 뭘 할까? 어떻게 아픈 사람이나 다친 사람을 치료할 수 있을까? X-레이를 찍거나 수혈을 할 수도 없을 것처럼 보이는데.

마침내 간호사 한 사람이 와서 아버지가 그곳에 있다며 우리를 아버지가 있는 방으로 안내하겠다고 했다. 나는 갑자기 마음이 약해지며 겁이 났다. 예전에 알았던 왕을 만날 생각에 가슴이 설레었지만, 동시에 그 왕이 지금 어떤 지경이 되었을까 생각하니 불안했다. 심호흡을 하고 천천히 남자들을 뒤따랐다.

방에는 사람들이 가득 차 있었다. 모두 아버지의 친척들이었다. 그 사람들은 곧 오빠를 알아보고 소리를 질렀고 포옹과 환성으로 오빠를 맞이했다. 오빠가 돌아서서 말했다.

"제 동생 와리스예요."

모두들 나에게 큰소리로 말을 걸려고 했지만 나는 숨도 쉬기 힘들었고 아버지말고 다른 사람은 만나고 싶지 않았다. 그래서 오빠에게 부탁했다.

"오빠, 아무 말도 하지 마. 다른 사람보다 *아바*한테 인사하고 싶어."

나는 사람들 사이를 미끄러지듯 헤치고 가 아버지에게 다가갔다. 아버지는 좁은 침대에 누워 있었고 친척 두 사람이 옆을 지키고 있었다. 아버지는 눈에 붕대를 감고 마치 죽은 사람처럼 두 팔을 교차시켜 배 위에 얹은 채 누워서 졸고 있었다. 나는 주저앉았다. 눈물이 펑펑 쏟아져 뺨을 타고 흐르는 동안 그냥 아버지 손만 잡고 앉아 있었다. 사람들이 내 눈물을 보거나 흐느낌을 듣게 하고 싶지 않았다. 잠시 후 내 뺨을 아버지 얼굴에 갖다 댔다. 아버지는 몹시 초췌해 보였지만 나는 아버지가 아직 살아 계신 것에, 내가 이분을 찾은 것에 감사했다. 그렇게 오래 돌아오지 않고 가족이 힘든 일을 겪는 동안 돌보지 않은 나 자신에게 화가 났다. 아버지는 머리가 완전히 회색이었고 턱수염은 얼마 남아 있지 않았다. 너무 말라서 뺨이 이빨에 달라붙도록 움푹 들어갔다. 아버지는 약하고 상한 모습이었고 당황하고 어수선해 보였다.

아버지가 잠에서 깨어 말했다.

"누가 왔니?"

나는 아버지의 뺨에 키스하고 속삭였다.

"저예요, 아버지. 와리스예요."

"누구라고?"

"아버지, 아버지, 와리스예요."

"와리스라고? 전에 와리스라는 딸이 있긴 했지만 지금은 없어.

그 애가 어떻게 됐는지도 몰라. 날 놀리는 거냐?"

"아버지, 아아, 아버지! 진짜 저예요."

"뭐라고, 와리스라고? 그렇게 오랫동안 소식이 없었는데 그 애가 어디서 나타났다는 거냐?"

"아버지, 저라니까요."

아버지는 내 쪽으로 고개를 돌리고 내 손을 꼭 잡으며 말했다.

"뭐야? 진짜 와리스냐? 아이고 내 딸, 내 딸이구나. 네가 아주 죽은 줄 알았다."

"눈이 어떻게 되신 거예요?"

내가 물었다. 아버지가 뭐라고 대답할지 두려웠다.

"아, 난 괜찮아, 괜찮아. 알라 신이시여, 감사합니다. 난 문제없단다. 이틀 전에 눈 수술을 받았어."

"어디서 수술을 받았어요? 병원에서요?"

"사막에서 했다."

말도 안 되는 일이었다.

"어떻게 한 거예요?"

"칼로 베어냈어. 눈을 덮고 있는 피부를 떼어냈지."

"의사가 했어요?"

어떤 사람이 병원이 아닌 곳에서 사람의 눈을 베어낼 수 있는지 알 수 없었다. 아버지가 중얼거렸다.

"의사라는 것 같던데."

나는 아버지 손을 어루만지며 말했다.

"통증 없이 한 거예요?"

"애야, 무슨 소리니? 수술을 받는데 아픈 게 당연하지. 눈이 한쪽은 어렴풋이 보이고 한쪽은 아주 안 보였어. 그 사람이 베어내는 걸 느끼면서 그냥 누워 있을 수밖에 없었어."

나는 큰소리로 화를 내며 말했다.

"말도 안 돼요. 알지도 못하는 사람이 칼로 자기 눈을 베어내도록 놔둬요!"

"와리스! 진짜 너냐, 와리스? 내 딸 맞아?"

아버지가 진짜 나라는 걸 확신하며 말했다.

"넌 조금도 변하지 않았어. 늘 반항하더니 여전히 분란을 일으키는구나."

그 말을 들으니 아버지의 예전 모습이 되살아났다. 강인한 진짜 전사. 나는 울음을 멈출 수 없었다. 아버지가 내 손을 꼭 잡고 말했다.

"아가, 내가 죽고 나서 울어도 늦지 않아. 난 아직 살아 있고 참한 여자를 하나 더 얻을 생각인데."

아버지다웠다. 내가 기억하는 그분. 앞을 못 보며 꼼짝없이 침대에 누워서도 농담을 하신다. 나는 오랫동안 그분을 바라보았다. 내 아버지인 나이든 남자를. 나이 들고 고생을 많이 해서 변하기는 했지만 내 눈에 아버지는 아직 잘생겨 보였다. 얼굴은 완벽한 타원형이고 양쪽에 세로로 파인 선명한 주름이 윤곽을 두드러져 보이게 했다.

아버지는 평생을 유목민으로 살았다. 부족의 우물들과 풀밭들을 떠돌며 살았지만 '아프리카의 뿔(소말리아, 에티오피아, 지부티가 자리한 아프리카 북동부를 가리킴-옮긴이)'을 벗어난 적이 없었다. 교통이 혼잡하고 전화가 있는 도시에는 가본 적이 없었다. 현대의학이라는 걸 알지 못하니 조상들이 늘 해온 대로 한 것이다. 사막의 의사한테 가서, 칼과 기도로 눈을 고쳐달라고 했다. 아버지는 일어난 일에 대해 분노하지 않았다. 그 일을 받아들였고, 그로 인한 어떤 결과라도 눈물이나 후회 없이 받아들이려 했다. 어떤 의사와 수술도 용서나 마음의 평화를 주지는 못하리라.

바로 옆에서 들리는 목소리에 돌아보니 남동생 부르하안이었다. 그 애는 얼굴이 하도 예뻐서 만약 딸이었다면 아버지가 무척 좋아하셨을 것이 틀림없다. 그처럼 완벽하니 부족마다 신부 값을 최고로 주겠다고 했을 테지. 부르하안은 동안에다 피부가 그린 것처럼 매끄러웠다. 나는 손을 뻗어 그 아름다운 얼굴을 만져보고 그 애를 꼭 끌어안았다. 오빠만큼 큰 키는 아니었고, 균형 잡힌 이목구비에 엄마와 아버지의 특징을 완벽하게 조합한 모습이었다.

부르하안은 아버지를 발견했을 때를 설명했다. 통증과 부종으로 상태가 안 좋았다고 한다. 머리의 정맥이란 정맥은 모두 부어올랐고 열이 펄펄 끓어 제정신이 아니었다. 부르하안은 아버지가 돌아가시거나 사막에서 헤매다가 하이에나한테 잡아먹힐까 봐 두려웠다. 하이에나란 놈은 그런 사람들을 노린다. 그 애가 아버지를 병원으로 모시고 오자 친척들이 함께 지키면서 아버지를 돌봐드렸다. 소말리아에서는 식구 중에 누가 입원을 하면 그 사람을 낯선 사람에게 맡기지 않는다. 가족들이 병원 앞에서 야영을 하며 기도를 하거나 특별한 음식을 만들어준다.

내가 말했다.

"아버지, 아버지를 집으로 모시고 갔으면 해요. 집으로 가야 저희가 돌봐드릴 수 있죠. 차가 있어요. 걷지 못하시잖아요."

"집이라니 어느 집 말이냐?"

아바가 물었다.

"엄마 집으로 오셔서 저하고 오빠하고 함께 지내세요."

"싫다. 네 엄마 집에는 안 간다."

"아버지, 아버지를 돌봐드리려면 저희와 가셔야 해요. 오빠하고 저는 며칠 후면 이곳을 떠나야 해요. 사랑해요. 아버지를 돌봐드리고 싶어요. 남은 며칠이라도 함께 계셔주세요."

"싫다. 거긴 가고 싶지 않아. 너희들이 우리 집으로 날 보러 오면 되지."

부르하안이 거기에는 아버지를 돌봐줄 사람이 없다는 것을 상기시켰고, 오빠가 설득해서 마침내 아버지는 같이 가겠다고 했다. 우리는 의사에게 아버지를 퇴원시켜 달라고 부탁했고 이따가 오후에 아버지를 모시고 돌아가기로 했다.

그러고 나서 삼촌이 진찰을 받을 수 있는지 알아보았다. 간호사가 삼촌을 옆방 진료실로 모시고 오라고 했다. 간호사는 흰 실험 가운을 입고 사프론을 넣은 쌀 요리처럼 노란 스카프를 쓰고 있었다. 스카프는 여자의 머리와 어깨를 가리고 허리까지 내려왔다. 전문직 여성이 아직도 직장에서 얼굴을 가리고 있다는 것이 내게는 이상해 보였다. 간호사는 우리를 진료실 의사에게 안내한 다음 자신이 필요한 경우에 대비해 의사 뒤에 섰다. 의사는 삼촌 팔에서 혈액 샘플을 채취했다. 삼촌은 바늘로 찌르는데 움찔하지도 않은 채 침착하고 순순히 진료에 응했다. 하지만 옆머리의 정맥이 불거져 나와 있는 것을 나는 보았다. 의사는 삼촌의 눈을 들여다보고, 혈압을 재고, 작은 은색 망치로 무릎을 두드렸다. 심장 박동을 확인하고 귓속을 들여다보았다. 그러는 내내 삼촌은 의사가 아니라 나를 쳐다보았다. 진행되는 일에 내가 동의하는 한, 삼촌은 잠자코 있었다.

의사는 둥근 얼굴에 마맛자국이 있었고 양 볼에 사마귀가 나 있었다. 안경을 사슬에 매달아 목에 걸고 커다란 금시계를 찼는데, 시계가 손목에 약간 큰 듯해서 손짓할 때마다 움직였다. 의사는 내가 하는 말을 차분하고 신중하게 들었다. 나는 소말리아어보다 영어로 말하는 쪽이 더 자신이 있었는데, 다행히 의사가 영어를 아주 잘했다. 소말리아어로 현대의학에 대해 말하기는 힘들었을 텐데 다행이었다.

내가 물었다.

"저희 삼촌이 어떻게 안 좋은가요? 치료할 수 있나요?"

"어느 정도는 치료가 가능합니다."

"언제쯤 나아질까요?"

"고혈압인데 뇌출혈이 있었어요."

"저런!"

나는 의사가 하는 말을 정확히 이해하지 못했지만 심각하게 들리기는 했다.

"가벼운 뇌졸중 발작을 일으켰어요. 그 때문에 왼쪽에 마비가 왔습니다."

의사는 삼촌에게 왼쪽 팔을 들어보라고 했다. 삼촌은 팔을 어깨 높이까지 들었지만 쉽지 않아 보였다. 내가 삼촌을 격려했다.

"알라 신께서 낫게 해주실 거예요."

의사가 말했다.
"뇌출혈 부위의 부기가 가라앉으면 좀 나아질 겁니다."
의사는 처방전을 쓰더니 둥근 약병을 주었다.
"매일 이 약을 드시도록 하세요."
의사는 '매일'이라는 말을 강조했다. 약병에 사용법이 쓰여 있었고 병 안에 얇은 종이가 들어 있었다. 독일어나 프랑스어로 적혀 있을 텐데 집으로 돌아가면 그 복잡한 안내문을 읽을 수 있는 사람이 아무도 없을 것이다. 내가 물었다.
"약이 떨어지면 어떻게 해야 되죠?"
우리는 갈카요까지 오는 데 몇 시간이나 걸렸다. 우리 가족이 사는 곳에는 약국이 없었고 그곳으로 물건을 배달할 믿을 만한 방법도 없었다. 물건을 가져다달라고 돈을 주었다가 돈을 떼이는 일이 다반사였고, 물건을 잘못 가져다주기도 했다.
"갈카요에 약국이 몇 군데 있어요. 유럽에서 들여온 약을 취급하는 곳이죠."
나는 삼촌이 그 병에 든 약을 먹고 나아지길 바랐다. 삼촌이 약을 더 살 수 있을 것 같지가 않았기 때문이다.
"먹어서는 안 되는 음식이 있나요? 설탕은 어때요?"
식사 조절은 할 수 있을 것이다. 나는 어떻게든 의사가 말을 하도록 만들어야 할 것 같았다. 의사 스스로 설명하려 하지 않았기 때문이다. 나는 어떻게 이런 일이 일어났는지, 어떻게 잠에서 깨어보니 마비가 올 수 있는지 알고 싶었다. 하지만 의사는 한 단어 한 단어 어렵사리 골라 말했다.

"설탕도 안 되고 소금도 안 됩니다. 그 밖에는 뭐든지 드셔도 됩니다."

"이곳에 얼마나 계셨어요?"

내가 물었다. 의사 뒤쪽 벽에 손으로 쓴 이름표가 테이프로 붙여져 있었다. 아메드 압딜라히 박사. 나는 그 사람이 유목민들이 뭘 먹는지 알기나 할까 의심스러웠다. 유목민들은 보통 채소나 과일을 구하기 힘들기 때문에 가능한 한 우유와 동물성 지방을 많이 먹는다.

"이곳 푼틀란드(소말리아 북부인 소말릴란드 중에서 북동부 지역을 가리키며 자체 정부를 수립한 지역-옮긴이)에 말입니까?"

의사가 말했다. 그는 소말리아라고 하지 않았다. 소말릴란드라고도 하지 않았다.

"네, 여기 푼틀란드에요."

"1970년에 이탈리아에서 학위를 받았어요. 저는 신경외과 의사입니다."

나는 그 남자에게 솔직히 말할 수밖에 없었다.

"이곳에 갖춘 시설만으로 어떻게 사람들을 치료할 수 있겠어요? 아무것도 없는데."

의사가 진지하게 말했다.

"아프리카 북동부에서는 여기가 제일 괜찮은 병원 가운데 하나일 텐데요. 영국에서 원조를 받아 병원을 새로 짓는 중입니다. 완전히 개원하면 외과 수술을 할 수 있을 거예요."

"전공이 어떻게 되세요?"

"얘기하기 곤란합니다."

"에이즈예요?"

"에이즈도 보긴 하지만 많이는 아닙니다."

"전공을 알려주시는 게 왜 곤란하다는 거죠?"

"전 외과의예요. 그 질문은 다른 사람한테 가서 하세요."

나는 병원의 다른 사람들에게 좀더 많은 것을 알아내려 했다. 하지만 아무도 뭘 말해주려 하지 않았다. 마스크를 쓴 한 의사에게 이곳에 얼마나 있었냐고 묻자 의사가 말했다.

"한 달밖에 안 됐습니다."

"지금까지 봐오신 전공이 뭔가요?"

"결핵입니다."

의사는 말하면서 실험용 가스버너 쪽으로 돌아섰다.

우리는 갈카요에 간 김에 쇼핑을 하기로 했다. 나는 도착한 이후로 먹을 것에 대한 생각을 멈출 수 없었다. 주위에 먹을 것이 많지 않았기 때문이다. 음식을 구하고 먹고 저장해두는 일이 갑자기 아주 중요해졌다. 찬장에 파스타와 밀가루와 설탕이 채워져 있지 않은 것, 냉장고에 우유와 달걀과 빵을 채워 놓지 않은 것이 어떤 건지 잊고 있었다. 나는 빵과 치즈와 통조림을 넉넉히 갖춰놓은 구멍가게를 찾아보았지만 하나도 발견하지 못했다. 냉장시설이 없어 모든 것을 들여오는 그날로 먹어야 했기 때문이다. 돈이 있다고 해도 살 수 있는 음식이 많지 않았다. 작은 가게들은 비어 있다시피 했다. 오빠가 어떤 사람한테 수크(시장) 가는 길을 가르쳐달라고 부탁했다.

"네? 지금은 다 닫았어요. 모두 떠나고 없어요."

그 사람이 말했다. 남자는 키가 커서 몸을 숙이고 한참을 우리 쪽을 바라보았다.

"저 여자는 누굽니까?"

남자는 내가 머리를 가리고 있지 않은 것을 못마땅해하며 오빠에게 물었다. 스카프를 쓰면 더웠지만, 나는 당황해서 그 남자가 갈 때까지 스카프를 머리 위로 끌어올려 썼다. 왜 다시 만날 일 없는 늙은 유목민에게 신경을 썼을까? 나 역시 뼛속까지 소말리아 여자였던 것이다.

우리는 문이 열린 작은 가게 앞에 멈춰 섰다. 가게 주위에는 빈 깡통이 흩어져 있었다. 들어갔더니 터번을 두른 남자가 졸다가 일어나서 카운터 뒤에 섰다. 남자 뒤의 선반에는 천 몇 필, 건전지 상자, 합성수지로 만든 신발 몇 켤레가 놓여 있었다. 그 사람은 낯선 사람을 믿지 않는 것 같았다. 오빠와 나는 아부다비에서 몇백 달러를 소말리아 실링으로 바꾸어두었다. 1달러에 2,620실링을 받았는데 낡고 찢어지고 때 묻은 돈이었다. 거기에 시야드 바레의 모습이 찍혀 있어서 나는 그 돈이 정부가 인쇄한 마지막 공식 화폐일 거라고 추측했다. 그런데 가게 주인은 그 돈을 받지 않겠다고 했다.

"그 화폐는 소말리아의 다른 지역에서 쓰는 겁니다. 우리는 푼틀란드에서 발행한 돈을 써요. 푼틀란드 정부 수상인 모하메드 에갈이 찍혀 있죠."

다시 차에 올랐을 때 내가 오빠에게 물었다.

"어떤 사람은 한 가지 돈만 받겠다고 하고, 어떤 사람은 그 돈을 받고는 물건을 팔지 않겠다고 하고, 어떻게 된 거야?"

"여긴 원래 그래."

우리는 한 여자한테서 초록색 오렌지를 샀다. 차와 향신료를 신문지에 싸서 네모꼴로 야무지게 접어 팔기에 그것도 샀다. 그리고 아이스크림콘처럼 신문지로 말아서 포장한 쌀도 샀다.

오후 늦게 차고처럼 보이는 옹색한 곳에 밥을 먹으러 들어갔다. 모두들 지치고 배가 고팠다. 꽤 늦은 때였지만 식당에는 아직 양고기와 염소고기, 밥과 파스타가 남아 있었다. 거기에 차나 멜론 주스, 파파야 주스, 물을 주문할 수 있었다. 나는 고기는 먹지 않았다. 고기는 내가 직접 요리하지 않으면 믿을 수 없기 때문이다. 요리사가 내 양철 접시 위에 고기 한 조각을 올려놓았는데 질겼다. 도대체 사람들이 왜 고기를 제대로 요리하지 못하는지 이해할 수 없었다. 소스에 넣고 익히면 부드럽고 연한데 말이다. 나는 주로 파스타를 먹었다. 탈이 날까 봐 걱정이 되어 내가 물었다.

"병에 든 물 있어요?"

그 식당에는 병에 든 소말리아의 샘물까지 있었다! 웨이터가 모하메드 자마 샘물 한 병을 갖다 주었다.

"오빠, 이런 사업을 해야겠는데. 공장을 세워야겠어."

오빠는 관심을 보이지 않았다. 우리는 병원에 있는 아버지와 부르하안을 데리러 가기 위해 빨리 밥을 먹어치웠다.

오빠가 돈을 관리했기 때문에, 또는 오빠 스스로 그렇게 생각했기 때문에, 돈은 오빠가 냈다. 나는 달러를 가지고 있었고 오빠는 소말리아 화폐를 가지고 있었다. 소말리아 돈은 두 가지 다른 종류에 그려진 두 대통령 때문에 헷갈렸다. 하나는 하위예 족 돈이고, 다른 하나는 남부의 다아로오드 족이 인쇄한 돈인데, 각각 가치가 달랐다. 나는 계속 물었다.

"이걸로는 얼마야? 저걸로는 얼마야?"

오빠의 대답은 한결같았다.

"신경 쓸 것 없어. 내가 알아서 관리하니까."

오빠는 얼마씩을 내야 하는지 잘 알고 있었다. 바가지를 쓸까 봐 걱정이었는데 다행이었다. 삼촌이 더위에 지쳐서 우리는 한 친척 집에 들렀다. 험한 길을 달려 마을로 돌아가려면 좀 쉬시게 해야 했다. 삼촌이 쉬는 동안 갈카요에 있는 은행에서 환전을 좀 하고 싶었다.

내가 오빠에게 말했다.

"오빠는 같이 안 갔으면 좋겠어. 오빠가 같이 가면 골치 아파져."

내가 그 말을 하자 오빠는 싸우려 들었다. 눈이 번득였다.

"내가 가야 해, 와리스. 넌 상황 파악을 제대로 못해."

"걱정 마, 오빠. 라게하고 같이 갈 거야. 오빠는 삼촌하고 여기 있어."

오빠는 흥분해서 화를 벌컥 내며 나가버렸다. 따라가서 왜 그러느냐고 했더니, 오빠는 라게를 믿지 말라고 했다.

"은행에서 라게한테 환전할 돈을 주면 안 돼. 넌 환전해서 얼마를 받아야 하는지도 모르잖아."

오빠와 나는 너무 닮았다. 나는 오빠가 늘 이래라저래라 하는 데 신물이 났다. 라게와 함께 그 집을 나와 차를 타고 은행으로 갔다.

이슬람 국가에서 여자들은 은행에 들어가지 않기 때문에 나는 밖에서 기다렸다. 라게에게 450달러 정도를 준 뒤 라게가 들어가 환전하는 동안 은행 앞에 차를 대놓고 앉아 있었다. 은행은 창고처럼 보였다. 커다란 상자에 문을 낸 모양이었다. 라게는 금세 나오더니, 부탁한 대로 세 뭉치로 나눈 돈을 내게 건네주었다. 나는 아버지를 위해 백 달러를, 엄마에게 주려고 250달러를, 그리고 여행 경비로 쓰려고 백 달러를 바꾸었다. 라게는 1실링까지 남김없이 나에게 주었고 뭉치마다 이름을 적었다. 돈은 양쪽 화폐가 섞여 있어서, 이제 둘 중 하나만 받는 사람을 만나도 상관없었다.

친척 집으로 돌아갔더니, 오빠는 너무 화가 나 처음 한 시간 동안은 나하고 말도 안 하려고 했다. 내 눈을 피했고 나를 못 본 체했다. 하지만 사람들이 들어오기 시작해 방이 가득 차서 문제될 것은 없었다. 그 사람들은 우리가 왔다는 소식을 듣고 인사를 하러 왔다. 친척이 정말 많았다. 들어본 적도, 상상한 적도, 꿈꾼 적도 없는 친척들이었다. 모두들 나를 만나고 인사를 하고 싶어해서 기뻤지만, 한편으로는 난감했다. 내가 그런 대가족의 일원이며 그렇게 많은 사람들이 나에게 관심을 보인다는 것은 기쁨이었지만, 친척들이 모두 내게 뭔가를 바랐기 때문에 곤란하기도 했다. 내가 그 사람들을 위해 뭘 할 수 있겠는가? 알리 삼촌이 어린 여자애를 불러 내 옆에 앉으라고 했다.

알리 삼촌이 말했다.

"이 어린것이 많이 아파. 네가 좀 도와주었으면 좋겠다."

"어디가 아파요?"

나는 아이의 작은 손을 잡고 물었다.

"병이 있어."

"병명이 뭔지 모르세요?"

"몰라. 하지만 머리카락이 빠지고 점점 쇠약해지고 있어. 몸이 깃털처럼 가벼운데 더 이상 자라질 않아."

나는 아이의 상태를 보고 싶었지만 그럴 수가 없었다. 다른 소말리아 여자애들처럼 긴 옷을 입고 스카프로 머리와 얼굴을 가리고 있었기 때문이다.

"이 아이를 미국으로 데려가서 돌봐줄 수 없겠니?"

"알리 삼촌, 도와드리고 싶지만 그건 정말 안 돼요."

"왜 이 아이를 봐주지 않겠다는 거냐? 데려가면 병을 고칠 수 있을 텐데. 여기서는 치료가 안 돼. 이 아이 병을 고칠 약이 없단다. 네가 데려가서 돌봐주고 낫게 해줘야 해."

"곤란해요, 삼촌. 제게는 삼촌이 모르는 힘든 일, 책임질 일이 많아요. 서양에 산다고 해서 호사스럽게 사는 건 아니에요."

왜 내가 아픈 아이를 뉴욕에 데리고 돌아갈 수 없는지 알리 삼촌에게 이해시킬 방법은 없었다. 하지만 내가 그 아이를 책임질 수 없다는 것은 분명했다.

"삼촌, 이 아이를 위해 기도할게요. 하지만 데려갈 수는 없어요. 이해해주셔야 해요."

나는 아이를 다독여주고 꼭 안아준 뒤, 아버지를 모시러 가야 한다며 일어섰다. 이미 늦었다.

돌아갈 때 나는 아메드 삼촌과 함께 뒷좌석에 앉았다. 오빠는 여전히 화를 내며 나를 보려고도 안 했다. 앞에 앉아서 길만 뚫어져라 쳐다보았다. 우리는 곧장 병원으로 돌아가 아버지와 부르하안을 태웠다. 하지만 갈카요를 떠날 무렵에는 이미 날이 어두워져 앞이 잘 보이지 않았다. 엄마가 사는 마을까지는 150킬로미터나 떨어져 있을 것이다. 시내를 조금 벗어나자 아버지가 어디로 가느냐고 물었다. 아버지는 내 설명을 듣더니, 마음이 바뀌었다며 우리와 함께 엄마 집으로 가지 않겠다고 했다.

"싫다, 거기는 안 간다."

아버지는 고집을 부렸다. 얼굴은 붕대로 감고 기운이 없어 걷지도 못하는 의지할 곳 없는 노인이. 삼촌이 아버지를 설득하려고 애썼다. 두 분은 나란히 앉았는데, 삼촌이 아버지에게 팔을 두르고 다정하게 조곤조곤 얘기했다. 두 분이 서로 안고 있는 모습을 본 것은 처음이었다. 두 노인, 두 형제가. 그런 슬픔의 한가운데서. 그건 두 사람 모두에게 소중한 순간이었다. 나는 시간에 굴복당한 두 사람을 바라보았다.

하지만 아버지는 마음을 누그러뜨리지 않았다. 나는 가서 며칠만 우리와 함께 지내자고 애원했다.

"20년 만에 아버지를 만났어요. 오빠하고 저는 여기 며칠밖에 못 있는데, 같이 안 지내면 아버지를 만날 수 없어요. 같이 가세요, 네."

아버지는 마침내 우리와 함께 지내는 데 동의했다. 하지만 우선 흙벽돌로 된 아버지 집에 들러 짐을 가져가야겠다고 하셨다.

"아버지 집이 어디예요?"

내가 물었다.

"저 길로 가면 돼."

아버지는 왼손으로 허공을 가리켰다.

나는 다시 설득하려고 했다.

"아버지, 밖은 아주 깜깜해요. 아무것도 안 보인다구요."

아버지는 아주 단호했고 큰소리로 우겼다.

"내가 가르쳐주는 대로 가! 아버지가 알아서 할 테니까 일러주는 대로 가기만 해."

앞도 못 보고 운전도 못하는 이 노인이 뒷좌석에서 자기가 말하는 대로 가자고 우기는 것을 보고 우리는 웃지 않을 수 없었다. 오빠조차 화를 내기를 그만두고 이런 아이러니컬한 상황에 웃었다. 눈멀고 무력한 처지에도 아버지는 여전히 사람들을 지배했다. 빛이라고는 자동차 전조등뿐이었고 그 불빛이 비추는 것은 바위와 먼지뿐이었다. 아버지가 왼쪽을 가리켜서 우리는 도로를 벗어나 곧바로 기복이 완만한 사막으로 접어들었다. 갑자기 아버지가 말했다.

"여기서 돌아, 여기서."

하지만 거기에는 아무것도 없었다.

"거기 흰개미집 보이니? *다둔*이 보여?"

"네, 보여요."

오빠가 놀라며 말했다.

"그럼 왼쪽으로 돌아야 돼."

마치 평생 동안 밤마다 이 길을 운전한 사람처럼 아버지가 말했다. 어떻게 된 일인지 알 수 없었다. 우리는 2미터 전방도 보이지 않는 상태에서 도로도, 바퀴자국도, 아무것도 없이 눈먼 아버지의 안내에만 의지해 나아갔다.

15분쯤 지나서 아버지가 말했다.

"보이냐?"

"뭐가요, 아버지?"

"내 집 말이다. 내 집이 바로 저기야."

과연 자동차 불빛이 언덕 너머 작은 오두막 몇 채를 비추었다. 아버지가 조용히 말했다.

"자, 다 왔다."

내가 말했다.

"어느 집이에요? 아버지 집이 어디예요?"

아버지가 얼굴을 찌푸리며 말했다.

"빨간 문인 것 같은데."

그러고는 다시 생각에 잠겼다.

"빨간색이 맞나?"

내가 말했다.

"아버지, 저희는 어느 집인지 몰라요."

"그래, 문이 빨간색인 것 같아. 손전등을 가져가 빨간 문을 찾아봐라."

우리는 어떻게 해야 할지 몰라 첫 번째 집으로 갔다. 오빠가 문을 열자 집 안의 불빛이 가난한 여자와 세 아이를 비추었다. 우리가 말했다.

"어머, 실례했어요. 미안합니다."

두 번째 집에 손전등을 비추었다. 정말 빨간 문이었다. 집은 비었고 더러운 바닥뿐 아무것도 없었다.

나는 차에 앉아 있는 아버지에게 돌아갔다.

"집을 찾은 것 같아요. 그런데 뭘 찾아다 드려요?"

"셔츠를 가져와라."

셔츠가 어디 있느냐고 물었더니 아버지가 말했다.

"모르겠다. 그 안에, 한쪽 구석에 있을 거야."

나는 몸을 숙이고 작은 집 안으로 기어들어가 다져진 흙바닥 위를 이리저리 더듬었다. 과연 셔츠 두 벌과 군용 재킷이 있었다. 옷들은 먼지 속에 뒹굴어 더러웠다. 흙이 묻어 여기저기 얼룩이 졌고 겨드랑이 부분에는 땀 때문에 반달 모양이 하얗게 번졌다. 냄새가 고약했다. 나는 옷을 거기 그냥 두고 나오며 아버지에게 말했다.

"아버지, 그 옷들은 못 입겠어요. 더러워요."

"가져와."

아버지가 내게 화난 목소리로 말했다. 문에는 자물쇠가 없었기 때문에 우리는 문을 그냥 닫아두고 차로 왔다. 차에 타려고 보니 어린아이 셋이 차 옆에 서서 아버지와 얘기를 하고 있었다. 누구냐고 물었더니 아버지가 대답했다.

"인사해라. 네 동생들이다."

아이들 엄마는 아버지가 지난주에 이혼한 여자라고 설명했다. 나는 아이들을 보려고 불빛이 있는 차 앞으로 오라고 했다. 순진한 눈빛에 앙상하게 마른 아이들은 모두 열 살 아래였다. 이복동생들을 볼 시간은 잠시뿐, 우리는 그 애들을 알라 신과 온화한 사막에 맡기고 떠났다. 아버지는 더 이상 설명하지 않았고, 묻지 않는 쪽이 나을 것 같아 나도 잠자코 있었다. 아이들에 대해서는 돌아가서 엄마한테 들을 수 있기를 바랐다. 하지만 앞을 보지 못하는 아버지가 어둠 속에서 어떻게 집으로 가는 길을 안내했는지는 지금도 끝내 알 수 없는 일이다.

집으로 돌아가는 긴 여행에서 나는 아버지와 삼촌 사이에 앉아

두 분을 붙잡고 갔다. 행복했다. 아버지와 삼촌, 오빠와 동생과 함께 내 아름다운 조국에 있으니. 사실 피곤하고 지쳤지만 상관없었다. 그보다 다른 것들이 훨씬 더 중요했다. 나는 음식과 안락함이 넘치는 뉴욕에서의 삶과 이곳 소말리아에 사는 우리 가족의 삶이 어떻게 다른지 계속 생각했다. 서양에 사는 사람들 대부분은 아주 많은 것을 가지고서도 자기가 뭘 가졌는지 알지 못한다. 우리 부모님은 아마도 자신이 가진 것들을 손가락으로 하나하나 꼽을 수 있을 것이다. 먹을 것을 구하는 일이 만만치 않아도 부모님은 밝고 행복했다. 길에 다니는 사람들은 서로 웃는 얼굴로 얘기했다. 내가 보기에 서양 사람들은 자신이 가지지 못한 것에만 온통 정신을 쏟는 것 같다. 그곳 사람들은 하나같이 뭔가를 찾고 있다. 어떤 사람은 집을 안내하면서 기도와 명상을 위해 촛불을 켜둔 방을 보여주었다. 촛불이 방 한 칸을 차지하고 있는 것이다. 소말리아에서는 담요 한 장에 모두 함께 자기 때문에 서로 꼭 끌어안아야 했지만 아무 문제도 없었다. 함께한다는 것이 즐거울 뿐. 함께 있게 해주셔서 감사하다고 각자 알라 신께 감사드린다. 소말리아 사람들에게는 기도를 위한 장소가 따로 없다. 우리는 사람들에게 인사를 할 때조차 기도를 한다.

"알라 신께서 함께 하시기를."

뉴욕에서는 모두가 이렇게 인사한다.

"헬로."

그 말이 무슨 뜻일까? 헬로,라니. 그것은 어떤 의미를 지닌 말이 아니다. 그냥 하는 말일 뿐이다. 사람들은 말한다.

"잘 지내."

하지만 그것도 하는 말일 뿐이다. 소말리아 사람들은 이렇게 말한다.

"신께서 허락하신다면 다시 만납시다."

신께서 허락하셔서 가족과 함께 보낸 첫날은 즐거웠다. 정말 행복한 하루였다!

부족 이야기

여자의 아름다움은 얼굴에 있는 것이 아니다.

—소말리아 속담

마침내 마을에 돌아왔다. 엄마가 불가에 앉아 염소들을 쓰다듬으며 며느리, 손녀, 그리고 손자 모하메드 이니에한테 얘기를 들려주고 있었다. 오빠와 동생이 아버지를 모시고 오는 것을 보고 엄마가 내게 말했다.

"알라 신이시여! 정말 아버지를 모시고 왔구나. 좀 어떠시니?"
"엄마가 직접 여쭤봐."
엄마가 아버지한테 가서 말했다.
"아니, 이게 누구야? 사막에서 길 잃은 낙타를 데려온 거냐?"
엄마는 아버지 얼굴에 감긴 붕대를 살짝 만지며 짓궂은 유머 감각을 발휘해 물었다.

"붕대 안에서 잘들 있나?"

엄마는 나한테 아버지 잠자리를 만들러 가자고 했다.

"아버지가 여길 따라오겠다고 했다니 뜻밖이다."

"왜? 엄마한테 저런 모습을 보이기 싫어하실 거라서?"

"아니! 부르하안이 누르를 데려오면서 신부 값을 내지 못했어."

엄마가 내 귀에 대고 속삭였다.

"아버지는 돈이 생기면 주겠다고 계속 그러고 있지. 누르가 시집온 지 벌써 2년이 지났고 둘째 아이를 임신 중인데 말이다. 누르의 아버지와 오빠들이 불평이 많았어."

"어머, 올케가 참 착하던데. 난 벌써 마음에 들었어."

"나하고 부르하안한테 잘해. 누르가 시집올 때 처녀였는데도, 그 애 아버지는 부르하안이 자기 딸을 마음에 안 들어할까 봐 걱정했었어. 하지만 지금은 그 사람들이 신부 값을 달라고 조르고 있단다. 아버지는 부르하안에게 신부 값으로 낙타를 주겠다고 약속했었어. 그런데 아버지가 낙타를 내놓지는 않고 한 친척한테 가서 누르가 낙타 다섯 마리 가치가 없다고 그랬대. 게으르고 일도 잘 안 하니까 신부 값을 주지 않겠다고 말이야."

"말도 안 돼! 누르는 아침에도 제일 먼저 일어나고 일도 제일 열심히 해. 그 정도면 신붓감으로는 최고지."

"그런. 아버지가 한 말이 누르 가족들 귀에 들어가서 그 사람들이 아버지를 찾으면 두드려 패주겠다고 했대. 누르도 그 얘기를 들었으니, 이제 아버지가 누르 앞에서 얼굴을 못 들게 됐어."

엄마는 한숨을 쉬었다. 아마 아버지는 몇 마리 남지 않은 낙타를 내주고 싶지 않았을 것이다. 그렇다고 누르네 가족에게 약속한 신부 값을 주지 않는 것은 잘못이었다.

소말리아에서는 결혼 첫날 밤 신부가 남편을 받아들이기 위해 자기 몸에 칼을 댄다. 구멍이 섹스하기에 적당한 크기가 되도록 꿰맨 부분을 가르는 것이다. 다음날 아침 시어머니는 며느리가 출혈이 있었는지, 고통을 참고 자기 아들과 함께 잤는지 보기 위해 며느리의 몸을 살펴본다. 만약 다리 사이에 묻은 피가 깨끗하면, 여자들은 춤을 추며 마을을 돌아다니면서 그 사실을 알린다. 엄마는 누르의 용기를 칭찬하며 결혼할 때 누르가 처녀였음을 알렸고 모두들 그 소리를 들었다. 누르가 열심히 일한다는 것은 누구나 아는 사실이었다. 또한 딸을 낳기 위해 구멍을 절개해야 했으며 아이를 낳고는 다시 꿰맸다는 것도 모두들 알고 있었다. 아버지가 단지 신부 값을 주지 않으려고 거짓말을 한 것이 분명했기 때문에, 사람들은 아버지가 비겁하고 인색하다고 욕했다.

내가 말했다.

"그 사람들한테 낙타를 도둑맞았다고 말하고 돈이 없다고 말씀하셨어야죠. 누르가 그만한 가치가 없다고 얘기하고 다니실 게 아니라."

엄마와 내가 바닥에 깔 것을 가득 안고 다시 나갔더니, 마침 누르가 남편을 맞이하고 있었다. 사람들이 보는 앞에서 키스를 하지는 않았지만, 누르의 얼굴을 보니 올케가 내 동생을 얼마나 좋아하는지 알 수 있었다. 누르는 아버지와 오빠가 서 있는 곳으로 곧장 걸어갔다.

"어서 오세요, 아버님."

아버지는 눈에 붕대를 감고 있었지만 누르는 공손히 아래를 보며 말했다. 누르 목소리를 듣고 아버지가 약간 주춤했다. 하지만 누르는 손을 뻗어 아버지 손을 다정하게 잡고 안심시켜드렸다.

"아버님, 피곤하시죠. 오세요, 잠자리를 봐드릴게요."

올케는 정말 좋은 사람이었다. 그처럼 품위 있고 우아한 사람을 들인 것은 복이었다. 엄마는 가지고 있는 천이며 베개 따위를 모두 집 밖으로 꺼내와 아버지 잠자리를 준비했다. 누르가 아버지를 부축해서 눕혀드렸다. 아버지는 지쳐 있었지만 자리에 누울 때까지는 피곤한 내색을 하지 않았다.

오빠와 동생은 어릴 적에 그랬듯이 아버지와 함께 잤다. 여자들은 아이들과 함께 오클레 안에서 잤고 남자들은 가축을 지키느라 밖에서 잤다.

다음날 아침에 눈을 뜨자 마치 꿈을 꾸는 것 같았다. 그런 아침을 얼마나 그리워했던지. 가족들 모두와 함께 잠에서 깨는 아침. 빠진 사람은 여동생들과 알리크뿐이었다. 남자들은 아직 자고 있었다. 덮은 것 아래로 삐져나온 긴 다리 여섯 개를 보고 나는 웃음을 터뜨렸다. 다리는 서로 엉켜 있었고 어느 것이 누구의 다리인지 알 수 없었다. 밤새 비가 내렸는데 피할 곳이 없었기 때문인지, 남자들은 비닐 한 장으로 몸을 덮으려 한 모양이다. 비닐 가장자리는 물에 젖었고 진흙투성이였다. 엄마는 벌써 나가서 땔감을 주워왔고, 누르는 식구들이 일어나기 전에 아침을 준비하려고 시장에 다녀왔다. 파는 물건 중에서 제일 좋은 것을 사려고 해가 뜨기도 전에 집을 나선 것이다. 누르가

부족 이야기

안젤라를 만드는 냄새에 나는 정신을 잃을 지경이었다. 엄마가 염소들을 쫓아가더니, 차에 넣을 염소젖을 테두리가 파란 양철 컵에 받아서 돌아왔다. 엄마가 남자들의 엉킨 다리를 보고 말했다.

"이 남정네들은 하루 종일 잘 건가?"

엄마는 속닥거리는 법이 없었다. 어디서나 들을 수 있는 큰소리로 얘기했다. 그 소리에 모두들 잠을 깼다.

나는 그날 아침 맨 먼저 아버지의 더러운 셔츠를 찾아서 얕은 그릇에 담가 빨았다. 빨래를 할 때는 많이 비벼 빨아야 했다. 물을 멀리서 길어와야 하기 때문에 넉넉히 쓸 수 없었다. 웬만큼 때를 빼고 셔츠를 약간 비틀어 짠 뒤, 가시덤불 위에 널어 햇볕에 말렸다. 아버지가 집 앞의 자리에 누워 있다가 내가 움직이는 소리를 듣고 소리쳤다.

"누구니?"

"저예요, 아버지, 와리스예요."

"이리 와, 와리스. 너한테 할 얘기가 있다."

아버지는 내가 라게 문제와 돈 문제로 오빠와 다툰 일에 대해 얘기하고 싶어했다. 어떤 일도 아버지 모르게 지나갈 수는 없었다. 바로 옆 사람한테 귓속말로 하는 얘기라도 아버지는 들을 것이다.

아버지가 말했다.

"어젯밤에 너하고 모하메드가 라게 때문에 다투는 걸 들었다."

아버지는 라게에게 아무것도 맡겨서는 안 되며 돈을 맡기는 건 더욱 안 되는 일이라고 했다.

"왜요? 라게는 삼촌 아들이에요. 오빠하고 라게는 친형제나 다름없이 컸구요! 오빠하고 형제면 저하고도 형제잖아요?"

"그래. 하지만 와리스, 넌 그 애에 대해 아무것도 몰라. 여기 온 지 얼마 안 되잖니. 지금 보이는 모습이 다가 아닐 수도 있다. 내 말 들어. 그 애와 얽히는 일은 없었으면 좋겠다."

"왜 그처럼 라게를 적으로 대하는지 이해가 안 가요."

라게는 영어를 잘 해서 얘기가 통했다. 그 애는 내 말을 이해했기 때문에 오빠나 부르하안이 이해하지 못하는 얘기를 할 수도 있었다. 때로는 오빠나 동생이 나를 이해하고 싶어하지 않는다는 느낌이 들었다. 오히려 나를 복종하게 하려고 하는 것 같았다. 하지만 나는 남자들이 이래라저래라 하던 때로 돌아가기에는 너무 오랫동안 혼자 힘으로 살아왔다.

아버지가 한 손으로 몸을 받치고 있어서 움직이기 힘들어한다는 걸 알 수 있었다.

"잘 들어라, 와리스. 너와 네 친형제는 이복형제와 적이고, 너와 네 친형제와 네 이복형제는 사촌과 적이다. 네 부족은 다른 부족과 적이고, 네 종족은 다른 종족과 적이다."

"아버지, 전 부족이니 종족이니 하는 것들을 중요하게 생각하지 않아요."

나는 앉아서 아버지 손을 잡았다.

"라게가 뭘 어쨌다고 그러세요? 그 애가 못 미덥게 행동하기라도 했어요?"

"라게는 한심한 녀석이야. 아들 노릇을 제대로 안 한다. 제 아비도 보살피고 가축도 돌봐야 하는데 그 애는 모른 체하고 있어. 넌 여기 온 지 얼마 안 돼서 라게가 그렇다는 걸 몰라."

부족 이야기 195

오빠와 부르하안이 다가와 아버지와 내가 하는 얘기를 들었다. 두 사람 모두 아버지 편을 들면서 내게 훈계를 늘어놓기 시작했다.

"아무것도 모르는 멍청한 계집애. 아버지 말을 들어. 괜히 대들지 말고."

"날 그렇게 부르지 마."

나는 세 사람에게 나와 다른 생각을 강요하지 말라고 말했다. 피를 나눈 가족이 제일 믿을 만하다는 뜻은 알겠지만, 그게 항상 진실이라고 생각지는 않는다고. 누군가가 내 피붙이가 아니라고 해서 그 사람이 반드시 나를 속일 거라고 생각해서는 안 된다. 나는 남자들이 무슨 얘기를 하는지, 그 얘기가 아침 내내 그토록 열띤 토론을 벌여야 할 만큼 중요한지 알 수 없었다. 하지만 이런 일이 드물다고는 할 수 없다. 이야기하고 토론하고 설득하는 것은 소말리아 가정에서 숨을 쉬는 것처럼 자연스러운 일이다.

엄마가 모퉁이를 돌아서 왔다. 뭔가 재미있어 죽겠다는 얼굴을 하고서. 무슨 일이 있는 것이 분명했다.

"왜 그렇게 웃어, 엄마?"

내가 말했다. 엄마는 큰 비밀이라도 숨긴 양 나를 외면했다. 아침 햇살에 엄마 눈이 빛나고 있었다. 고개를 들어보니 오빠만큼 키가 큰 청년이 집 모퉁이를 돌아서 오고 있었다. 청년은 멈춰 서서 나를 뚫어지게 쳐다보았고 나도 마주보았다. 엄마는 우리 두 사람을 보면서 킥킥거렸다.

"네 막내 동생을 알아보겠니?"

청년이 지닌 자태나 생김새는 아주 낯이 익었지만 누군지 알 수는 없었다. 남자는 햇빛에 실눈을 뜨고서 나를 바라보더니 혀를 내밀었다. 막내 동생, 어른이 된 라시드였다. 콧수염이 좀 있고 턱수염을 짧게 기른 잘생긴 청년, 키 크고 당당한 남자가 되어 있었다. 팔다리가 길었고 웃을 때는 희고 네모난 이가 두 줄 가지런히 드러났다. 라시드는 화려한 금색 무늬가 있는 초록색 고아(망토)를 어깨에 드리우고 갈색 체크 셔츠를 입고 있었다. 그 애는 몇 마리 남지 않은 아버지의 낙타를 몰고 사막에 나갔다가 먹을 것을 가지러 방금 돌아왔다. 오빠와 내가 온 것을 모른 채 이렇게 온 것이다. 기적처럼! 엄마가 웃은 게 당연했다. 내 기억에 어린 시절 내내 우리 형제들이 모두 모인 때는 한 번도 없었다. 어떤 때는 이 아이가, 다른 때는 저 아이가 어딘가에 가고 없었다. 오빠는 도시에서 유학 중이었고, 누군가는 음식이나 물을 찾으러 가거나 사막에 낙타를 몰고 나가거나 해서 없었다. 나는 막내 라시드가 아직 아기여서 팬티도 입지 않고 돌아다닐 때 집을 떠났었다.

나는 라시드를 꼭 껴안았다. 그 애의 튼튼한 골격이 느껴졌다. 라시드와 오빠는 끌어안고 장난을 치기 시작했다.

"사진기를 가져올게. 식구들 사진을 찍어야겠어."

나는 움막 안으로 들어가 내 가방들을 뒤져 사진기를 찾았다. 다시 밖으로 나갔을 땐 남자들이 보이지 않았다. 엄마는 오렌지 껍질과 아침에 먹다 남긴 안젤라를 아끼는 염소들에게 먹이러 갔다. 나는 남자들을 찾아 나섰다.

집 뒤쪽으로 마을에서 조금 떨어진 곳에 커다란 흰개미집이 있었다. 이 흰개미집은 땅에서 엄지손가락을 비스듬히 내민 것처럼 보였는데, 라시드는 그 위에 올라앉아 있었다. 나도 어렸을 때 그런 데 올라갔던 기억이 났다. 엄마는 조그만 흰개미들이 침을 뱉어서 그처럼 거대한 둔덕을 쌓아올린다며 흰개미는 협동하는 종족이라고 말해주었다.

"난 그것보다 다섯 배나 높은 흰개미집에 올라간 적도 있어."

내가 소리쳤다. 라시드는 나를 향해 인상을 쓰더니 또 긴 혀를 내밀었다. 나도 그 위에 올라가고 싶었지만 나는 바지가 아닌 긴 소말리아 옷을 입고 있었다. 그런 차림으로는 아무것도 할 수 없었다.

내가 라시드에게 말했다.

"나도 이 거추장스러운 담요를 벗어던지고 어릴 때처럼 거기 올라가고 싶어."

어릴 땐 긴 드레스의 뒤쪽 치맛자락을 앞으로 끌어당겨 허리에 끼워서 바지처럼 만들었다. 그렇게 하고 싶은 마음이 굴뚝 같았지만, 그러기에는 너무 나이를 먹었다는 생각이 들었고 식구들 기분을 상하게 하고 싶지도 않았다.

나는 라시드가 흰개미집을 올라가는 모습을 보다가 그 애가 맨발이라는 것을 알았다. 성인이 되어서도 신발을 신지 못하다니. 내 동생에게 신발이 한 켤레도 없는 것이다. 라시드의 발바닥은 못이 박이고 갈라져서 코끼리 가죽처럼 보였다. 나도 사막에 살 때 거친 땅바닥만은 견디기 힘들었다. 가장자리가 울퉁불퉁 날카로운 바위로 뒤덮여 발이 성할 날이 없었다. 내가 어렸을 때도 신발이 없었지만, 지금 스무 살 먹은 동생도 여전히 신발을 신지 않은 채 돌아다니고 있었다. 나는 무슨 일이 있어도 그 애한테 튼튼한 가죽 샌들을 신겨야겠다고 결심했다. 가게에서 사주든지 가죽제품을 만드는 *미드가안*한테 주문하든지, 그 애가 다시 맨발로 사막에 나가도록 하지는 않겠다고 다짐했다.

내가 말했다.

"라시드, 네가 다시 사막에 나갈 때는 꼭 신발을 신고 가도록 해줄게."

라시드가 말했다.

"신발 살 돈을 주면 되잖아. 내 건 내가 살게."

나는 그 애가 캇을 사려는 게 아닐까 걱정이 되어 말했다.

"시장에 같이 가자. 네가 신고 싶은 걸로 골라."

라시드에게 신발을 사주고 아버지와 삼촌을 위해 약을 살 돈이 있어서 다행이었다. 우리는 함께 엄마 오두막으로 돌아갔다. 엄마는 우리에게 아침을 해주려고 장작을 때서 차를 끓이고 쌀과 콩을 넣어 밥을 짓고 있었다.

라시드가 나에게 물었다.

"병원에서는 아메드 삼촌을 치료해줬어? 삼촌 몸 반쪽에 진이 들었다던데."

"의사가 진찰을 하더니 알약을 한 병 줬어. 그 이상은 해줄 말이 없대. 병원 사람들이 별로 말을 하려고 하질 않아. 나한테 시간 낭비하기 싫은 거지."

"의사가 누구였어?"

라시드가 알고 싶어했다.

"누구냐니, 무슨 뜻이야? 이탈리아에서 공부한 신경외과 의사라더라."

"그게 아니라, 우리 부족 사람이냐구."

"글쎄, 모르지. 그게 무슨 상관이야?"

"같은 부족 사람이 아니면 그만큼 시간을 내거나 신경을 써주지 않을 테니까."

"그 사람은 의사야. 어느 부족 사람이건 상관하지 않아. 그게 아니라 여자한테 말하고 싶지 않았던 거야. 그동안 주로 남자들과 얘기 했을 테고 아마도 여자들은 멍청하다고 생각했겠지."

"히이예."

라시드가 말했다. 내 말에 동의했을 것이다. 엄마가 지나가자 라시드는 신발이 누구한테 가 있는지 물었다.

모두들 슬리퍼 한 켤레를 놓고 끊임없이 싸웠다. 집에 성한 신발이 한 켤레뿐이라 계속 같은 말을 들어야 했다.

"신발 어디 갔지? 화장실 가야 하는데."

"기도 시간이 다 돼서 씻으러 가야 해."

엄마가 밖에 뭘 가지러 나가면, 부르하안은 화장실에 가려다가 엄마가 신발을 가져다줄 때까지 기다려야 했다.

"신발을 누가 신고 있지?"

하루 종일 이 말을 들었다. 기도할 시간이 되어 모두들 몸을 씻으러 가야 할 땐 특히 그랬다. 네 사람이 고무 슬리퍼 한 켤레를 가지고 싸웠다. 싸구려 신발이라 산 지 이틀이면 발가락을 끼는 앞부분이 떨어져 덜렁거렸다. 엄마는 처음 봤을 때 양쪽 색깔이 다른 슬리퍼를 신고 있었는데, 그나마 슬리퍼 한 짝은 신발바닥 반쪽이 떨어져나가고 없었다.

내가 말했다.

"시장에 가서 신발을 더 사도록 하자. 그러면 신발을 기다리느라 시간을 낭비하지 않아도 되잖아."

라시드가 나를 향해 반짝이는 이를 활짝 드러내 보였다.

"누나, 시간은 소유하는 게 아닌데 어떻게 낭비한다는 거야?"

라시드는 장난꾸러기였다.

"너하고 말하는 게 시간 낭비다."

나도 농담을 했다. 라시드와 라게를 데리고 노천 시장까지 걸어갔다. 라게는 자기에게 검은 장화를 한 켤레 사주었으면 했다.

"애, 부츠를 신어서 뭐 하게? 여긴 더워. 장화는 런던에서나 신는 거지."

사촌동생은 나름대로 패션 감각을 유지하고 있었다. 그 애한테 부츠를 사주고, 슬리퍼 두 켤레, 향 조금, 신선한 향신료를 갈 수 있는 막자사발과 막자를 샀다. 라시드는 시장에서 신발을 고르지 못해 다른 날 나와 보기로 했다. 라시드가 내 선글라스를 마음에 들어해서 주었다. 아버지의 가축을 돌볼 때 선글라스가 햇빛으로부터 눈을 보호해줄 것이다.

그날 밤 나는 남자 형제들을 비롯한 식구들과 부족에 대해 논쟁을 벌였다. 아버지는 중부와 남부 소말리아에서 세력이 큰 부족의 하니인 디이로오드 족이고 그 가운데에서도 마지어티인 파다. 우리 가족은 계속 에티오피아 국경 지대인 하우드에서 살아왔다. 아버지 이름은 다히이 디리다. 엄마는 또 다른 유력한 부족인 하위예 족이다.

엄마는 한때 소말리아 전체의 수도였던 모가디슈에서 자랐다. 아버지가 엄마에게 청혼하자 외가에서는 엄마가 아버지와 결혼하는 데 반대했다.

"자네는 다아로오드 족이야. 야만인이라구. 내 딸을 어떻게 먹여 살릴 텐가? 자네는 우리 부족이 아니야."

엄마는 아버지와 함께 달아났고 결코 뒤돌아보지 않았다. 지금 엄마의 친척들은 전 세계에 흩어져 살고 있는데, 엄마만이 연락이 닿지 않는 사막에 남았다.

소말리아에는 유력한 부족이 넷 있다. 디르 족, 다아로오드 족, 이사크 족, 하위예 족이다. 소말리아 국민 대부분이 이 네 부족 중 하나에 속한다. 모두가 이슬람 신자이고 소말리아어를 쓴다. 라한와인 족, 디질 족처럼 좀더 작은 부족도 있지만 그들은 대부분 키스마요 근처 남쪽 끝에 산다. 유목민은 끊임없이 떠돌아다니기 때문에, 항상 변하는 주소보다는 어느 부족 사람인가가 더 중요하다. 유럽인들은 이 점을 잘 이해하지 못한다. 유럽인들은 소말리아 국경을 정하면서 소말리아 사람들을 몇 개 나라에 흩어놓았다. 소말리아 국기의 별 다섯 개는 소말리아, 소말릴란드, 지부티, 오가덴 그리고 케냐에 있는 소말리아 사람들을 나타낸다.

내가 어른이 되고부터는 부족에 대한 이런 생각이 그다지 중요하지 않게 여겨졌다. 다만 다아로오드 족이 가장 용감한 부족이라 나 역시 두려움이 없다는 점에서, 자신이 다아로오드 족임을 자랑스러워하기는 한다. 다아로오드 족의 별명은 *리바*, 곧 사자다. 나는 이제 부족 문제에 대해 제대로 이해하고 싶었다. 그것은 분명 우리 아버지와 형제들에게 중요한 문제였고, 내 조국에서 벌어지는 일에 큰 영향을 미치고 있었다. 시야드 바레는 처음에 부족 의식을 철폐하겠다고 말했지만, 자신의 문제들로부터 사람들의 관심을 돌리려고 오히려 부족 간 갈등을 야기시켰다. 1991년 시야드 바레가 축출되고 바레 정권이 무너지자, 부족들이 저마다 힘을 모아 권력의 기반을 다지려 애썼다. 이처럼 제각기 권력을 차지하려고 하는 바람에 나라는 큰 혼란에 빠졌다. 나는 부족에 대한 생각 자체가 어리석다는 생각이 들어서 남자들에게 말했다.

"부족 의식이야말로 소말리아를 망치고 있어."

그러자 부르하안이 말했다.

"다아로오드 족은 우리나라에서 제일 크고 강한 부족이야. 그런 점에서 유력한 부족이란 말이야, 누나."

내가 대답했다.

"그래. 가장 자랑스럽고 용감한 부족이기도 하지."

다아로오드 족이라면 살아남기 위해 출신을 숨기려 하더라도 들키고 말 것이다. 내가 말을 이었다.

"하지만 정부에선 모든 사람이 발언권을 가져야 해."

"이곳 상황에 맞는 얘길 해야지. 다른 부족 사람들과 권력을 나누어 가질 수는 없어."

"부족 의식 때문에 우리는 아무것도 되지 않아. 소말리아를 떠나 보면 우리가 모두 같은 민족이라는 걸 알게 돼! 같은 땅에 살고, 같은 말을 하고, 똑같은 외모를 가졌고, 같은 생각을 해. 모두 단결해서 이 분쟁을 끝내야 한다구."

막상 이 문제에 대해 논쟁을 시작하자 나는 열을 내며 흥분하고 말았다. 소말리아를 제외한 다른 곳에서 보면 우리는 모두 소말리아 사람들인데, 여기서 우리끼리는 잘 어울리지 못한다.

엄마가 차를 가져다주었다. 라시드가 나를 놀리기 시작했다.

"누나, 누나는 누구야? 족보를 외워봐."

"난 다아로오드야."

"그렇지. 그런데 그 뒤는 뭐야?"

"음, 와리스 디리지."

내가 말하자 모두들 웃기 시작했다.

"난 아버지 이름 다히이와 할아버지 이름 디리, 모하메드, 술리만을 이어받았어."

식구들은 비웃었다. 원래는 이름이 서른 개나 이어지는데 내가 처음 세 개밖에 기억하지 못했기 때문이다. 내가 말했다.

"모두 돌아가신 분들 이름인데, 뭘."

엄마 이름은 파투마 아메드 아덴이었다. 엄마는 외할아버지 이름과 그 윗대 할아버지들의 이름을 끝없이 댔다. 소말리아에서 아이들은 아버지의 이름을 받는데, 여자가 결혼을 해도 친정아버지의 이름을 그대로 가져온다. 동생들은 내게 조상들의 이름을 가르치려고 했다. 하지만 속도를 늦추려고 하지 않아 발음조차 알아듣기 힘들었다. 그 애들은 랩 음악처럼 족보를 외기 시작했다. 공동의 조상으로 시작해서 세대마다 한 이름씩 더해가는 식으로 족보 랩을 쏟아냈다. 이름이(세대가) 많을수록 더 신망 있는 부족이라고 여겨진다.

마침내 내가 말했다.

"하지만 말이야, 소말리아를 떠나고 보니까 그런 건 아무 소용이 없었어. 관심도 안 갔어. 이름을 줄줄 외운다고 뭐가 달라져? 오빠, 암스테르담에서 이런 게 무슨 소용이야? 아무리 외워도 먹을 게 나오는 것도 아닌데."

오빠는 말이 없었다. 뭔가 끔찍한 기억을 떠올리고 있는 것 같았다.

"*아프웨이네*가 처음 정권을 잡았을 때 여러가지 사업을 벌였어. 소말리아어를 로마자로 표기하기로 결정하고 학교를 세웠지. 그러다 교사에게 지급할 돈이 떨어지니까 갑자기 학생들을 사막으로 보내서 유목민 아이들을 가르치도록 했어. 대단한 문맹퇴치 운동이었어."

"기억해. 오빠가 나하고 아버지한테 글자를 가르치려고 했었지."

"그래. 하지만 난 도회지에서 자랐어. 너희를 멍청한 유목민 아이들이라고 생각했지. 사막으로 와서 너희에게 뭘 가르친다는 게 내키지 않아."

"기억하고말고! 오빠가 막대기로 날 때렸지."

오빠는 한숨을 쉬었다.

"알고 보니 *아프웨이네*는 누구보다 부족 의식이 강한 사람이었어. 만약 아홉 명이 *아프웨이네*를 만나려고 하면, 그 사람들을 부족별로 나눠서 만났어. 이사크 족이 엄청나게 살해됐지. 그저 이사크 족이라는 이유로 말이야."

오빠는 낮게 중얼거리다가 더 이상 기억하고 싶지 않다는 듯 말을 멈추었다.

부르하안이 말했다.

"누나, 부족 사람들은 내가 필요로 할 때 날 도와줘. 병원에 있는 의사도 부족 사람이 아니기 때문에 도와주지 않은 거야."

"의사는 누구한테나 도움을 주어야 해."

오빠가 부르하안을 거들었다.

"우선 우리가 여기까지 어떻게 왔는지 생각해봐. 우리를 데려다 준 운전수도 우리 부족 사람이었어. 그 사람이 우리를 도운 건 그럴 만해서야. 만약 자신에게 뭔가가 필요할 때 우리에게 그게 있으면 우리가 줄 거라고 생각한 거지."

내가 2000년에 소말리아를 방문하기 전, 소말리아는 1991년 이후 처음으로 새 대통령을 맞이했다. 나는 기뻐했고 문제가 많이 해결되리라 믿었다. 하지만 소말리아 사람들은 지금도 여전히 단일 대표를 뽑지 못하고 있다.

"부족들이 서로 단결하지 않으면 어떻게 하나의 조국을 가질 수 있겠니?"

부르하안이 말했다.

"나라는 둘이야."

"그래, 어떻게 돼 있어?"

"하나는 북부의 소말릴란드고, 하나는 남부의 소말리아야. 그리고 갈카요를 중심으로 북동부에 푼틀란드가 따로 있지. 아무튼 그래서 화폐가 두 종류야. 하나는 남부 시야드 바레의 화폐고, 하나는 북부 소말릴란드에서 찍은 모하메드 이브라힘 에갈의 화폐지."

내가 어렸을 땐 문제가 생기면 부족 원로들이 해결했다. 만약 내가 누구와 싸워서 상대방의 눈을 상하게 했다고 하자. 상대방 부족은 우리 부족에게 상해에 대한 보상금을 요구한다. 이것을 *디야*라고 부른다. 두 부족을 대표하는 두 사람이 큰 나무 아래서 만나 얘기를 나누고 보상금 액수를 산정한다. 물론 여자 눈을 다치게 했으면 남자 눈을 다치게 한 경우보다 보상금이 훨씬 적다. 우리 부족의 모든 사람들이 가축을 기부하면 상대방 부족 사람들이 가축을 나누어 가진다. 그런데 요즘 사람들은 이런 말을 한다고 한다. 이봐, 난 모가디슈에 살아. 상대방을 때린 자와 아무 관계가 없다구. 그 사람이 일으킨 사고에 대해 왜 내가 보상을 해야 해?

"우리나라에는 이런 부족 의식이 아니라 법에 기초한 정부가 필요해."

내가 말했지만 아무도 내 말을 들으려 하지 않았다. 정부가 왜 필요한지 몰랐기 때문이다. 오빠는 전통이 다 무너졌다고 했다.

"원로들은 더 이상 존경받지 못하고 군대 지도자라는 사람들도 자기 군대를 지휘하지 못해."

나는 남자들끼리 얘기하도록 놔두고, 여자들과 앉아서 달이 뜨는 걸 보려고 갔다. 달이 구름 사이로 나와 사막의 우리 집을 비추었다.

나는 엄마가 염소젖 한 컵을 들고 마을로 가는 것을 보았다. 이 세상에서 겨우 다섯 마리 염소가 엄마의 염소였다. 엄마는 이들에게서 젖을 얻어 이웃 여자와 나누어 마셨다. 나는 엄마가 가시나무 울타리로 둘러싸인 움막들 사이로 파란 테두리가 있는 양철 컵을 조심조심 들고 걸어가는 모습을 지켜보았다. 엄마는 매일 입는 그 옷을 입고 찢어진 작은 스카프로 머리를 가렸다. 발에는 짝이 맞지 않는 슬리퍼를 신었다. 엄마는 몸을 굽히고 몇 분 동안 이웃집에 들어가 있다가,

조용히 나와서 허리를 펴고 섰다. 그리고 잠시 허리 뒤에 손을 얹고서 넓은 하늘 끝에서 끝까지 길게 번진 노을을 올려다보았다. 엄마는 집으로 돌아와 빈 컵을 손가락으로 달랑거리다가 문밖의 못에 걸었다. 그것이 엄마의 모습이었다. 또 내가 예전에 알던 인정이고, 이웃이라는 거였다.

"엄마, 잠깐 좀 앉아봐. 내가 가져온 선물을 보여줄게."

내가 엄마한테 사정했다. 엄마는 자리에 앉는 법이 없었다. 아침부터 밤까지 왔다갔다 했다. 나는 엄마가 평생 동안 한 번도 가져보지 못한 것을 주고 싶은 마음이 간절했다.

엄마는 나에게 어렴풋한 미소를 지으며 익살스럽게 한숨을 내쉬었다.

"네가 뭘 가져왔을지 짐작은 간다."

엄마는 농담을 했다. 물론 내가 이 사막에서 조금이라도 쓸모 있는 것을 가져왔을지 의심스러웠을 것이다. 엄마가 주위를 둘러보며 말했다.

"여기 밖에서는 안 되겠다, 와리스. 누구라도 네가 물건을 나눠 주는 걸 봤다가는 온 동네 사람들이 와서 뭘 하나 받을 때까지 앉아 있을 거야."

엄마 말이 옳았다. 친척들은 뭘 달라고 요구하지는 않겠지만, 결국 선물을 주겠다고 할 때까지 앉아서 쳐다보고 있을 것이다. 누르와 엄마와 함께 엄마의 작은 오두막으로 들어갔다. 우리는 *페이누스(초롱불)*를 켰다.

누르는 곧 독수리처럼 내 가방 안을 헤집으며 물었다.

"이건 뭐예요? 뭐에 쓰는 거예요?"

"기다려, 기다려. 뭐가 뭔지, 잠시만 기다리면 다 말해줄게."

나는 코코아버터 한 통을 꺼냈다.

"이건 *수박 기*야."

나는 발라보라고 통을 열었다. 내가 말릴 틈도 없이 누르와 엄마 둘이서 코코아버터를 손가락으로 찍어 혀에 갖다 댔다.

"으! 맛이 왜 이 모양이냐? 네가 그렇게 마른 이유를 알겠다. 뉴욕에서 이런 걸 먹는다면 말이다."

"저기, 코코아버터는 먹는 게 아니야. 손이랑 얼굴에 바르는 거지."

엄마가 말했다.

"음식에 넣어 먹는 게 아니야?"

"아니야. 얼굴이나 건조한 발에 바르는 로션이야. 피부에 바르는 거라구."

"나 참, 냄새는 이렇게 좋은데 먹을 수 없다니."

"피부에만 발라. 먹으면 안 돼."

"그래, 그래, 안 먹을게. 하지만 저런 것보단 *수박 기*가 훨씬 낫겠다. 먹을 수도 있고 바를 수도 있잖니. 또 뭐가 있니?"

엄마가 어깨를 으쓱하고 코코아버터를 돌려주며 물었다.

나는 존슨스 베이비오일을 한 병 꺼냈다.

"이긴 또 뭐냐?"

엄마는 베이비오일을 손에 들고 뒤집어보았다.

"기름이야. 얼굴이든 어디든 발라. 머리카락에 발라도 돼. 코코

아버터랑 비슷한 거야."

"알았다."

엄마가 한 방울씩 떨어뜨리지 않고 병을 너무 세게 꽉 짜는 바람에 오일이 흙바닥 여기저기에 튀었다. 엄마는 깜짝 놀라 물러앉으며 병을 바닥에 떨어뜨렸다.

"저게 뭐니?"

엄마가 손가락 사이로 오일을 문지르며 물었다.

"엄마, 냄새를 맡아봐. 엄마 피부에 발라도 되고 아기 피부에 발라도 돼."

엄마는 몇 번이나 손을 킁킁거렸다.

"야!"

엄마는 마음에 든다는 듯 입맛을 다셨다.

"너무 좋다. 정말 마음에 들어, 와리스."

엄마가 팔을 아래위로 문지르자 초롱불에 피부가 빛났다.

"이건 감춰둬야지."

"엄마, 그러지 마. 별것도 아닌데. 바를 사람이 있으면 좀 덜어줘. 베이비오일은 얼마든지 갖다 줄게."

"널 언제 또 볼지 모르는데 운에 맡길 수는 없지."

엄마는 일어나 엄마 물건들이 쌓인 곳을 뒤졌다. 그리고 바구니 밑바닥에서 열쇠를 찾아 낡은 나무상자를 열고, 베이비오일을 조심스럽게 밀어넣었다.

"귀한 물건이니까 이 안에 두면 안전할 거다."

엄마는 상자를 토닥인 뒤 구석에 도로 갖다놓았다.

거울을 한 묶음이나 가져왔는데 엄마에게 줄 것은 특히 예쁜 걸로 골랐다. 엄마에게 자신이 얼마나 아름다운지 알게 해주고 싶었다. 나는 엄마에게서 외모를 물려받았고 그것은 오랫동안 나 자신을 지탱할 수 있게 해주었다. 엄마의 아름다움은 나에게 든든한 의지가 되어왔다. 사람들은 나에게 아름답다는 말을 종종 했는데, 내가 엄마의 아름다움을 조금이라도 물려받았다면 그 말이 맞을 거라고 믿는다.

나는 엄마를 위해 특별히 고른 거울에서 얇은 포장지를 벗겨냈다. 손잡이가 은으로 되었고 거울 주위에 새겨진 이파리가 뒷면에서 꼬이며 예쁜 꽃송이를 달고 있었다.

"엄마, 엄마 주려고 산 특별한 선물이야."

"*히이예*. 엄마는 특별한 건 필요 없어, 와리스."

"엄마, 와서 내 옆에 앉아봐. 내가 가져온 걸 좀 들여다봐."

내가 거울을 건네자 엄마는 어리둥절한 채 뒷면을 들여다보고는 도대체 모르겠다는 표정을 했다. 내가 거울을 뒤집어 엄마에게 보라고 들고 있었다.

"엄마 얼굴 좀 봐. 얼마나 예쁜지."

엄마는 마침내 자기 얼굴을 보더니, 뒤에 누가 있다고 생각했는지 겁이 나 펄쩍 뛰며 물러났다. 내가 말했다.

"괜찮아, 엄마. 아무도 없어. 바로 엄마야."

나는 엄마를 위해 다시 거울을 들어주었다. 엄마는 쳐다보다가 고개를 돌리고 쳐다보고 또 쳐다보고 했다. 엄마는 얼굴을, 머리를 손가락으로 만지기 시작했다. 뺨을 꼬집고 이를 비춰보고 고개를 이리저리 돌려보았다. 엄마는 오랫동안 자기 얼굴을 살펴보더니 탄식하며 말했다.

"세상에, 알라 신이시여! 너무 늙었구나. 얼굴이 형편없어. 내가 이렇게 생긴 줄 몰랐다."

내가 작은 소리로 말했다.

"엄마, 그렇지 않아."

"이게 나라니!"

나와 누르를 번갈아 쳐다보는 엄마의 눈이 희미한 빛 속에서 가늘어졌다. 엄마는 한숨을 쉬었다.

"내 얼굴이 왜 이렇게 됐지? 나도 전엔 예뻤는데, 네 아버지와 너희들이 내게서 젊음을 다 가져갔어."

엄마는 거울을 뒤집어 나에게 돌려주었다.

나는 무슨 말을 해야 할지 몰랐다. 놀랍기도 했고 마음이 아프기도 했다. 엄마는 무엇이건 숨기는 법이 없었다. 느끼는 그대로 솔직하게 표현했고 내 선물을 좋아하는 체하지 않았다. 나는 엄마에게 거울을 준 것을 후회하며 재빨리 가방에 도로 집어넣었다. 부끄러웠고, 거울을 없애버리고 싶었다. 엄마는 필요하지 않은 것은 가지려 하지 않았다. 옮겨다닐 때 끌고 다니기 힘들기 때문이다. 중요한 것은 가족과 이야기와 가축들이다. 그것들이야말로 삶의 원천이며 기쁨의 샘이다. 엄마가 가족과 친구와 가축을 돌보는 모습은 아름다웠다. 진정한 아름다움은 거울에 비춰볼 수 있는 것도, 잡지 표지에 나와 있는 것도 아니다. 그것은 삶을 살아가는 태도에서 나온다.

아버지와 남자들

남자는 그 집의 머리이고, 여자는 심장이다.
—소말리아 격언

다음날은 너무도 아름다워서 알라 신께 축복을 받은 기분이었다. 높고 얇은 구름이 조금 낀 아침은 더할 나위 없었다. 새벽에 번개가 쳐서 비가 올 조짐을 보였다. 어제까지의 맹렬한 열기가 비에 쫓겨 사라졌다. 무엇보다 중요한 것은 가족이 모두 함께 있다는 것. 기적이었다! 내 머릿속의 작은 목소리가 속삭였다.

"모두 잘될 거라고 했잖아."

나의 수호천사 영감이 얘기하고 있었다.

엄마가 우리를 위해 잔치를 벌이려고, 라시드와 오빠를 보내 새끼염소 한 마리를 잡아오게 했다. 엄마의 염소 다섯 마리 가운데 두 마리가 새끼였는데, 그중 젖을 얻을 수 없는 흰 새끼 숫염소를 잡았다. 엄마는 염소 목을 잘라 바구니에 넣어 와서는 조심스럽게 가죽을 벗기고 눈을 파냈다. 사람들은 짐승의 머리가 눈과 뇌를 치유하는 특별한 효능이 있다고 믿는다. 엄마는 아버지를 위해 이 약을 만들면서 내내 기도를 했다. 그런데 엄마에게는 요리할 냄비가 하나밖에 없었다. 나머지 식사를 준비하는 데도 냄비가 있어야 하니, 염소 머리를 요리할 다른 그릇이 필요했다. 엄마는 쓰레기 버리는 곳으로 가서 낡은 깡통을 하나 가져왔다.

내가 말했다.

"엄마, 쓰레기 더미에서 가져온 깡통으로 어떻게 요리를 해. 지저분한 데다 병균이 득실거릴 텐데 어쩌려고? 아버지를 죽이려고 그래?"

엄마가 두 손으로 입을 가리고 날 쳐다보며 말했다.

"아버지가 죽든 말든 난 상관 안 해. 어차피 늙고 쓸모없는 노인네 아니니. 그러니까 신경 쓰지 마."

"엄마, 내가 나가서 그릇을 빌려올게."

"아니야, 넌 손대지 마라."

엄마는 내 눈앞에서 손가락을 저으며 말했다.

"이건 내가 할 거야. 내 식으로 할 거다. 걱정 마, 아버지가 이걸 먹고 죽지는 않을 테니까. 죽을 리가 없지, 그럴 정도로 고분고분한 양반이냐."

집 뒤에서 아버지의 웃음소리가 들렸다. 나는 엄마 말을 들으면서 끓는 물이 살균 작용을 할 거라는 생각이 들었다. 엄마가 말했다.

"얘, 어서 나가. 이런 건 원래 이렇게 하는 거야. 해놓으면 아버지가 잘 드실 거다."

엄마는 녹이 슨 깡통을 깨끗한 모래로 문질러 닦고 물로 헹군 뒤, 그 안에 염소 머리를 넣고 물을 가득 부었다. 그리고 작은 바구니에서 뭔가 특별한 말린 잎을 꺼내 넣고 불에 얹어 끓였다. 엄마는 아버지에게 특효약을 만들어드리기 위해 하루 종일 염소 머리를 살피는 데 지극 정성이었다.

엄마는 염소 몸통에서 조심스럽게 가죽을 벗겨내어 나중에 가죽줄과 의자를 만들려고 따로 챙겨두었다. 그리고 땅에 구덩이를 팠다. 염소를 넣을 수 있을 만큼 크게, 불을 피울 수 있을 만큼 깊게. 누르와 내가 큰 장작개비로 불을 피웠다. 장작이 타서 흰 숯이 되어 달아오르자, 엄마는 그걸 긁어다가 염소를 얹을 수 있게 구덩이 바닥에 잘 펴 놓았다. 염소 다리는 몸통에 꼭 붙일 수 있도록 칼집을 넣었다. 염소 몸통 안에는 뭐든 넣고 싶은 대로 넣는데, 엄마는 빵, 마늘, 양파, 토마토, 쌀 그리고 엄마만의 특별한 향신료를 넣었다. 엄마와 누르는 염소를 단단히 묶어서 벌겋게 단 숯 위에 얹었다. 김이 오르고, 기막힌 냄새가 공중으로 퍼졌다. 엄마는 고기의 겉면을 바싹하게 구우려면 정확히 언제 고기를 뒤집어야 하는지 알고 있었다. 누르가 불 속에서 숯과 재를 끌어내 고기 위에 덮었고, 엄마는 불 옆에 쪼그리고 앉아 숯이 다시 달아오르도록 부채질을 했다. 나는 너무 배가 고파 고기 굽는 냄새에 정신을 잃을 지경이었다.

엄마가 단호하게 말했다.

"그냥 좀 기다려. 다 되면 얘기해줄 테니까. 꼭 어슬렁거리는 독수리들 같구나."

구덩이에서 건져 올린 고기는 정말 연해서 육질이 부서지며 입에서 살살 녹았다. 정말 맛있었다. 아버지는 얼굴이 부어오르고 통증이 심해서 씹을 수가 없었다. 염소고기를 먹기 위해 모여 앉기 전에, 엄마가 아버지 약이 다 됐다고 했다. 염소 머리는 푹 고아져 젤 상태가 되었다. 엄마가 수프를 컵에 담아서 주며 나에게 말했다.

"이걸 아버지께 갖다드려라."

나는 아버지 옆에 앉았다.

"자, 아버지, 수프 드세요."

"이것 때문에 아침에 네 엄마하고 그렇게 다퉜니?"

"네, 아버지. 하지만 좋은 거예요. 아버지 눈을 낫게 하는 데 좋아요."

"아, 지금은 마시고 싶지 않다."

엄마가 그 말을 듣고 소리쳤다.

"얘, 아버지가 뭐라고 하시니?"

"엄마, 지금은 드시고 싶지 않대요."

그러자 엄마가 온 마을이 울릴 만큼 큰소리로 투덜거렸다.

"고약한 노인네 같으니라구! 그 약을 만드느라고 하루 종일 걸렸는데 마시고 싶지 않다니!"

그러고는 나에게 소리쳤다.

"와리스, 그러면 이리로 도로 가져와."

내가 막 일어서려는데 엄마가 마음을 바꿔 말했다.

"아니, 그냥 거기 놔둬라. 그걸 마시기 전에는 아무것도 먹지 못하게 할 테니까."

아버지는 아기처럼 입을 삐죽거렸지만 결국 약을 드셨다. 남김없이 전부.

엄마는 불가에 앉아서도 아버지를 향해 계속 열변을 토했다.

"이제 내 땅에 누워 있으니까 시키는 대로 해요! 앞 못 보고 늙고 무능한 처지에. 내가 하라는 대로 해야 해, 내 말 들어요."

아버진들 어쩌겠는가? 엄마의 보살핌을 받는 수밖에. 엄마가 만들어드린 특효약을 마시는 수밖에.

"아버지의 다른 부인들은? 아버지 집에 갔더니 아버지 자식이라며 어린애가 셋이나 있던데."

내가 엄마에게 물었다.

"글쎄, 그 사람하고는 네가 오기 직전에 헤어졌다고 했어. 그 여자가 아버지를 떠났다고들 하더라."

"왜? 무슨 일이 있었나?"

엄마는 담담하게 말했다.

"왜 그랬는지는 나도 몰라. 아버지가 말을 안 하니까. 아버지는 보통 둘째 부인하고 살았어. 분명히 아버지를 만나러 올 거다. 네가 선물을 가져왔는지도 볼 겸."

엄마는 냄비를 불 위로 옮겨놓는 일을 계속했다. 엄마에게 그 이상의 얘기를 듣기는 어려울 것이 분명했다.

"부르하안, 아버지가 아직 그분하고 사시니? 우리가 옛날에 거꾸로 매달았던 그 사람 말이야."

나는 속으로 그렇지 않기를 바라며 물었다. 남동생들과 함께 그

아버지와 남자들 217

불쌍한 여자를 거꾸로 매단 이후로, 나는 아버지의 둘째 부인을 만난 적이 없었다. 처음에 아버지가 낯선 젊은 여자를 데려왔을 때는 충격이 컸었다. 그 여자는 나보다 겨우 몇 살 위였지만 전혀 부끄럼을 타지 않았다. 우리 집에 들어오더니 자기는 소말리아 여왕이고 우리는 하인인 것처럼 남동생들과 나에게 명령을 하기 시작했다. 하루는 아버지가 멀리 가고 없을 때, 동생들과 내가 그 여자를 나무에 거꾸로 매달았다. 그 후로는 그 여자의 행동이 훨씬 나아졌다. 아버지가 아직도 그 사람과 살고 있어 이곳에 나타난다면, 우리한테 무슨 말을 할까?

"아마 기억 못 할걸."

부르하안이 말했다.

"아버지는 어떻게 아내를 셋이나 책임지셨을까?"

내가 부르하안에게 물었더니 그 애가 이런 얘기를 했다.

"한 남자가 아내 셋을 두었어. 여자들이 서로 시기해서 남편에게 누구를 제일 사랑하느냐고 물었지. 남편은 모두들 눈을 감고 있으면 제일 사랑하는 여자를 쓰다듬겠다고 했어. 세 여자가 눈을 감자 남편은 셋을 모두 쓰다듬었어, 차례차례 말이야."

많은 친척들이 멀리서 온 우리를 보겠다고 들렀다. 뭔가 얻을 게 있을까 해서이거나, 아니면 그저 인사를 하기 위해서였다. 나는 사람들에게 뭐가 필요할지 몰라 생각할 수 있는 것은 뭐든지 가져왔다. 헤어크림, 비누, 빗, 샴푸, 칫솔과 치약. 라시드에게 파란 칫솔과 불소가 든 콜게이트 치약을 주었더니 그 애가 물었다.

"이게 뭐야?"

"칫솔이라는 거야. 이걸 솔 위에 조금 짜서 이렇게 솔질을 해."

내가 시범을 보였다.

라시드가 시큰둥하게 물었다.

"이게 잇몸을 쓸어서 이를 다 빠지게 만드는 그 물건인가?"

이 질문에 나 역시 눈을 흘기며 놀리듯 말했다.

"그래, 바로 그러라고 쓰는 거야."

"내겐 벌써 *카다이*(이 닦는 막대)가 있어."

라시드는 칫솔을 내게 돌려주고, 1센티미터 남짓한 두께에 길이가 7,8센티미터쯤 되는 작은 막대를 셔츠 주머니에서 꺼냈다.

"이건 이가 아플 때 도움이 돼. 칫솔이 그런 일을 할 수 있어?"

"아니."

"낙타나 염소는 이걸 잘 먹지. 가축들이 그 파란 물건도 먹을 수 있나?"

"아니, 이건 그냥 사람 이를 닦는 거야."

"튜브에 든 그건 먹을 수 있어?"

"아니, 뱉어내야 해. 삼키면 해로워."

"왜 해로운 걸 입 안에 넣지?"

"물로 헹궈내면 돼. 삼키지만 않으면 해롭지 않아."

"그건 물 낭비야. 게다가 헹굴 물이 없으면 어떡해?"

대답할 말이 없었다. 라시드는 설명을 계속했다. 좋은 칫솔나무를 발견하면 새로 난 보드라운 가지로는 이 닦는 막대를 만들고 오래된 가지로는 작살을 만들 수 있다. 더 큰 나뭇가지는 땔감으로 쓰거나 방풍벽을 만드는 데 쓴다. 칫솔나무의 거친 뿌리를 밟았다가는 발에 물집이 잡힐 수도 있지만, 엄마는 이 나무의 잎으로 근육통에 좋은 차를 만들기도 하고 잎을 찧어서 상처 난 데 바르는 살균 연고를 만들기도 한다.

라시드는 강의를 계속했다.

"이 나무의 씨앗에는 기름이 들어 있어 먹을 수 있지. 먹을 게 다 떨어졌을 때도 이 나무가 있으면 살 수 있어. 치약이 건기에 우리를 먹여 살려주나?"

라시드가 섬세하게 골이 진 작은 치약 뚜껑을 보면서 물었다.

"그만해. 알았어."

나는 치약을 도로 가방에 넣었다. 그 애한테 면도날을 주었지만 좋아하지 않는다는 걸 알 수 있었다. 누르에게도 치약을 주려 했지만 가지지 않겠다고 했다.

부르하안 말로는 칫솔나무의 어린 가지에서 진이 나와 이에 있는 박테리아를 죽인다고 한다.

"캇 같은 것 때문에 이가 더러워지면 숯으로 닦아내면 돼."

부르하안은 설명을 마치고 자신의 아름다운 치아를 나에게 보여주었다. 완벽하게 하얀 이가 가지런히 빛났다.

"나도 알아. 안다니까."

너무들 그러니까 나는 짜증이 나서 손을 저었다.

"나도 여기서 태어났어. 그 정도는 다 알아. 숯을 씹은 뒤에 이 닦는 막대 끝을 조금 끊어내 씹는 거지. 또 이에 숯가루를 묻혀서 이 닦는 막대로 문지르면 제일 건강하고 하얀 이가 돼."

"최고로 건강한 이지."

라시드가 싸움이라도 걸 것처럼 말했다.

나는 칫솔을 누구 다른 사람에게 주기로 했다. 뉴욕에 있을 때는 여기 사람들에게 칫솔이 필요할지 모른다고 생각했다. 치과의사도 없는데 이를 어떻게 관리하나 싶어서. 칫솔나무를 찾지 못할 수도 있을 테고 그러면 이 닦는 막대를 구할 수 없을 테니까. 아닌가? 신발이나 옷을 가져올 걸 그랬다. 음식은 오는 동안 상할 수 있으니까 가져올 수 없었다. 제일 필요한 것이 음식인데.

그날 오후 나는 아버지 옆에 앉아서 몸을 일으키는 걸 도와드리고 베개와 담요를 만져드렸다. 안약을 넣다가 아버지 눈을 보고서 울고 말았다. 눈은 감염으로 상해서 부어올랐다. 다시 앞을 볼 수 있다면 기적일 것이다. 자기 눈을 다른 사람이 칼로 베어내도록 놔두다니. 얼마나 아팠을까……. 나는 통증이 가라앉도록 아버지에게 타이레놀을 드렸다. 타이레놀을 가져와 다행이었다. 아버지를 위해 작은 일이나마 할 수 있다는 것이. 뉴욕에서 사 온 샌들을 보여드렸더니, 아버지는 가죽을 만져보고 두꺼운 고무 밑창을 손가락으로 더듬어보았다. 아버지가 말했다.

"이 신발을 신을 사람이 있어. 네 동생 라시드가 신도록 주어야겠다."

아버지는 화장실에 갈 때 다른 사람의 부축을 받아야 했다. 기운이 없어 비틀거리는 데다 앞도 못 보시니까. 아버지가 엄마를 불렀지만 내가 나섰다.

"아버지, 제가 있잖아요. 제가 모시고 갈게요."

"여기 어디 신발이 있니?"

나는 흰 슬리퍼를 발견하고 아버지 발 앞에 나란히 놓았다.

"저한테 기대세요. 손을 잡아요."

"아니다, 그렇게까지 아무것도 안 보이는 건 아니야. 신발을 앞에 놓으면 내가 찾아서 신어."

아버지는 쪼그려 앉더니 발끝으로 더듬어서 신발을 찾아 신었다.

"엄마 좀 불러."

"아버지, 엄마는 여기 안 계세요. 어디 계신지 몰라요."

"그럼 기다려야지."

아버지는 두 팔로 무릎을 감쌌다.

"아버지, 제가 해드려도 돼요. 전 아버지 자식이에요. 저한테도 아이가 있구요. 제가 할 수 있어요."

하지만 아버지는 싫다고만 할 뿐 내 말을 들으려 하지 않았다. 그냥 움막 옆에 조각상처럼 앉아서 엄마를 기다렸다. 자존심 강하고 고집 센 아버지는 한 시간이 넘도록 그렇게 앉아 있었다.

나는 계속 여독이 풀리지 않아서 낮잠을 좀 자기로 했다. 돗자리를 펴고 누웠지만 모두들 왔다갔다 하며 떠드는 바람에 잠들기가 어려웠다. 한 여자가 엄마에게 뭐라고 하는 소리가 들리더니 내가 누워 있는 곳으로 왔다.

"와리스! 오랜만이야."

여자는 반가움을 가득 담은 목소리로 말했다.

약간 몽롱한 상태여서 나는 일어나지 않았다. 누군가가 나를 보려고 막 들른 모양이었다. 누군지 도무지 알아볼 수 없었다.

"와리스, 내가 기억나지 않는 모양이구나."

그 여자는 내가 당연히 알아야 한다는 듯 고개를 갸우뚱했다.

내가 말했다.

"워낙 오랜만이라서요."

아버지는 누워서 웃고 있었다. 나는 그 여자를 진짜 뚫어져라 쳐다보았다. 엄마와 나이가 비슷해 보였다.

"아버지한테 내가 누군지 물어봐."

아버지가 그 여자한테 말했다.

"오늘 애는 잘 놀아?"

애라니, 어떤 애를 말하는 걸까? 그 여자가 말했다.

"아이를 데려올게요."

아버지는 누워서 여자가 아이를 품에 안고 올 때까지 소리 없이 웃고 있었다.

"이리 줘, 내 아들."

아버지 말을 듣고서야 나는 이 여자가 아버지의 둘째 부인이라는 것을 깨달았다. 지금은 엄마와 비슷한 나이로 보이지만, 처음 결혼할 땐 나하고 비슷한 나이였다.

나는 아버지의 둘째 부인을 끌어안았다.

"제가 떠날 무렵에도 아기가 있었는데 긴 세월이 흐른 지금도 여전히 아이를 안고 있네요."

신이시여, 제발 저 사람이 우리가 자기를 거꾸로 매단 일을 기억하시지 못하게 해주세요. 나는 속으로 말했다. 아버지와 둘째 부인은 우리와 사흘 밤을 함께 지냈지만, 다행히 우리가 한 짓을 입 밖에 내지 않았다. 우리를 만나려고 아기를 업고 먼 길을 걸어와서인지, 그 불쌍한 여인은 꼴이 말이 아니었다. 배고프고 지친 상태였고, 신발을 신지 않아 발에서는 피가 났다. 그렇게 해서 나는 있는 줄도 몰랐던 남동생을 만났다. 마흔이 다 된 오빠부터 태어난 지 몇 주일밖에 안 되는 동생까지 모두가 내 형제들이었다.

아버지가 말했다.

"가족이나 자식이 없다면 살아봐야 헛일이지."

내가 말했다.

"아버지, 자식이 몇이냐가 중요한 게 아니에요. 아이들이 튼튼하고 건강하고 서로 의좋게 지내는 게 더 중요하죠."

"당치않은 소리."

그날 밤 불가에 모여서 우리는 남자들에 대해 열띤 토론을 벌였다. 부르하안 말이 왜 내가 결혼하지 않았는지 올케가 궁금해한다고 했다. 내가 대답했다.

"결혼이 쉬운 게 아니잖아. 낙타나 염소를 고르는 것과는 다르니까. 결혼 상대를 돈으로 살 수도 없고, 싫어졌다고 해서 팔아버릴 수도 없지."

누르는 나를 쳐다보기만 했다. 아마 내 말을 이해하지 못했을 것이다. 그렇게 자랐고 남자한테 복종하는 것만을 배웠으니까. 누르와 누르의 친정어머니가 나에게 아이가 있냐고 물었다.

"그럼요, 예쁜 남자애가 있어요."

엄마가 물었다.

"아이가 널 닮았니?"

"하나부터 열까지요."

내가 자신 있게 말했더니, 엄마는 나를 쳐다본 후 알라 신을 올려 다보았다. 엄마는 다른 말은 없이 "그렇구나!"라고 읊조릴 뿐이었다. 하지만 다른 사람들은 모두 웃었다. 특히 아버지가. 엄마가 고개를 저으며 말했다.

"아이가 꼭 너 같으면 너도 그 애 때문에 재미있는 일이 많겠구나. 그것 참 쌤통이다!"

누르가 말했다.

"그런데 아이 아빠는 어디 있어요?"

"쫓아내버렸어."

"왜?"

모두들 동시에 소리를 질렀다.

"나에게도, 아이에게도 도움이 안 되는 사람이니까. 아무튼 지금은 그렇게 됐어."

그 말에 모두들 웃었지만 한편으로는 놀라고 있었다. 아샤가 물었다.

"어떻게 그럴 수가 있어? 그 사람이 너를 쫓아낸 게 아니고? 남자가 여자를 쫓아내는 거잖아."

"아니야."

올케가 웃음을 거두고 아주 진지하게 말했다.

"여기선 여자들이 힘이 없어요. 우리나라에선 여자들이 그렇게 할 수 없죠."

"올케, 나도 여기서 태어났어. 올케처럼 바로 여기서 자랐고. 여기서 좋은 것도 많이 배웠어. 예를 들면 자신감 같은 것. 또 자립심도 배웠어. 나는 다른 사람이 나한테 뭘 해주길 앉아서 기다리지 않아. 내가 일어나서 하지. 여기서 배운 건 그런 거야."

아버지가 바로 내 옆에 앉아 있었다. 엄마도 건너와서 함께 앉았다. 모두들 무엇 때문에 웃는지 듣고 싶으셨던 모양이다. 여자들은 소말리아에서 자신감을 배웠다는 내 말에 웃었다.

내가 말했다.

"여기 있는 아버지나 동생들한테 물어봐. 동생들은 내 성격을 알 걸. 내가 어릴 때 어땠는지도 알 테고. 부모님도 잘 아실 거야."

아버지가 끼어들었다.

"그건 그래. 얘가 '이 여자는 바위요.' 하기로 했다면 아무도 말릴 수가 없어. 그냥 그러도록 해야지. 나는 와리스가 머리가 바위 같은 애라고 항상 생각했어."

모두들 아버지가 나를 놀리는 말을 재미있어했다. 특히 아메드 삼촌이.

"남편감을 구하러 왔어요?"

누르가 물었다. 올케는 내가 결혼하지 않은 것을 믿을 수 없는 모양이었다. 하지만 나는 돈이 있었고 혼자 살아갈 수 있었다.

"아니야. 남편감을 고르러 온 건 아니야. 나는 미혼모지만 남자가 꼭 있어야 한다고 생각하지는 않아. 나한테 어울리는 사람을 찾으면 결혼을 생각해보겠지만. 그게 나아."

나는 팔짱을 꼈다. 다른 사람들이 어떻게 생각하든 신경 쓰지 않기로 했다.

아버지가 말했다.

"넌 너다."

"아버지가 저한테 이렇게 말씀하신 것을 기억하세요? '넌 우리 식구가 아냐. 어디서 너 같은 게 나왔는지 모르겠다.' 저를 치워야겠다고 하셨어요. 기억하세요?"

"그랬던 것 같다."

아버지가 내 쪽으로 눈을 돌렸다. 아버지 목소리에서 그렇게 말한 일을 후회하는 빛이 느껴졌다. 모두들 말이 없었다. 아버지가 그 일을 후회했다면 그것은 진정 혼자 힘으로 사는 사람이 나뿐이었기 때문일 것이다. 나는 그런 내가 대견했다.

나는 어렸을 때 구반이 나한테 한 짓을 부모님께 얘기하려고 했다. 아버지는 몇 번이고 되물었다.

"그 사람이 뭘 어쨌다고?"

부모님 두 분 다 그 끔찍한 날에 대해서는 아무것도 기억하지 못했다. 나는 부모님께, 어느 날 오후 양을 우리에 몰아넣는다고 구반과 내가 함께 나간 일을 기억하는지 물었다.

'그 사람과 나는 다른 사람들이 우리 목소리를 듣지 못할 만큼 멀리까지 갔었어요. 그때 그 사람이 나를 덮쳤고 나는 달아나려고 했죠. 겨우 벗어났을 땐 끈끈하고 냄새나는 것이 내 몸에 온통 묻어 있었어요.' 이런 말이 내 목구멍에 달라붙은 것 같았다. 가슴이 쿵쾅거렸고 땀이 나기 시작했다. 구반에 대해 얘기하기란 고통스러운 일이었다. 모두들 나를 뚫어지게 보고 있어서 당황스러워 입이 떨어지지 않았다.

엄마가 고개를 저으며 말했다.

아버지와 남자들

"그 사람이 널 괴롭힌 기억은 없는데. 무슨 얘길 하는 거냐?"

"말 못해요. 하지만 그 사람은 정말 나쁜 사람이야."

아버지가 말했다.

"애야, 나는 네가 누구 얘길 하는지도 모르겠다."

아버지는 구반이라는 사람을 기억하지 못했다. 나는 우리 집에 신세를 졌고 우리가 믿었던 어떤 사람이 내게 해를 입혔다고 설명했다.

엄마가 말했다.

"너한테 무슨 일이 있은 줄은 몰랐다. 구반은 아주 오랫동안 보지 못했어."

"그 사람이 죽어서 지옥에나 갔으면 좋겠어!"

내가 그 남자에 대해 계속해서 분노를 쏟아내자 아버지와 엄마가 당황했다.

"그러면 못써."

엄마가 나를 달래느라 내 다리를 토닥거리며 말했다.

"무슨 일이었니?"

결국은 옛날 일을 얘기해봐야 소용없다는 결론을 내렸다. 부모님이 바로 옆에 앉아 있으니 금기시된 주제에 대해 말하기가 어려웠다. 아마 진이 입 속으로 들어가 혀 위에 올라앉은 모양이었다.

"두 분은 모르지만 그 사람이 나한테 아주 몹쓸 짓을 했어요."

마침내 내가 말하자 모두들 아주 조용해졌다. 정확히 무슨 일이 있었는지 알리고 싶은 마음이 간절했지만 그럴 수 없었다. 우리는 그런 일을 입에 담지 않으니까. 무슨 일이 있어도 말이다. 하지만 긴 침묵이 이상하게도 위안이 되었다. 적어도 부모님은 구반이 자기 딸한테 끔찍한 짓을 저질렀다는 것을 알게 되었다. 심적으로 가장 고통스러운 일은 성적으로 폭력을 당했는데 모든 사람이 그 일을 모른 체하는 경우다. 모두들 오랫동안 말이 없었고, 엄마는 근심어린 얼굴로 내 다리를 토닥여주었다. 엄마는 뭔가 비밀을 알아내려는 듯 내 눈을 가만히 쳐다보았다. 그리고 고통스러운 어떤 사실을 알아챈 것 같았지만 아무것도 묻지는 않았다. 그런 것에 대해서는 말하지 않으니까. 섹스에 대해 말하는 것이 허락되지 않는다면 여자아이들의 질을 꿰매버리는 쪽이 나을 것이다. 그러면 그 여자아이들은 자신이 무슨 일을 당하는지 모를 테니까. 나처럼 말이다.

때로는 큰 고통이 큰 선물이기도 하다. 알라 신께서 나에게 선물을 주셨다고 믿는다. 나는 여성성기절제술을 근절하는 운동을 어디서 시작해야 하는지 알고 있다. 여자들이 성교육을 받아야 한다. 남자들도 여성의 몸에 대해 자기 몸만큼 제대로 알아야 한다.

어린 사촌동생 아미나가 생각에 잠긴 나에게 말을 걸었다.

"나 대신 미국에 편지를 가져가 전해줄래?"

"미국은 아주 넓은 곳이야. 주소를 알아야 해."

아미나는 걱정스러운 눈을 하고서 손가락으로 옷자락을 비틀고 있었다.

"주소가 있어. 알려줄게."

"거기 누가 사는데?"

나는 사촌 여동생이 아는 사람이 누구인지 궁금했다.

"남편이 거기 있어."

아버지와 남자들 229

아미나는 내 눈을 쳐다보지도 않고 조용히 말했다.

"남편이 거기서 무슨 일을 해?"

내가 고개를 저으며 물었다. 아미나가 뭐라고 중얼거렸지만, 그 애는 남편이 거기서 뭘 하는지 모르는 것 같았다.

"결혼한 지는 얼마나 됐어?"

"4년."

믿어지지 않았다. 아미나는 열여섯 살 정도밖에 안 돼 보였기 때문이다.

"아이는 있어?"

"아니. 날 자기 아내로 정해놓고 떠났어. 남편이 돌아와서 어디든 날 데려갔으면 좋겠어."

내가 말했다.

"그 사람은 기다리지 마!"

몇 사람이 숨을 멈추었고, 엄마는 못마땅해서 고개를 저으며 혀를 찼다. 난 더 이상 문제를 일으키고 싶지 않아서 편지를 가져가겠다고 말했다.

식구들은 내 생각을 대부분 당황스럽거나 우스꽝스럽게 여겼다. 사촌동생이 말했다.

"와리스 언니는 말하는 게 남자 같아. 행동하는 것도 아주 강해 보이고."

"너도 강해질 수 있어. 나도 너처럼 여기서 자랐다고 했지."

또다시 모두들 나를 보고 웃었다. 나는 코미디 쇼 지방공연을 하는 기분이었다. 내가 가는 곳마다 사람들이 따라다녔는데, 그것은 기본적으로 두 가지 이유 때문이었다. 첫째는 내가 부자라고 생각해서였고, 둘째는 내가 정신이 좀 이상하고 특이하다고 생각해서였다. 그럼에도 나는 으쓱했고, 이 마을에 있어서 행복했다. 이 일을 해낸 것이 기뻤다. 나는 알라 신께 감사하고 또 감사했다. 엄마만 찾은 게 아니라 동생들과 사촌들, 조카들, 있는 줄도 몰랐던 친척들까지 만나다니, 기적이었다.

　나에게 가장 중요한 일은 아버지를 정면으로 마주보고 아버지와 동등하다고 느낀 것이었다. 아버지가 하는 얘기에 동의할 수 없을 땐 내 생각을 조심스럽게 설명했다. 아버지는 내 말이 이해가 되지 않으면 질문을 했다. 내가 아버지에게 가르쳐드리면 아버지는 기뻐했다. 그리고 계속 나를 놀렸다.

　"이게 진짜 내 딸이냐?"

　"너 누구냐?"

　아버지는 몇 번이고 같은 말을 되풀이했다.

　"내 딸이 오래전에 죽어버린 줄 알았다."

　"왜요?"

　"어린 여자애가 아버지한테서 달아났는데 무슨 좋은 일이 있을 수 있겠니? 아는 거라고는 낙타하고 염소밖에 없는 애가. 처음엔 네가 사자에게 잡아먹히고 하이에나들이 네 뼈에서 골수를 다 훑아먹은 줄 알았다. 그러다가 네가 모가디슈에 있다고 하고, 다음엔 런던에 있다고 하더구나. 그래서 네가 창녀가 됐을 거라고 생각했지. 그것말고 뭘 할 수 있겠니? 너는 너무 멀리까지 갔어. 혼자서 다른 *히디지*(행성)까지 간 거나 다름없어. 그런데 이렇게 살아서 혼자 힘으로 벌어먹고 살고 있었구나! 말하는 것도 아주 기운차고 기품이 있어."

아버지는 나를 자랑스러워했다. 아버지가 나를 자랑스러워하다니! 그 사실이 나를 강하게 만들었다. 삶에 열정을 갖게 했고, 나 자신을 자랑스러워하게 만들었다. 예전에 나는 아버지에게 매를 맞던 어린 계집애였다. 아버지는 나를 보기만 하면 말했었다. "애야, 저것 좀 가져와. 어서어서!" 나는 아버지가 무서웠다. 아버지 눈에는 내가 하찮은 계집아이일 뿐이었다. 이제 아버지는 마음의 눈으로 나를 볼 수 있게 되었다. 알라 신이시여, 감사합니다!

사막의 삶

딸은 손님이 아니다.

—아프리카 격언

다음 며칠 동안은 오후마다 비가 왔다. 잿빛 구름이 굵은 빗방울이 되어 세차게 쏟아졌다. 모두들 옹기종기 앉아서 구름이 모여들어 하늘을 가득 채우는 광경을 지켜보았다. 마을에, 우기인 구가 시작되고 모든 것이 변했다. 불평하는 사람은 아무도 없었다. 무덥고 무더운 날씨가 물의 축복으로 진정되었다. 며칠 전만 해도 읍내 길 한가운데로 먼지가 강물 흐르듯 날려가더니, 엄마의 작은 오두막은 완전히 물에 잠겼다. 어린 새끼염소들까지 모두 다 젖었다. 염소들은 꼬리 끝까지 젖어 몸을 떨었고 어찌할 바를 몰라 집 안에서 꼼짝도 하지 않았다. 부르하안은 자기 집 주위에 도랑을 파서 물이 집 안으로 들어가지 못하게 했다. 모두가 웃으며 즐거워했다. 우리는 정말 비를 좋아한다. 아기들은 진흙탕에 앉아서 놀았고, 걱정스럽게도 흙탕물을 계속 마셔댔다. 저러다간 금세 설사가 나서 여기저기에 물똥을 쌀 텐데. 여자들은 길가에 모여 작은 양동이 물을 큰 물통에 부었다. 요리하거나 목욕하는 데 쓸 물을 뜨기 위해 흙을 가라앉히는 것이다.

우리는 매일 여섯 시쯤 일어났다. 수탉이 울고, 새들이 재잘대기 시작하고, 무슨 일인가를 두고 병아리들이 다투는 때. 먼 지평선 너머 해가 지면 빛이라고는 한 점도 남지 않기 때문에 모두들 일찍 자고 일찍 일어났다. 밤에는 별로 할 일이 없었고, 가게에 초롱불에 쓸 기름마저 떨어질 때가 있었다. 모가디슈 근처의 사정이 좋지 않아서인지 공급이 불안정한 것 같았다.

오빠는 아메드 삼촌 집에서 잤다. 그 집도 만원이었다. 물론 이 작은 마을에 호텔이나 숙박할 만한 다른 곳이 있을 리 없었다. 모든 것이 항상 사용중이었고, 누군가가 찾아오면 모두가 조금씩 움직여 자리를 만들었다.

내가 말했다.

"잘 잤어, 오빠?"

오빠는 나비를 잡는 것처럼 손으로 허공을 쓸었다.

"다음에 올 땐 부르하안 집에 공사가 끝나서 남는 방이 있었으면 좋겠어. 모두 함께 잘 수 있게 말이야."

오빠가 엄마 집에 들어가다가 낮은 문에 머리를 부딪쳤다. 오빠는 엄마의 노란 플라스틱 그릇에 씻을 물을 받아 와서는 마당에 있는 낮은 의자에 앉았다. 그리고 안경을 벗어 바위 위에 조심스럽게 놓고 얼굴과 팔을 씻었다. 손에 물을 조금 떠서 얼굴을 씻고 팔을 아래위로 문지른 뒤 얼굴을 말리느라 잠시 해를 마주보았다. 오빠는 오른쪽 신발과 양말을 벗고 발을 씻고는, 균형을 잡기 위해 양말과 신발을 다시 신은 다음 왼발을 씻었다.

나무와 덤불은 모두 연한 초록빛을 띠었다. 며칠 전까지만 해도 견디지 못하고 죽은 것처럼 보였는데. 사막의 모든 관목에는 가시가 있었던 것으로 내 피부는 기억한다. 관목들은 자신이 가진 생명력을 한 방울도 남김없이 소진했다. 건기가 되면 날카로운 가시들은 '저리 가, 난 너한테 줄 게 아무것도 없어.'라고 말하는 듯하다. 그러다 비가 오면 순식간에 잎이 자라고 모든 것이 기쁨으로 가득 찬다.

동네 화장실에 가는 건 그다지 즐거운 일이 아니었다. 엄마 집에는 화장실이 따로 없어서 이웃과 공동으로 써야 했다. 화장실은 눈에 보이기 전에 냄새부터 났다. 사방 1미터가 조금 넘는 정사각형 칸막이에 빗장 없는 문, 그리고 뚫려 있는 천장. 시멘트 바닥에 네모난 작은 구멍이 나 있어 그 위에 쪼그리고 앉아 볼일을 보면 깊은 구덩이 안으로 떨어지게 되어 있었다. 냄새가 심한 데다 바닥이 젖어 있어, 나는 화장실에 가면 가능한 한 빨리 나왔다. 사람들은 바위나 가시덤불을 디디거나 길을 다닐 때는 맨발로 다녀도 화장실에는 맨발로 가지 않았다. 만약 신발이 없으면 신발을 신은 사람이 지나갈 때까지 기다렸다가 빌려 신었다.

화장실에서 돌아오는데 동네 아이들이 나를 바라보고 있었다. 한 아이가 내가 본 가장 까만 피부를 갖고 있었다. 피부가 햇빛에 반질거렸다.

"얘, 이리 와봐."

내가 아이를 불렀다.

"네 살결 좀 만져보자!"

나는 아이들 사진도 찍고 식구들도 찍어주려고 사진기를 가져왔다. 아이들은 나를 바라보면서 춤을 추고 웃음을 지었다. 아름다운 검은 피부에 감싸인 멋진 흰 이를 드러내며 사진기를 향해 포즈를 취했다. 아이들 모두 가죽으로 만든 부적을 목에 걸었다. 알라 신은 어디에나 있었다.

가족들 사진을 찍는 것은 뜻밖에 힘들었다. 오빠는 내가 사진기를 들고 집으로 돌아오는 것을 보자 식구들에게 소리치기 시작했다.

"옷을 제대로 입을 때까지 와리스가 사진을 못 찍게 해. 그런 꼴을 하고 사진을 찍으면 안 돼. 와리스는 사진을 잡지사에 팔아먹을 거야!"

오빠는 내가 사진을 제대로 못 찍게 하려고 사진기에 대고 혀를 내밀고 손을 흔들었다. 부르하안은 일어나 집으로 들어가더니 나오려고 하지 않았다. 그 애는 철창 사이로 창밖을 내다보다가 사진을 찍으려고 사진기만 들면 꽁무니를 뺐다.

내가 식구들에게 소리쳤다.

"말도 안 돼. 가족들 사진을 패션잡지에 팔다니! 그러지 마, 그냥 내가 가지려고 스냅사진을 몇 장 찍으려는 거야. 친구들한테 보여주고 싶어서 그래. 어서 이리로 나와."

나는 남자들을 포기하고 엄마한테 갔다.

"엄마, 사진 찍어. 엄마 사진을 찍어서 가져가고 싶어."

오빠가 말했다.

"안 돼, 안 돼. 와리스는 그 사진을 잡지 표지사진으로 팔 거야. 진짜라니까!"

모두들 오빠 말이 진짜인 줄 알았다. 오빠는 초라하고 지저분해 보이지 않게 제일 좋은 옷으로 갈아입으라고 말했다.

"만약 모두 지저분하게 하고 있는데 와리스가 사진을 찍으려고 하면 때려줘! 사진기를 부숴버려."

나는 고약하게 구는 오빠 앞에 막아서서 소리쳤다.

"오빠! 일부러 그러는 거지. 제발 그러지 좀 마."

"아니, 계속할 거야."

오빠는 장난을 즐겼다. 나를 가리키며 자기가 잘 안다는 듯 되풀이했다.

"와리스는 패션잡지사로 갈 거야."

마침내 내가 말했다.

"모두 난민들 같아 보이는데 내셔널 지오그래픽에나 팔아야지! 진짜야."

현상소에 맡기려는 사진을 갖고 식구들이 이렇게 힘들게 하다니 믿을 수 없는 일이었다.

"호요, 엄마. 제발 사진 좀 찍어."

내가 사정했다.

"엄마 바빠."

엄마는 잠시도 쉬지 않았다. 다른 식구들이 일어나지도 않은 이른 아침부터 밤늦게까지 항상 뭔가를 하고 있었다.

"호요, 제발 좀 앉아. 우리 아들한테 할머니 사진을 보여주고 싶어. 그 애가 할머니와 다른 식구들을 알아야 하잖아."

"그래, 그러면 찍어라."

엄마는 장작개비처럼 뻣뻣하게 서서 무뚝뚝하게 말했다.

라시드가 사진을 찍는 내 앞을 막아서며 말했다.

"엄마, 사진 찍기 전에 다른 옷으로 갈아입어."

"오늘 아침에 입은 옷이야."

라시드가 엄마의 너덜너덜한 갈색 옷을 잡아채며 말했다.

"가서 내가 사준 옷으로 입어. 이런 낡은 옷을 입고 사진을 찍으려고?"

엄마는 귀찮다는 듯 중얼거렸지만, 집 안으로 들어가 낡은 갈색 옷 위에 다른 옷을 겹쳐 입고 나왔다. 진보라 줄무늬와 노란 꽃무늬가 있는 옷이었다. 몸이 너무 말라서 옷을 있는 대로 껴입은 것처럼 보이지는 않았다. 엄마는 갑자기 마음에 걸렸는지 머리에 찰무트를 쓰고 사진을 찍었다. 오빠는 세발의자에 앉아, 늘 그러듯 식구들에게 모두 모이라고 명령했다. 오빠가 엄마에게 사진을 찍을 때는 혀를 내미는 거라고 하자, 엄마는 물론 그렇게 했다.

"부르하안, 아버지 사진을 찍을 수 있게 도와줘."

내가 사정하자, 부르하안과 오빠가 아버지를 모시러 갔다. 두 사람이 아버지를 양쪽에서 부축하고 넘어지지 않도록 조심조심 밝은 곳으로 모시고 왔다.

"네, 멋진 디리 가족이군요."

내가 비디오카메라를 작동시키며 말했다. 이제 보니 아버지가 오빠보다 키가 작았다. 아버지는 내가 사진을 찍고 있다는 것을 알아차리자 부축하고 있던 아들들을 뿌리치고 혼자 똑바로, 위엄 있게 섰다. 한쪽 눈에는 붕대를 감고 한쪽 눈은 보이지도 않았지만, 다른 사람한테 기대서서 사진을 찍을 생각은 조금도 없었다. 아무것도 아버지에게서 강인한 정신력을 앗아가지 못했다.

누르는 임신 8개월의 몸으로 매일 읍내까지 걸어가 깨끗한 음료수를 받아왔다. 물을 공급하는 유일한 곳인 급수탑에서 10실링을 내면 물을 한 통 받을 수 있었다. 누르는 물통 두 개를 채워 양손에 하나씩 들고서 혼자 물 25리터를 날랐다. 올케가 물통 두 개를 들고 언덕을 넘어오는 것이 보였다. 조금 걷다가 멈추어 서서 숨을 내쉬는 모습. 나는 누르가 보이자마자 들어주려고 달려갔다. 그동안 남자들은 수다를 떨거나 정치 논쟁을 벌이고 앉아 있었다.

내가 누르에게 말했다.

"먹고 놀기만 하는 네 남편은 어디 있어? 아무것도 하지 않잖아. 왜 그렇게 하게 내버려둬?"

물을 길어오고 나면, 누르는 그날 먹을 것을 사러 폭염 속을 걸어서 마을 시장까지 갔다. 아이스크림콘처럼 신문지로 말아서 포장한 쌀을 샀고, 구할 수 있으면 염소고기도 샀다. 향신료는 병째 사지 않고 그날 요리에 들어갈 양만큼 종이에 네모지게 싼 것을 샀다. 올케는 또 땔감을 모아서 불을 피웠다. 고기를 썰어서 지방과 나쁜 부분을 제기한 뒤, 기름 조금과 양파 힌두 개와 토미토 몇 개를 넣고 쌀괴 고기를 요리했다. 불을 살리느라 계속 부채질을 하면서. 요리가 끝나면, 둥근 양철 쟁반 한가운데 밥을 퍼 담고 그 위를 오목하게 해서 염소고기와 향료를 넣은 소스를 얹었다. 올케는 남자들에게 *수박 기*를 넣은 차를 곁들여 밥을 차려주고, 남자들이 먹는 동안 자신은 설거지를 했다. 남자들이 다 먹고 나면 남은 것을 음식 만드는 곳으로 가져와 그제야 아이들과 함께 먹었다.

누르의 친정어머니는 사막에 있는 움막에서 지냈는데, 내가 온 첫날 걸어서 마을까지 왔다. 그리고 그날 이후 매일 들렀다. 누르 어머니는 빼어나게 아름다운 분이었다. 눈이 초록색이었고 키가 나보다도 컸다. 눈과 코의 간격이 고른 데다 얼굴은 완벽한 달걀형이었다. 하지만 빛바랜 누더기 옷을 걸쳤고 볼 때마다 그 옷만 입었다. 옷이라고 가진 것이 그것뿐이었던 것이다. 소말리아 사람이 대부분 그렇듯 누르 어머니도 자부심이 강한 분이었고 절대로 먼저 뭘 달라는 법이 없었다. 누르 어머니가 오면 우리는 아무것도 묻지 않고 함께 밥을 먹었다. 소말리아에서는 늘 그렇게 한다.

나는 나이 든 어머니가 딸을 보러 거기까지 오는 걸 그냥 보고 있을 수가 없어, 다음날 올케에게 말했다.

"누르, 오늘은 내가 요리를 할게. 올케는 어머니를 뵈러 가."

누르는 반짝 미소를 지어 보이더니 물을 길어오겠다고 했다. 그리고 푸른 *찰무트*를 머리에 두르고 물통 두 개를 들었다. 나는 장작불에 장작을 한아름 더 얹어서 불을 더 세게 지피고, 제일 큰 냄비를 찾아 불 위에 얹었다. 냄비가 기우뚱해서 냄비를 힘껏 눌러 장작 사이에 잘 앉혔다. 냄비에 쌀과 콩을 가득 넣고 물을 부었다.

그런데 장작이 비에 젖어 있어서 불에서 연기가 나기 시작했다. 젖지 않게 보관할 곳이 없어 마른 장작이 하나도 없었다. 불길을 되살리려고 부채질을 했지만 연기만 계속 올라왔다. 기침이 나고 눈으로 연기가 들어오고 바람의 방향이 바뀔 때마다 불길에 데었다. 뭔가가 잘못된 것이다. 하지만 나는 20년이나 장작불에 요리를 해보지 않았다. 아니, 실은 전혀 해본 적이 없었다. 소말리아를 떠나기 전에도 요리는 별로 하지 않았으니까. 뉴욕이나 런던에서는 야외에서 불을 피워 음식을 하지 않는다. 부르하안을 불렀다.

"얘, 이리 와서 이것 좀 봐줘."

부르하안이 나보다는 불 피우는 것을 많이 봤을 것이다.

"그건 여자들 일이야."

부르하안이 그늘에 깔린 돗자리에 앉아서 말했다.

"부르하안, 이리 와서 도와줘야 해."

"누르한테 도와달라고 해. 요리는 여자들 일이야."

부르하안은 내가 고생하는 것을 보기만 하면서 '여자들 일'이니까 도와주기 싫다고 했다. 그 애는 하는 일 없이 앉아서 여전히 꼼짝도 하지 않았다. 신발을 벗어서 때려주고 싶었다.

내가 말했다.

"오빠, 오빠까지 바보같이 굴진 않겠지? 일어나서 불을 봐주지 않으면 우린 굶게 돼."

오빠가 말했다.

"내가 알 바 아니야. 남자들은 남자들 일이 있어."

"남자들 일이란 게 예를 들면 뭐야?" 내가 일어서서 말했다. "누구든 지금 이 일을 해결해야 해. 그런데 자꾸 따지기만 하고 네 일이니까 나는 모른다, 나는 저 일만 한다, 그럴 거야?"

나는 두 남자를 향해 나뭇가지를 던졌다. 오빠가 웃으면서 내게 도로 던졌다. 내가 말했다.

"나 참, 요리해줄 여자가 없으면 거기 앉아서 굶어 죽을래?"

부르하안이 웃으며 말했다.

"아니, 애들한테 시키지."

마침내 누르가 물을 들고 느릿느릿 걸어왔다. 임신해서 부른 배를 하고서. 누르는 물을 내려놓은 뒤, 무거운 냄비를 불에서 내려놓고 장작을 뒤적거려 다르게 배치했다. 양 옆으로 좀더 큰 장작개비를 놓고 그 위에 냄비를 균형을 맞추어 얹었다. 그리고 불 앞에 쪼그리고 앉아 불길을 되살리기 위해 부채질을 했다.

"이 나라를 망치는 것 가운데 하나는 캇이야."

내가 동생들에게 말하자 라시드가 대답했다.

"우리는 캇 가진 게 하나도 없는데 뭘."

"구할 수만 있으면 씹을 거지?"

나는 라시드가 그 넌더리나는 버릇을 들이기 시작한 게 못마땅해서 말했다.

"남자들이 아무 일에도 의욕이 없어. 머리를 쓰지도 않고 앉아서 그 어처구니없는 풀을 씹으며 인생을 허비하고 있어."

밥을 먹고 나서 엄마한테 건너갔다. 비가 오고 있어 엄마와 숙모가 오두막 안에서 얘기를 했다. 숙모가 아기를 안고 있다가 화장실에 간다고 일어서기에 내게 아기를 맡기라고 했다.

"제가 안고 있을게요."

아기가 나와 닮은 것을 보니 우리가 한 핏줄임을 알 수 있었다.

내가 안아주면 울지 않을 것 같았다. 아기는 얘기하는 동안 내 눈을 똑바로 쳐다보았다.

엄마가 아기한테 주려고 컵에 남겨둔 염소젖을 가지러 갔다. 소말리아에는 아기 젖병이 따로 없다. 그냥 아기의 양 볼을 살짝 누르고 컵을 가져가 아기가 컵 가장자리로 핥아 먹을 수 있도록 잘 대주면 된다. 조카는 입이 정말 작고 예뻤다. 내가 먹일 수 있어서 기뻤는데, 엄마가 나지막이 중얼거리는 소리를 듣고 말았다.

엄마는 염소젖을 가져오면서 혼잣말을 했다.

"원 세상에, 아기를 와리스한테 맡기다니. 얘가 아기에게 뭘 먹인다고? 자기가 뭘 하는지 알기나 할까?"

다른 사람에게 한 말이 아니라 큰소리로 하는 혼잣말이었다.

내가 엄마를 쳐다보며 말했다.

"엄마, 엄마는 날 어떻게 생각하는 거야? 내가 그렇게 형편없어? 나도 애 키우는 엄마라는 것 잊었어?"

"*히이예.*"

엄마는 수긍했다.

"게다가 나이가 서른이 넘었어."

"*히이예.*"

"여기서 엄마한테 배우면서 컸고."

엄마가 나를 보며 말했다.

"그럼, 그렇지."

하지만 그 대답에서는 나에 대한 신뢰가 담겨 있지 않았다.

내가 말했다.

"이리 와서 앉아봐. 나 엄마 말이 서운해."

엄마가 내게 컵을 건네주었다. 나는 아기를 꼭 안고 머리를 받친 뒤 손가락을 벌려 아기 입가를 살짝 눌렀다. 아기는 귀한 염소젖을 한 방울도 흘리지 않고 모두 마셨다.

엄마가 말했다.

"아니, 얘, 그런 뜻으로 한 말은 아니야. 넌 아주 다르게 살았으니까 아기를 어떻게 다루는지 잊어버렸을 거라고 생각했지."

나는 대꾸하기 전에 왜 엄마가 그런 말을 했을까 먼저 생각해보았다. 엄마는 내가 배운 것들을, 엄마가 가르쳐준 것들을 다 잊어버렸을 거라고 생각하는 모양이었다. 아마도 그렇게 생각하는 것이리라.

내가 말했다.

"엄마, 나도 아이를 키워. 그 애한테 먹일 땐 엄마가 가르쳐준 대로 해. 아이한테 뭘 먹일 땐 어떻게 하는지 엄마가 가르쳐줬잖아. 그런 건 안 잊어버려. 엄마가 나한테 가르쳐준 거니까. 내가 아이를 제대로 키울 줄 모른다고 생각하진 말아줘."

"미안하다, 와리스."

엄마는 눈길을 피하며 말했지만, 나를 대견해하는 눈치였다. 약간의 말다툼이 있기는 했어도 이제는 알았을 것이다. 나는 엄마가 살아온 방식과 엄마에게서 배운 것들을 존중해왔다. 다른 곳에 산다고 해서 중요한 것들을 잊어버리지는 않았다.

나는 이런 곳에서 자랐기 때문에 아주 독립적인 사람이 되었다. 사람들이 보통 잘 못하는 것을 많이 할 줄 안다. 예를 들면 머리 깎는 법 같은 것. 나는 우리 아이 머리를 깎아준 적이 있었다. 읍내에 이발사가 없어서 라시드는 머리가 너무 길었다고 투덜댔다.

"아버지가 나더러 왜 계속 여기서 꾸물대느냐고 하셔. 가축을 돌보러 가야 해. 이발사가 나타날 때까지 빈둥거리고 있을 수는 없어."

그런데 내가 가위를 들자 모두들 소리쳤다.

"아, 안 돼, 안 돼!"

내가 물었다.

"왜들 그래?"

"네가 하면 안 된다니까."

"머리 깎을 줄 알아. 믿어봐."

"안 돼, 와리스. 중요한 건 그게 아냐."

아버지가 단호하게 말하며 허공에 대고 손가락을 저었다.

"그럼 뭐가 문제예요?"

"여자가 남자 머리를 깎아선 안 된다."

"무슨 말씀이세요?"

나는 모두에게 몹시 화가 나서 되풀이했다.

"머리를 누가 깎든 무슨 관계가 있어요? 낙타들이 뭐라고 한대요?"

모두들 소리쳤다.

"그러면 웃음거리가 될 거야."

"누가 웃는다고 그래? 아버지가요? 아버지는 그래요?"

"당연하지, 라시드는 웃음거리가 될 거다."

아버지가 고집을 부렸다.

나도 받아들일 수가 없어 계속 고집했다.

사막의 삶 245

"난 머리를 깎을 줄 알아요. 그럴 만한 기술이나 능력도 있어요. 왜 안 되죠?"

아버지가 말했다.

"문제는 그게 아니야, 와리스. 그냥 여기 방식이 그런 거야."

"아빠, 제 지적 능력을 모욕하지 말아주세요. 제가 여기 체제나 문화를 몰라서 이러는 게 아니잖아요."

우리는 늘 이런 식의 충돌을 일으켰다. 내가 남자들에게 물었다.

"그래서 언제쯤 변할 거야? 이건 여성 할례와 같은 문제야. 여자들은 변할 준비가 돼 있어."

구름이 태양을 뒤덮은 것처럼 방 안에 침묵이 드리웠다. 어차피 여성 할례에 대해서는 말하려 하지 않을 것이다. 더구나 남녀가 함께 있는 자리에서는. 내가 주제를 바꾸었다.

"아까 내가 식구들 사진을 찍었지. 그런데 여기선 사진을 찍으면 영혼을 도둑맞는다고 믿는 사람들이 많아."

"무식한 사람들이나 아직 그렇게 생각하지."

부르하안이 말했다.

"그 문제하고 여자가 남자 머리를 깎는 것하고 달라? 왜 다르지?"

나는 설득하려고 애쓰고 또 애썼지만 진전이 없었다. 식구들에게 내가 하고 싶은 말을 다 해보았지만, 여태껏 해오던 방식을 바꾸려 하지 않았다. 그렇다고 화를 낼 수는 없었다. 실은 엄마, 아버지, 오빠, 동생들, 그리고 오랫동안 못 본 사람들과 함께 움막 앞에 앉아 있는 것이 너무 즐거웠다. 내가 말했다.

"이건 내가 30년 동안 꿈꾸어온 일이야. 적어도 내가 서른 살은 됐겠지, 모르긴 해도."

아버지가 고개를 쳐들고 말했다.

"넌 마흔 가까이 됐을 거다."

오빠와 내가 갑자기 웃기 시작했다. 엄마가 말했다.

"아니, 아니야. 부르하안이 27살쯤 됐는데 그 애가 와리스보다 두 살 정도 아래일걸."

엄마는 말을 길게 끌었다. 아버지뿐 아니라 엄마도 우리가 몇 살인지 정확히 몰랐기 때문이다.

부모님이 날짜에 신경 쓰지 않는다고 해서 서운할 것은 없었다. 아름다운 아프리카의 밤, 별빛 아래 앉아 있었으니까. 예전에 하늘에 별이 얼마나 많았는지는 기억나지 않았다. 어쩌면 떠나 있던 긴 세월 동안 아기별들이 새로 태어났으리라. 날이 너무 맑아서 손을 뻗으면 하늘에서 젖을 짤 수도 있을 것 같았다. 사람들 말이 맞았다. 이런 곳은 없다. 집만 한 곳은 없다. 아아, 이런 기분을 얼마나 그리워했던지. 나보다 훨씬 더 커다란 어떤 것에 속해 있다는 느낌이었다. 나는 그렇게 오랫동안 집에 오지 않은 것을 후회했다. 핏줄을 나눈 식구들이 자라고 늙어가는 것을 보지 못하고, 그들이 나를 필요로 할 때 곁에 있지 못한 것을.

아버지가 말했다.

"네 걱정은 말이라, 와리스. 니이를 먹이서 그런 기니께. 아비지는 아직 강하다. 내일이면 참한 여자를 하나 더 얻어서 염소 칠 아이들 두셋은 더 낳을 거야."

아버지가 아직 농담을 할 수 있는 것이 기뻤다. 내가 얼마나 아버지를 그리워했는지, 얼마나 아버지를 걱정했는지 스스로 깨달았다. 한 가지에 대해서는 아버지에게 화난 척했지만.

"아버지 탓이에요. 아버지가 절 달아나게 만들었어요."

하지만 나는 내 인생에서 하나도, 단 한 가지도 바꾸고 싶지 않았다. 전에도 그랬고 앞으로도 그럴 것이다. 시간을 되돌릴 수 있다면 좋겠지만 내 마음속에 후회는 없다. 우리는 더듬거리며 인생을 살아간다. 비록 내게 바위투성이 길에서 발을 감싸줄 신발 한 켤레 없었지만, 지나온 길을 후회하지는 않는다. 힘든 일도 있었고 근사한 일도 있었다. 그 모두가 소중한 경험이며, 모든 일에는 때와 장소가 있다. 나는 전부터 아버지, 엄마, 형제자매가 한곳에 모이기를 꿈꾸었다. 그런 적이 없었기 때문이다. 그런데 이 황홀한 일주일을 가족과 함께 보냈다. 내가 일생 동안 바라온 꿈 그대로. 나는 꿈을 이루도록 해주신 알라 신께 감사했다.

소말리아 학교

딸이 생겼다면 골칫덩이가 생긴 것이다.

―소말리아 격언

엄마가 사는 마을은 모가디슈를 떠나온 사람들로 가득했다. 빗나간 총알들, 서로 도시를 차지하려는 끊임없는 시가전을 피해 안전하게 살 곳을 찾아서 탈출한 사람들이었다. 마을은 군대개미의 종대처럼 불어났다. 물도 충분하지 않았고 전기도, 의사도, 약국도 없었고, 제일 가까운 병원이래야 150킬로미터나 떨어져 있었다. 라게에게 아이들 교육은 어떻게 하느냐고 물었다.

"내가 가르쳐."

나는 궁금해서 다시 물었다.

"어디서? 이 작은 마을에 학교가 있는 줄 몰랐어."

"한번 같이 가. 보여줄게."

작년에 라게와 부족 사람 하나가 학교를 세우기로 결심했다. 유니세프에서 학교 건물을 지을 만한 돈을 지원받아 양철지붕에 흙바닥으로 된 네모진 집을 하나 지었다. 두 사람은 마을 어린이들을 위해 학교를 열었다. 삼촌이 한때 모가디슈에서 사업을 했기 때문에 라게는 그곳에서 교육받아 소말리아어, 아라비아어, 이탈리아어, 영어를 읽을 줄 알았다. 별다른 직업이 없었던 터라, 적어도 아이들은 가르칠 수 있겠지, 생각했다고 한다. 라게는 영어를 썩 잘해서 나는 그 애와 즐겨 대화를 나누었다.

라게가 말했다.

"내일 아침 출근하는 길에 데리러 갈게. 준비하고 있어."

"알았어. 그럴게."

나는 내가 할 수 있는 어떤 방식으로든 꼭 라게와 학교를 돕고 싶었다.

다음날 아침 라게가 와서 집 안에 있는 나를 불렀다. 염소들이 아직 긴 그림자를 떨구고 있을 때였다.

"준비됐어?"

"물론이지."

나는 라게와 함께 가려고 밖으로 나왔다. 날마다 햇빛이 하도 눈부시게 비쳐서 나는 일찍, 아주 일찍 일어났다. 여섯 시쯤 벌써 아침 먹고 옷을 입고 나갈 준비를 마쳤다. 아무도 몇 시인지 알지 못했고 신경 쓰지도 않았다. 해가 잠을 깨워 우리를 움직이게 했고, 밤이면 어둠이 잠들게 해주었다.

내가 머리를 숙여 작은 오두막에서 나오니 엄마가 앉아서 이 닦는 막대로 이를 닦고 있었다. 엄마가 막대를 입에서 꺼내며 말했다.

"애가 어딜 가는 거야?"

엄마는 내 옷이 낡은 걸레라도 되는 것처럼 옷자락을 낚아챘다.

"왜 그래? 엄마, 내 옷이 뭐 잘못됐어?"

나는 집에서 입던 옷을 입고 있었다. 소말리아 옷인 *디라*를 입고 속에는 흰 페티코트를 입었다. 머리에는 암스테르담에서 올케 두라에게 빌린 스카프를 둘렀다. 엄마는 계속 손을 저었고, 나는 엄마 손에서 내 옷자락을 빼며 말했다.

"누구한테 옷을 보여주려고 가는 게 아냐. 그냥 학교에 다녀오려는 거지."

엄마는 내가 미니스커트라도 입은 것처럼 눈을 흘기고 두 손을 들어 손바닥을 저었다.

"네가 어디서 살다 왔는지는 몰라도, 그렇게 하고 외출하는 건 아니다. 설마 그러고 나가서 엄마를 부끄럽게 만들려는 건 아니겠지."

내가 입은 옷이 어디가 부끄럽다는 걸까? 나는 우는소리를 했다.

"엄마, 봐, 다 가렸잖아."

나는 머리에 스카프를 두르고 머리부터 발끝까지 제대로 가린 것을 보여주려고 빙글 돌았다.

엄마가 말했다.

"다시 들어가서 제대로 입고 학교에 가거라."

"왜 그러는데? 내가 입은 게 뭐가 잘못됐는지 말을 해줘."

누르와 엄마는 소리소리 지르면서 내가 선지자 모하메드에게 죄라도 지은 것처럼 굴었다. 옷 색깔이 천박하고 스카프가 옷과 어울리지 않으니까 좀 잘 입으라는 거였다. 여왕이나 대통령이라도 만나러 가는 것처럼 말이다. 나는 두 사람이 그렇게 야단스럽게 구는 것을 이해할 수 없었다.

"날 놀리는 거지? 옷 입는 거라면 나도 일가견이 있어. 구찌 알아? 아르마니 들어봤어? 그런 옷 한 벌이면 이 마을 전체가 일주일 동안 먹고살 수 있어."

"옷을 왜 먹어요?"

나는 두 사람을 이해시킬 수 없다는 것을 깨달았다. 나는 전 세계의 수많은 사람들 앞에서 연설을 했고 TV에도 나왔다. 옷을 어떻게 입는지 알다뿐인가! 그런데도 우리 가족은 나를 멍청하고 아무것도 모르는 아이 취급을 한다. 반항은 있을 수 없었다. 슬리퍼 두 켤레를 다같이 돌려가며 신고, 냅킨이라는 건 써본 적이 없고, 엘리베이터를 타본 적도 없는 사람들 말을 따라야 했다. 라게는 먼 산 보며 서 있기만 했다. 그 애는 자기 생각이 어떻든 간에 끼어들지 않을 것이다.

엄마가 고집을 부렸다.

"안 돼, 갈아입어야지."

엄마는 내 손을 잡고 나를 달래서 오두막으로 도로 데리고 들어갔다. 소말리아에서는 영양실조에 걸린 여자라도 가능하면 제일 좋은 옷을 입고 화사하게 치장하려고 한다. 어떤 옷을 입고 어떻게 보일까에 온 정신을 쏟는다. 나는 사람들이 깨끗한 물을 마시고 제대로 된 의료 혜택을 받고 좋은 학교에 다니는 일에 관심이 있을 뿐이었다. 내 옷이 뭐 그리 중요하겠는가? 하지만 엄마가 한번 마음먹은 이상, 엄마 말을 들어야 했다. 나는 면으로 된 시원한 *디라*를 벗고 내가 가진 제일 좋은 디라와 수놓은 페티코트와 거기에 어울리는 매끌매끌한 실크 스카프를 걸쳐야 했다. 엄마가 말했다.

"그래, 그것과 저걸 입어. 집안이 변변치 않은 사람들이나 아까 그런 옷을 입는 거야."

벌써 해가 머리 위에까지 올라와 덥고 땀이 나기 시작했다. 나 때문에 라게가 학교에 늦을까 봐 걱정이 되어서, 나는 입은 옷을 모두 벗어던지고 내 여행가방을 뒤져 좋은 옷을 찾았다. 그리고 오두막의 흙바닥에 닿지 않게 하느라 조심하면서 옷을 다시 입었다. 집 안에서는 몸을 곧게 펴고 서기도 힘들었고, 양철지붕을 통해 들어오는 햇볕은 실내를 오븐으로 만들었다.

엄마는 내가 실크 스카프를 두를 때까지 만족하지 않았다. 스카프는 아무리 잘 두르려고 해도 머리에 붙어 있지 않아서, 나는 스카프가 흘러내려 진흙바닥에 떨어지지 않도록 목에 단단히 감았다. 그리고 밖에 나갔더니 두 사람은 또다시 소리를 질렀다.

"저런, 그 옷은 속이 비쳐요."

"애가 제정신이야? 속에 뭘 입어야겠다. 티셔츠 있니?"

나는 단호한 태도로 말했다.

"싫어, 너무 더워서 안 입을래. 아직 이른 아침인데 벌써 땀이 나는걸."

오빠와 동생들이 어디신가 나타났다. 키 큰 세 남자가 팔쌍을 끼고서 모퉁이를 돌아 왔다. 이들은 필요할 때는 절대로 보이지 않다가, 사방에서 덮치려는 하이에나 떼처럼 갑자기 여기저기서 나타난다.

"야, 와리스, 뭐야!"

오빠는 자기가 모든 사람의 우두머리인 것처럼 아주 거드름을 피웠다.

"아니, 안 돼. 그렇게 입고 갈 수는 없어."

오빠가 고개를 저으며 말했다. 모두가 또다시 나를 나무랐다. 나는 모든 걸 포기하고 집을 빠져나가기 위해 입으라는 대로 입었다.

학교를 향해 마을길을 걸으면서 라게는 웃음을 그치지 않았다. 내가 그만 웃지 않으면 그 빌어먹을 학교에도 가지 않겠다고 하자, 폭소를 터뜨리며 더 심하게 웃었다. 내가 가장 좋은 옷으로 차려입고 공식적으로 방문한 곳은 벽돌로 지은 방 한 칸이었다. 구멍 두 개가 창문 구실을 하고 허술한 나무문, 흙바닥, 납작한 양철지붕으로 된 방. 내 모습이 어이없었다.

나이가 제각각인 아이들이 백 명쯤 되는 것 같았다. 아이들은 서로 쫓고 쫓기며 사방을 뛰어다녔다. 라게와, 자신을 교장이라고 소개한 알리라는 친구가 학교를 관리하고 있었다. 라게가 손뼉을 치며 아이들에게 소리쳤다.

"줄을 서야지. 수업하러 들어갈 시간이다."

수업은 시계가 알려주는 정해진 시각에 시작하는 것이 아니라 선생님이 오는 대로 시작했다. 아이들은 곧바로 줄을 서기 시작해 안으로 들어갔다. 여자아이들은 선명한 파란색, 노란색 옷에 빨간 스카프를 둘러 꽃처럼 보였다. 입은 옷들은 대부분 무늬가 같은 천으로 지은 것이었다. 아마도 마을에 들어온 유일한 천이었을 것이다. 얼굴이 공처럼 둥글고 귀가 양 옆으로 튀어나온 여자아이가 지나가며 나를 부러운 눈으로 수줍게 바라보면서 커다란 미소를 지었다. 그 아이는 어릴 적 나를 생각나게 했다. 내 눈을 똑바로 쳐다볼 만큼 대담했기 때문이다. 그 점 때문에 그 아이가 마음에 들었다. 누군가가 나를 대단한 사람으로 여긴다는 것이 신기했다. 남자아이들은 대부분 옛날 교복 비슷한 옷을 입었다. 칼라와 소맷단에 파란 테를 두른 흰 셔츠. 몇몇 아이들은 깡마른 몸에 너무 큰 바지를 입어서 바지가 땅바닥에 질질 끌렸다. 내가 치맛자락에 걸려 넘어졌듯이 그 애들이 바지에 걸려 넘어지지 않는 게 이상했다.

교실은 학생 수가 너무 많아 벌집처럼 북적거렸다. 나는 아이들이 모두 자리를 잡으면 들어가 인사해야지, 생각하며 문 앞에 서서, 아이들이 모두 맨 바닥에 앉는 것을 지켜보았다. 교실에는 의자나 책상은 고사하고 책 한 권도 없었다. 아이들은 흙 위에 앉았다. 얇은 보자기를 가진 아이도 몇 명 있었지만 대부분은 다져진 흙바닥에 그냥 앉았다. 반짝이는 눈들이 올려다보았다. 아이들은 배우기를 간절히 바라고 있었지만 도움을 줄 도구가 전혀 없었다.

나는 내 사촌동생이 아이들을 가르치려고 애쓰는 모습이 자랑스러웠다. 왜 아버지나 오빠가 라게를 신뢰하지 않는지 이해할 수 없었다. 하루 종일 앉아서 이러니저러니 불평을 늘어놓으며 빈둥거리는 대신, 그 애는 뭔가를 해보려고, 바꾸어보려고 애쓰고 있었다.

라게는 써놓은 단어를 커다란 지휘봉으로 가리키며 학생들에게 얘기했다. 제대로 된 칠판이 없어 나무판자에 검은 페인트칠을 해서 썼다. 귀여운 어린애들이 라게가 하는 말 한마디 한마디에 모두 귀를 기울이고 있었다. 아이들은 내가 사진을 찍는데도 신경 쓰지 않았다.

그렇게들 배우기에 열심이었다. 새끼염소처럼, 배고픈 사자처럼 선생님을 바라보고 있었다. 어떤 남자아이들은 열중해서 연필을 물어뜯었다. 하지만 아이들 대부분은 아무것도 갖고 있지 않았다! 연필과 종이를 가진 아이는 대단한 부자였다. 그런 모습을 보고 있어도, 학교에 가지 못하고 거리를 떠돌아다닐 동네 아이들을 생각해도 마음이 아팠다. 나는 항상 학교에 가고 싶었고, 제대로 읽고 쓰는 법을 배우기를 바랐지만 한 번도 그럴 기회가 없었다. 나는 평생 살기 위해서 일을 했다. 교실에 앉아서 선생님 말씀을 들을 기회는 없었다. 내가 아는 모든 것은 스스로 터득한 것이었다. 거기 서서 나는 더운 것도, 불편한 것도 잊었다. 학교는 내게 매혹적인 곳이었다.

라게가 나에게 학생들한테 인사를 하겠느냐고 물었다.

"만나서 반가워. 이렇게 학교에 다녀서 좋지? 선생님에게 배울 수 있으니까 너희들은 운이 좋은 거야."

아이들이 모두 내가 사는 곳에 대해 알고 싶어해서 나는 아이들에게 뉴욕 얘기를 해주었다.

"건물들이 너무 높아서 꼭대기가 보이지도 않아. 길은 차들로 가득하고 모두 시멘트로 덮여 있어서 풀이라곤 하나도 없단다."

아이들이 손을 들었고 한 남자아이가 물었다.

"그럼 염소는 뭘 먹어요?"

"뉴욕에는 염소가 없어."

"그럼 염소젖은 어디서 나요?"

아이들이 모두 궁금해했다.

내가 뉴욕에 가서 살고 싶은 사람이 있냐고 물었더니 슬프게도 거의 모두가 손을 들었다. 아이들은 소말리아를 몹시 떠나고 싶어했다. 서양에 대해 아무것도 모르면서도 그곳에 가기를 원했다. 막연히 소말리아보다 그곳이 나을 거라 짐작하는 것이다.

교장인 알리에게 누가 건물을 지었느냐고 물었다. 알리 말이 유니세프에서 마을 원로들에게 벽돌과 양철판을 살 돈을 주었다고 한다. 아버지들이 힘을 모아 아이들에게 학교를 지어주었다. 알리는 건물 정면에 붙어 있는 유니세프 후원이라는 표지를 보여주었다. 건물은 이미 만원이었고 아침마다 점점 더 많은 아이들이 줄을 섰다. 선생님들 보수는 어떻게 받는지 물었더니 다행히 한 달에 30달러를 받게 되어 있지만 오랫동안 받지 못했다고 했다.

알리가 말했다.

"가끔 누군가가 돈을 가져오기는 하지만, 소말리아에 아직 교육부가 있는 건지, 아니면 유니세프나 다른 데서 돈이 오는 건지 모르겠어요."

"보수를 못 받고 어떻게 버텨요?"

"모두들 서로 돕고 살지요. 어느 집에 가더라도 그 집에 먹을 게 있으면 달라고 하지 않아도 줘요. 가진 건 뭐든지 나누죠. 먹을 것 걱정은 안 해요. 하지만 급료가 없으면 미래를 계획할 수가 없어요. 집을 가질 수도 없고, 결혼해서 아이를 낳을 수도 없죠. 우리를 도울 방법을 좀 알아봐주세요."

알리가 나에게 부탁했다.

"교사 월급도 못 받고 있지만, 책이나 다른 필요한 물건도 없어요. 뭐든 도움이 될 겁니다."

학교를 나오는데 수탉 한 마리가 학교 마당을 점잔빼며 걸어다니고 있었다. 자기가 주인인 것처럼 울어대고 으스대며 흙 속에서 씨앗을 찾아 땅을 쪼았다. 아무도 자기를 신경 쓰지 않는데 말이다. 나는 우리나라가 그런 처지인 것 같았다. 서양 사람들은 내 불쌍한 조국에 대해 신경도 쓰지 않는다.

누르가 전부터 계속 말했다.

"여기 오신 걸 기념해서 헤나 문신을 해야죠. 집에 왔으니 꼭 헤나를 해야 해요."

기대가 되었다. 헤나 문신은 붉은 갈색인 헤나 염료로 손발, 팔다리에 무늬를 그려 넣어 여성의 아름다움을 기리는 오랜 전통이다. 헤나는 기쁨을 상징하며, 결혼하는 날 밤에 하거나 아기가 태어났을 때 환영하는 뜻으로 한다. 어떤 여자가 심하게 앓다가 신의 가호로 나았다면 그 여자가 살아난 것을 기념하기 위해 헤나를 한다. 기념식에 참석하러 갈 때도 헤나 문신을 할 수 있다.

"올케가 해줄래?"

내가 부탁했지만 누르는 거절했다. 누르는 자기 사촌이나 어떤 동네사람 둘을 기다렸다가 무늬를 그리게 하자고 했다. 하지만 그 사람들이 언제 올지, 또는 올지 안 올지도 알 수 없었다.

내가 말했다.

"그 사람들 기다리지 말고 올케가 해줘."

나는 누르도 누구 못지않게 헤나 무늬를 잘 그릴 수 있을 거라고 생각했다. 평생 그 마을에 살았으니까. 헤나 문신은 열흘 정도밖에 가지 않기 때문에 색이 진하고 깊을수록 더 좋다. 어느 날 오후 누르와 나는 시장에서 헤나를 사가지고 왔다. 누르는 가루를 미지근한 물에 풀고 기름을 조금 섞어서 개어 끈적끈적한 반죽을 만들었다. 10분 정도 가라앉히면 준비가 다 된 것이다. 누르가 막대를 들어 내 정강이에서 발까지 무늬를 그리기 시작했다. 그런데 그리다 보니 염료가 흘러내려 무늬가 하나로 두껍게 합쳐져 버렸다. 내가 말했다.

"왜 이런 거야?"

누르는 사실 자기는 헤나 무늬를 그릴 줄 모른다고 고백했다. 나는 누르가 마음 상해할까 봐 괜찮다고 안심시켜주었다. 누르는 다른 쪽 다리에 조심조심 무늬를 그려 넣었고 우리는 정겨운 대화를 나누었다. 내가 시장에서 사온 오렌지를 권하자 누르는 먹고 싶지 않다고 했다. 내가 말했다.

"난 알리크를 가졌을 때 너무 배가 고파서 늘 뭘 먹었어."

누르는 슬픈 표정을 지었다.

"아기가 너무 커지면 안 되니까 먹지 않으려고요. 딸아이를 낳을 때 고생을 많이 했거든요. 아기가 나올 수 있게 그 부분을 베었다가 벌어진 곳을 다시 기웠어요."

나는 할 말이 없었다. 고개를 저으며 올케의 손을 다독거렸을 뿐이다. 봉쇄술을 받은 여자에겐 아기 낳는 일이 큰 걱정이라는 걸 아니까. 구멍이 그렇게 작은데 어떻게 아기를 낳겠는가.

"순산하길 기도할게."

누르는 헤나 무늬를 그리는 동안 여자들의 노래인 짧은 후베요한 곡조를 불렀다. 노래에는 언제나 우리의 애환이 담겨 있었다.

오, 나의 딸아, 남자들은 우리를 구박한단다
여자들이 없는 집에는
낙타 젖을 짜는 사람도 없고
안장 놓은 말에 타는 사람도 없지

누르가 내 팔과 손에 무늬를 다 그리자 나는 밖으로 나가서 햇볕에 앉아 말렸다. 날도 더웠고, 햇볕에 말리는 동안 헤나를 망치고 싶지 않아서 스카프와 슬립을 벗었다. 옷으로 몸을 다 가린 채 햇볕을 쬐고 싶지는 않았다. 햇볕에 피부를 좀 그을리고 싶어, 치맛자락을 끌어올려 밑에 깔고 소매 부분은 어깨까지 말아올렸다. 나는 소말리아의 기막힌 해를 향해 도마뱀처럼 팔다리를 쭉 뻗었다. 유감스럽게도 내 발은 암소의 발처럼 붉은 페인트에 빠졌다 나온 것 같았지만, 상관없었다. 누르에게 사랑과 보살핌을 받은 것만으로도 너무 뿌듯했다. 내가 좋아하게 된 올케한테서 받은 축복이었다.

막 편안해지려는데 오빠가 지나가다가 말했다.

"뭐야! 애가 저 오두막에서 쫓겨난 거야?"

엄마와 누르가 오빠 말을 듣고 달려오며 소리쳤다.

"세상에! 저것 좀 봐. 치마를 허리까지 걷어올렸네. 가려, 어서 가려! 뭐하는 거냐?"

개한테 쫓기는 닭처럼 펄쩍거리는 세 사람을 올려다보며 내가 말했다.

"올케, 가까이 오면 때려줄 거야! 오늘 벌써 나한테 잘못한 일 많지."

"이렇게 하고 밖에 누워 있으면 안 돼요."

누르가 고개를 저으며 말했다.

"내버려둬. 이상한 건 올케야. 뭘 그렇게 걱정해? 누가 이 작은 오두막까지 와서 보겠어? 안 그래."

나는 소리 내어 웃었고 세 사람은 한숨지으며 말했다.

"아, 와리스는 하나도 나아지지 않았어. 더 나빠졌으면 나빠졌지. 전보다 더 제멋대로야. 이제 말을 들으려고도 안 해."

그날 오후 늦게 두 여자가 누르를 찾아왔다. 두 사람은 손과 발에 내가 본 제일 아름다운 헤나 문신을 하고 있었다. 내가 물었다.

"누가 이렇게 해줬어요? 꽃무늬랑 도안이 예뻐요."

"우리가 직접 했어요."

"어디 살아요?"

"바로 옆집에요."

누르가 말했다.

"이 사람들한테 헤나 문신을 해달라고 할 참이었어요. 그런데 나한테 해달라고 해서……."

움미

움미란 '문맹'을 뜻하는 아라비아어로, 신이 아닌 다른 근거의 지식에 의해 때 묻지 않은 상태를 말한다.

 엄마는 잠시도 쉬지 않았다. 엄마도 참. 우리가 떠나기 하루 전날 엄마는 오랫동안 어딜 갔는지 보이지 않았다. 나는 엄마를 찾아 온 마을을 뒤지고 오빠, 라시드, 부르하안에게 엄마가 어디 있냐고 물었다. 누르가 노천시장에서 돌아와 하는 말이 엄마는 닭이 울기 전에 나갔다고 했다. 누르는 서쪽 에티오피아 국경 가까이 있는 푸른 언덕을 가리켰다.
 해의 꽁무니가 마을에 걸렸을 때쯤, 커다란 등짐을 지고 이리저리 균형을 잡으며 걸어오는 형상이 멀리 보였다. 열기가 그 형상을 감싸고 일렁이고 있어 엄마는 마치 진이나 불귀신처럼 보였다. 엄마는 잔가지와 큰 나뭇가지를 주워서 찰무트로 그 먼지투성이 가지들을 둘둘 감아 커다란 매듭을 지었다. 저러니까 스카프가 너덜너덜해지지! 엄마는 염소든 땔감이든 무엇이든 스카프로 묶어서 나른다.

엄마는 지평선 너머에서부터 그 무거운 짐을 등에 지고 온 것이다. 게다가 물이 가득 찬 20리터들이 플라스틱 물통까지 양 손에 하나씩 들고 있었다. 땔감이 충분하지 않았고 물도 떨어져, 하루 중 가장 더운 시간에 우물에서 물을 떠와야 했던 것이다.

나는 엄마를 마중하러 달려가 무거운 짐을 들어드렸다. 그리고 소리쳤다.

"엄마, 어딜 가면 간다고 말을 하지. 그럼 내가 같이 갔을 텐데."

엄마는 어깨를 으쓱하고 웃음을 지었다.

"자고 있었으면서 뭘."

"엄마!"

나는 엄마에게 물통을 달라고 해서 들었다. 엄마는 특유의 재미있는 웃음을 띠고 나를 바라보며 걸었다. 엄마는 혼자서 세 사람 몫을 할 만큼 강하다. 평생 매일매일 땔감을 주우러 다녔다. 내가 파리와 밀라노의 패션쇼 무대를 뽐내며 걷는 동안, 엄마는 알라 신께서 주시는 땔감을 모으러 다녔고 불을 피워 연기를 그분께 다시 올려 보냈다.

엄마는 땔감을 등에서 내려놓고 그날 아침 수크에 간 이야기를 누르에게 했다. 가끔 돈이 있어도 살 게 별로 없고 고기는 아예 없는 날이 있었다. 보통은 가죽을 벗긴 염소나 양이 정당하게 잡은 고기라는 것을 증명하기 위해 못에 걸려 있었고, 가게주인은 고기에서 파리를 쫓고 있다가, 손님이 갈비, 어깨, 다리 등등 사고 싶어하는 부위를 말하면 끊어주었다. 베어낸 고깃덩이마다 가격이 달랐다. 오늘은 시장에서 아무것도 살 수 없었다. 엄마는 큰 불을 피우러 땔감을 다시 가져왔지만 요리할 재료가 쌀과 염소젖밖에 없었다. 엄마가 '호요' 하고 라시드를 불렀다. 내가 라시드한테 뭘 해달라고 하면 말다툼이 일어났지만, 엄마가 부르면 그 애는 곧장 달려왔다. 엄마는 라시드에게, 가서 엄마의 마지막 남은 새끼염소를 데려오라고 했다.

"가서 우리 아기 오우르기 예리를 찾아와."

엄마가 흰개미집 쪽을 가리키며 말했다.

"예쁜 아기염소를 어쩌려고 그래?"

내가 물었지만 엄마는 못 들은 체하고 불을 피우기 시작했다. 오우르기 예리는 하얀 몸에 무릎만 검은색과 갈색이었다. 마치 진흙에서 무릎 꿇고 기도를 하고 일어선 것처럼.

내가 애원했다.

"엄마, 그럴 필요 없어. 고기는 안 먹어도 돼, 정말이야. 내가 왔다고 아기염소를 잡지는 마. 그냥 키워! 제발 엄마, 고기는 없어도 돼."

"살다보면 이럴 때도 있는 거야, 와리스."

엄마가 단호하게 말했다. 엄마는 믿음이 흘러넘쳐서 그 믿음이 주변에 있는 사람들까지 충만하게 한다. 엄마는 신께서 주시리라 믿었고 나는 입을 다물 수밖에 없었다.

라시드는 엄마에게 되묻지 않고 순순히 가축 잡는 긴 칼을 가져갔다. 우기에는 염소를 따로 돌볼 필요가 없다. 염소가 뜯을 풀이 주변에 얼마든지 있기 때문이다. 라시드는 재빨리 오우르기 예리를 찾아서 품에 안고 오두막 뒤로 데려갔다. 부르하안이 라시드를 도와 염소를 무릎 꿇게 하고 목을 늘이도록 했다. 불쌍한 어린 것이 무슨 일이 일어날지 아는 듯 '매애' 하고 울며 버둥거렸다. 나는 그토록 예쁜 짐승을 죽이는 것을 볼 수 없었다. 가축은 정당하게 죽여야지 그러지 않으면 우리는 먹지 않았다. 목을 따서 죽이면 빨리, 고통 없이 죽는다. 이슬람교에서는 그렇게 한다.

엄마가 그 염소를 아꼈기 때문에 나는 마음이 착잡했다. 아침마다 엄마는 새끼염소에게 다가가 이제 막 수염이 나기 시작하는 턱을 긁어주었다. 염소는 엄마에게 모든 것이었다. 그도 그럴 것이, 엄마가 먹을 수 있고 식구들에게 줄 수 있는 것이 염소젖뿐일 때가 많았기 때문이다. 염소는 내 동생 가족과 모하메드 이니에와 엄마의 이웃들에게까지 하얀 양식을 주었다. 그런데 식구들을 먹일 수 있는 마지막 새끼염소를 잡았다. 엄마는 내일을 생각하지 않고 아무리 작은 것이라도 가진 것을 남김없이 주었다.

갑자기 모두가 조용해져 옆집에서 비둘기가 구구거리는 소리마저 들릴 정도였다. 물론 엄마는 태연했다. 잠시 흐릿한 언덕을 올려다보았을 뿐이다. 나에게 배고픔은 사람의 얼굴을 하고 있다. 엄마의 얼굴을. 엄마에겐 이 세상에 염소 다섯 마리가 있었는데, 우리가 와 있는 동안 새끼 두 마리를 모두 먹어버려 세 마리밖에 남지 않았다.

라시드가 죽은 염소를 엄마에게 가져왔다. 염소 버리는 **촘촘하세** 짠 원뿔형 바구니에 담아왔다. 엄마는 칼을 꺼내서 돌에 갈아 염소 가죽을 벗기고 내장을 빼냈다. 가죽은 세발의자를 만들려고 챙겨두었다. 젖은 가죽을 의자다리 위로 당겨서 앉는 부분을 만들면 가죽이 마르면서 팽팽하고 단단하게 수축된다. 엄마는 가죽의 한 부분도 남기지 않고 발라냈다. 눈과 코와 입술까지. 작은 뿔 두 개는 모하메드 이니에한테 장난감으로 주었다. 고기는 엄마가 가진 냄비에 담았다. 모하메드 이니에는 뿔을 가지고 춤을 추며 놀았다. 소리가 나는지 뿔을 불어보더니 엄마 얼굴에 대고 신나게 빽빽 불었다. 뿔 하나로는 땅을 파기 시작했다. 흙이 고기요리 안으로 날려 들어갔다.

"냄비에서 멀찌감치 떨어져. 안 그러면 그 뿔을 뺏어다가 할머니 머리에 달 테다."

엄마가 그 애한테 칼을 번쩍이며 말했다. 모하메드 이니에는 다른 아이들한테 자랑하러 허둥지둥 달려갔다. 그 애는 어디든 가고 싶은 대로 갈 수 있다.

우리 형제들은 엄마가 몇 살쯤 됐을까 가늠해보았다. 소말리아에서는 사람의 나이를, 우기를 몇 번 지냈는가로 헤아린다. 정확히 계산하기는 어려웠지만 우리는 엄마가 57세쯤 되었을 거라고 추측했다. 비록 보기에는 일흔이나 아흔도 되어 보이지만, 그것은 엄마가 평생 동안 겪은 고통과 고난 때문일 것이다. 몸에 쌓인 지방이라고는 어디를 봐도 없고 발에는 온통 못이 박여 있다. 엄마의 발은 여기저기가 갈라진 두꺼운 코끼리 가죽 같아 보인다. 눈은 뿌옇고 햇빛에서 보면 생기가 없다. 나는 엄마가 아직 일을 할 수 있고 실제로 아직 튼튼하다는 사실이 너무 고마웠다. 엄마가 일하고 노래하는 모습을 보면, 엄마의 내면에서는 모든 것이 믿음과 함께한다는 것을 알 수 있었다. 신을 믿어야 하고 자기 안에 있는 모든 힘을 믿어야 한다. 그것은 부모님 두 분 다 마찬가지다. 자연의 마술 같은 힘을 믿고 계신 것이다. 그분들은 사회보장도, 건강보험도, 연금제도도 없다. 아버지는 한쪽 눈이 안 보이고 엄마는 몸무게가 40킬로그램도 되지 않는다. 하지만 두 분은 나보다 강하다. 아이들이 반이나 신의 품으로 돌아가버렸고 가슴에 총알이 박힌 채 살고 있지만, 엄마는 인생에서 겪은 모든 역경에도 용기와 희망을 잃지 않았다.

그날 오후 아버지가 옆에 누가 있냐고 큰소리로 물었다.

"*아바*, 저예요."

나는 아버지가 누워 계신 곳으로 갔다.

"모하메드는 어디 있니? 안약을 넣을 시간이야."

"글쎄요. 지금 여긴 아무도 없어요."

"모하메드나 부르하안이나 네 엄마가 있어야 안약을 넣을 텐데."

아버지가 고집했다.

아버지는 나를 어린 계집애로 기억하고 있었기 때문에, 나도 엄마만큼 잘 할 수 있다고 안심시켜드려야 했다.

"아버지, 전 남자들만큼이나 키가 커요. 저도 할 줄 알아요."

나는 살며시 붕대를 떼어내고 깨끗한 물로 아버지 얼굴을 닦아드렸다. 이제 부기가 좀 가라앉아서 씹을 수도 있고 말도 좀더 편하게 할 수 있었지만, 여전히 눈은 보기에 끔찍했다. 퀭한 눈에 지저분하고 누런 것이 끼어 있었다. 내가 안약을 넣어드렸더니 아버지는 잘 보인다고 하셨다.

"아버지, 뭐가 보이세요?"

내가 물었다.

"그림자들인데, 색깔도 보이고 형체도 보여."

"알라 신께서 주신 선물이에요. 아버지가 사막에서 그런 수술을 받고도 살아 계시다니 알라 신께 감사할 뿐이에요. 이제부터 갈카요에 있는 병원에 다니세요. 칼을 든 미친 사람한테 가지 마시구요."

"히이예."

아버지가 조용히 대답했다. 나는 아버지 눈에 흙이나 파리가 들어가지 않도록 다시 붕대를 덮었다. 아버지가 알약을 삼킬 수 없었기 때문에 타이레놀 두 알을 으깨서 차에 타 드렸다. 하지만 아버지는 차를 많이 마시지 않았다. 내가 가져온 것 중에 가족에게 쓸모 있는 것이 하나는 있었다.

식사를 하고 나서 내가 아버지에게 말했다.

"아버지, 다시 올게요. 그땐 더 오래 있을 거예요."

나는 아버지에게 약속했다.

"지난 8일이 너무 빨리 지나갔어요. 여기 두 달쯤 있을 수 있으면 정말 좋겠어요. 다음번엔 그렇게 할게요."

오빠가 고개를 끄덕였다. 라시드는 나를 놀렸다.

"옆에 누가 없어도 연기를 피우지 않고 불을 지필 수 있겠지."

"너한테 한 얘기 아니야. 한심한 남자들은 가만있어."

나는 아버지 손을 잡고, 내 아들이 식구들과 친척들을 알고 지냈으면 좋겠다고 했다.

"알리크를 데려와서 몇 달 동안 지낼 거예요. 보고 싶은 게 많았는데. 시간이 없어서 인사도 못한 사람들이 많아요."

라시드가 아연한 표정으로 물었다.

"누나, 몇 년 동안이나 떠나 있었지?"

"20년이 넘도록."

"얼마 동안 여기 있었지?"

"일주일."

동생은 내가 제정신이 아니라는 듯 바라보았다. 그 애한테는 그렇게 오랫동안 돌아다니다가 그처럼 짧게 머무는 것이 이해되지 않는 모양이었다.

"와리스, 네가 왔다는 게 중요한 거야."

아버지가 말했다.

식구들과 함께 보낸 마지막 밤은 우리 모두에게 아주 특별한 의미가 있었다. 기적 같은 저녁이었다. 날이 어두워지자 우리는 돗자리와 천 따위를 모닥불 주위에 깔았다. 맑게 갠 밤이었고 모기도 극성스럽지 않아서 우리는 모두 바깥에 나와 앉았다. 엄마의 염소들이 이리저리 다니다가 엄마 옆에 누웠다. 제일 나이 많은 흰둥이는 잠이 들자 코를 골았다. 엄마를 제외한 모두가 늙은 염소를 보고 웃었다.

"흰둥이를 놀리면 못써. 그러면 아침에 젖이 시어진단다."

엄마가 단언했다.

"방귀도 많이 뀔 거고."

라시드가 말하자 엄마는 나무라는 '시' 소리를 냈다.

나는 아버지와 엄마와 형제들에게 모두 함께 있어서 얼마나 좋은지 모른다고 했다. 작은 오두막 앞에 함께 앉아 있다는 것이 유목민 가족에게는 기적 같은 일이었다. 우리 형제자매는 평생 한자리에 다 모인 적이 없었다.

"우리가 최근에 다 함께 모인 게 언제였죠?"

내가 부모님에게 물었다. 아버지가 말했다.

"그런 적이 없었지."

"그러니까 오늘 저녁은 정말 대단한 거네요. 알라 신께 감사드려야겠어요."

오빠는 아무 말이 없었고 고개를 들어 무수히 많은 별들을 쳐다보았다. 내일 떠날 일에 대해 생각하고 있을 것이다. 아마 다시는 이렇게 모일 수 없을지도 모른다고 생각하고 있을 것이다.

엄마가 말없이 앉아 있는 맏아들을 바라보았다.

"옛날에 돈 많은 고명한 술탄이 살고 있었어."

엄마가 말을 꺼냈다.

"*히이예.*"

우리 형제들이 동시에 소리를 질렀다. 이야기다! 엄마의 눈이 불빛에 빛났다. 엄마는 한 문장이 끝날 때마다 깜빡거리는 불빛 위로 뻗은 팔과 손가락으로 장단을 맞추었다.

"술탄은 수놓인 셔츠와 보드라운 카펫을 갖고 있었어. 모가디슈의 인도양 해변에는 산들바람이 선선하게 드는 술탄의 성이 있었지. 거기엔 아라비아에서 가져온 진귀한 보석과 비단이 가득했어. 술탄이 있든 없든 방에는 제일 값비싼 향이 타고 있었어. 그런 엄청난 부자였지만 술탄은 행복하지 않았단다. 뭐가 문제인지 알 수 없었어. 술탄에게는 아내가 여럿 있었는데 그 여자들은 끊임없이 다퉜어. 아들들은 서로 싸웠고 딸들은 토라졌어. 술탄은 사고 싶은 건 뭐든 살 수 있었지만 행복이나 만족은 얻지 못했지. 밤새 잠을 못 이룬 어느 날 아침,

술탄이 하인들을 불러 얘기했어.

'가서 진실로 행복한 사람을 찾아보아라. 그런 사람을 찾거든 내게 데려오너라. 그 사람에게 할 말이 있다.'

하인들은 온 나라를 찾아 헤매다가, 어느 날 작은 우물가에서 가난한 한 남자를 만났어. 남자는 바싹 마른 낙타에게 먹이기 위해 물을 길으며 노래를 부르고 있었어. 낙타의 젖을 짜면서도 흥얼거렸고, 얼마 안 되는 젖을 술탄의 하인들에게도 나눠주었어. 남자는 배가 고파도 웃으면서 농담을 했어.

'당신은 행복한가요?'

하인들이 물었어.

'행복하지 않을 일이 있나요?'

남자가 대답했지. 그러자 가장 나이 많은 하인이 말했어.

'선생, 술탄의 성으로 함께 가주시오. 우리 주인님께서 선생을 만나고 싶어합니다.'

남자는 그러기로 하고 하우드에서 큰 도시 모가디슈까지 갔지. 그곳에는 생전 처음 보는 것들이 많았어. 수많은 사람들, 여러 가지 색깔, 갖가지 냄새와 맛이 나는 것들이 말이야. 술탄은 그 남자에게 진귀한 과일과 달콤한 사탕을 후하게 대접하고 풍성한 잔치를 열어주었어. 수놓인 고야(망토)도 선물했지.

'행복의 비결이 뭔지 말해주게.'

마침내 술탄이 폭신한 베개에 기대앉아 말했어. 가난한 남자는 뭐라고 말해야 할지 몰랐어. 혀가 이에 딱 붙어서 말이 나오지 않았지. 사막에 살 때 자신을 기쁘게 한 것이 무엇이었는지 생각이 나지 않았어. 그냥 행복하다고 느꼈을 뿐이었지. 술탄은 실망해서 남자를 쫓아냈어. 결국 남자는 자신의 낙타와 나무로 깎은 우유그릇이 있는 곳으로 돌아왔어. 하지만 술탄의 성에서 본 온갖 놀라운 것들을 잊을 수가 없었어. 그후 다시는 행복할 수 없었단다."

"히이예."

내가 말했다. 그 이야기가 진실이라는 것을 알고 있었기 때문이다. 오빠는 불빛에서 얼굴을 돌리고 고아로 머리를 감쌌다.

밤마다 아기별이 새로 태어나는지 별이 무수히 많았다. 아무 소리도 들리지 않았고, 달콤하고 깊은 고요가 내 귀를 채웠다. 서양에서는 어디에 있든 어디에선가 차 소리가 들린다. 소리와 소리 사이에 공간이 있는 이곳 사막처럼 완전한 고요란 없다. 이야기와 농담이 끝나고 잠잠해지자, 엄마와 나와 누르는 아이들과 함께 자러 들어갔다. 하이에나가 마을 밖에서 사악한 여자처럼 웃어대는 소리가 들렸지만, 그것들이 마을로 와서 사람을 해치지는 않을 것이다.

나는 그날 밤 무서운 꿈을 꾸고 잠을 이루지 못했다. 꿈속에서 나는 엄마와 함께 걷고 있었다. 우리는 한 이틀 길을 잃었고 배고픔과 갈증으로 곧 죽을 것 같았다. 커다란 언덕을 오르자, 저 아래로 불 위에 찻주전자를 올려놓은 집이 보였다. 나는 엄마에게 알려주려고 되돌아갔다.

"엄마, 엄마, 집이 한 채 있어. 사람들도 있고. 어서 와, 어서! 우린 살았어."

나는 언덕을 달려 내려가 그 집으로 갔다. 집에 다가가면서 소리쳤다.

"여보세요, 여보세요. 누구 없어요?"

아무도 대답하지 않았다. 작은 오두막에선 아무도 나오지 않았다. 나는 뭔가 이상한 것이 주전자 주둥이 밖으로 끓어오르는 것을 보고, 뭘 요리하는지 보려고 찻주전자 속을 들여다보았다. 물이 모자랄 땐 물을 아끼려고 찻주전자에 요리를 하기도 한다. 주전자 뚜껑을 열어보니 피가 끓고 있었고 피 속에 사람이 있었다. 나는 겁에 질려 뚜껑을 떨어뜨렸고 뒷걸음질치며 주위를 둘러보았다. 내 양쪽 편에는 이상한 사람들이 있었는데, 그 사람들은 정상적인 사람 같아 보이지 않았다. 뺨이 움푹 들어가고 눈이 퀭하고 희뿌연 것이 흰 악마들 같았다. 그런 사람들이 한쪽에 두 명씩 있었다. 엄마가 나를 따라 언덕을 내려오고 있어서 내가 소리쳤다.

"엄마, 엄마, 여기서 달아나. 이리로 내려오지 마. 달아나, 어서."

엄마가 말했다.

"아니야, 와리스. 네가 달아나. 난 더 이상 빨리 달릴 수가 없다. 뛰어, 어서."

엄마를 두고 가고 싶지 않았지만 못된 진들이 가까이 오고 있었다. 나는 애원했다.

"엄마! 나하고 같이 뛰어."

엄마는 빨리 뛰지 못했고 나는 뛰고 뛰고 끝없이 뛰었다. 내가 소리쳤다.

"엄마, 악마들을 내려쳐. 악마들을 때려서 쫓아내줘."

엄마가 소리쳤다.

"달아나, 달아나, 와리스."

"싫어, 엄마. 엄마는 어쩌고?"

내가 소리쳤다.

"넌 달아나. 엄마는 괜찮으니까."

돌아보니 악마들이 가축 잡는 긴 칼로 엄마의 등을 난도질하고 있었다. 엄마가 쓰러졌다. 나는 엄마한테 돌아가려고 했지만 다른 악마가 쫓아와서 달아나야 했고 엄마를 구할 수 없었다. 나는 넘어졌다 일어나 달려가기를 되풀이하면서 소리 질렀고, 그렇게 소리를 지르면서 잠에서 깼다.

그날 안으로 보사소 공항에 도착하려면 우리는 아침 일찍 떠나야 했다. 하지만 마음이 무거워 몸이 움직이질 않았다. 엄마는 달이 채 기울기도 전에 일어나, 기도할 때 까는 돗자리를 들고 오두막을 나갔다. 엄마는 땅바닥에 돗자리를 펴고 세계의 배꼽인 성지 메카를 향해 엎드렸다.

"알라 외에는 신이 없고 마호메트는 알라의 사자입니다."

엄마가 찬송했다. 아아, 그 노래의 울림이 얼마나 좋은지! 엄마에게 그 노래는 삶의 노래였다. 엄마는 바쁜 날이라고 해서 기도를 빠뜨리는 법이 없었다. 엄마는 말한다. 나는 알라 신의 사람이야. 내 삶에서 제일 중요한 게 그거란다. 중요한 건 그것뿐이야. 엄마는 매일 다섯 번씩 영원과 만난다.

내 경우는, 집 안 여기저기에 시계가 널려 있다. 손목시계와 달력과 수첩도 있다. 마치 시간 자체가 제일 중요한 것인 양. 두 시니까 매니저한테 전화해서 일에 대해 얘기해야 한다. 아기가 울거나 초인종이 울리면 어쩌냐고? 어떻게 하든 결국은 조그만 시곗바늘이 모든 것을 지배하게 되어 있다! 나는 그 독재자에게 복종한다. 작은 화살들에 순종해야 하기 때문에 차갑고 축축한 빗속으로 나간다. 엄마는 신에게 복종한다. 엄마는 엄마의 신으로부터 위안과 힘을 얻는다. 나는 스트레스를 받고 흠뻑 젖어 오한이 난다.

비둘기 몇 마리가 동쪽에서 날아와 엄마의 오두막 지붕에 내려앉았다. 우리는 비둘기를 천사의 새라고 부른다. 비둘기는 깃털로 된 검은 목걸이, 투스파를 두르고 있는데 그것이 부적을 닮았기 때문이다. 비둘기는 천사들과 함께 좋은 소식을 가져온다. 나는 알라 신께서 엄마를 지켜주시리라 생각했다.

사랑하는 올케 누르가 나에게 안젤라를 만들어주었다. 숯이 뜨겁고 은근하게 달아오르자, 올케는 불가에 쪼그리고 앉아 어젯밤에 저어둔 반죽으로 팬케이크를 구웠다. 안젤라를 집에 가져갈 수는 없겠지만, 그 특별한 맛과 향을 되살릴 수 있게 사진을 좀 찍고 싶었다. 내가 사진을 찍으려고 하자 누르가 긴 칼을 들어 커다란 웃음을 지으며 칼을 내 쪽으로 들이댔다. 누르는 혀를 내밀고 허공을 칼로 내리쳤다. 누르가 말했다.

"그냥 놔둬요. 요리하고 있잖아요."

"내가 가까이 가면 칼을 쓸 거지."

하지만 누르가 뭘 어쩌겠는가? 아기를 가져서 한창 배가 부른 데다 긴 드레스를 입고 있는데. 나는 누르를 놀리느라 여러 각도에서 사진을 찍었다. 설마 나를 쫓아오느라 안젤라를 태우지는 않겠지.

동네 사람들 여럿이 얻을 게 있나 보고 싶은지 몰려왔다. 사람들은 내가 떠날 것이고, 가져온 것을 도로 가져가지는 않을 것을 알고 있었다.

"코코아버터를 나한테 주지. 저 스카프를 줘! 이제 필요 없잖아."

사람들이 소리쳤다. 가진 것이 많지 않았지만 줄 수 있는 것은 다 주었다. 소말리아의 벼룩시장.

해가 하늘을 질주하는 때가 있는데 그날 아침이 그랬다. 그런 점에서 시계는 정확하다고 할 수 없다. 시간이 항상 같은 속도로 흐르는 것은 아니니까. 아버지는 부르하안의 집에 누워 계셨다. 나는 먼저 아버지에게 작별 인사를 하러 갔다. 몸이 무거워 발이 떨어지지 않았다. 먼 길을 떠나기 전에 마지막으로 하는 얘기를 뜻하는 소말리아어가 있다. 아버지가 그 말을 하자마자 나는 울기 시작했다. 아버지는 너무도 무력하고 쇠약했다.

"얘야, 왜 우니?"

"가기 전에 아버지가 제 얼굴을 보셔야 하는데."

"얘야, 내가 볼 수 없다는 걸 알잖니."

한쪽 눈은 아직 붕대를 감았고, 다른 쪽 눈은 뿌옇게 흐려서 아버지는 양쪽 눈 다 보이지 않았다.

"아버지가 저를 볼 수 있으면 좋겠어요. 제 얼굴을, 제 눈을요. 저를 똑똑히 볼 수 있었으면……."

내가 말했다.

"아버지가 저를 마지막으로 본 후로 20년도 더 지났어요. 제가 어떻게 생겼는지 기억하세요? 지금은 다 컸어요. 떠날 땐 어린애였는데."

나는 손을 뻗어 아버지 손을 잡고서 내 얼굴에 갖다 댔다. 아버지가 내 살결을 만져보고 내 코가 어떻게 생겼는지 더듬어볼 수 있도록. 아버지의 손길은 수줍고 다정했다. 눈물이 자꾸 솟구쳐 아버지의 손가락을 적셨다. 나는 예전의 자만심 강하고 강인한 아버지를 보고 싶었다. 사자보다 더 나를 겁먹게 했던 강한 아버지가 그리웠다.

아버지가 내 생각을 읽은 것처럼 말했다.

"와리스, 우리는 모두 나이 먹고 변하게 마련이다. 늘 똑같을 수는 없어."

"모든 일에는 이유가 있겠죠. 하지만 이건 알라 신만이 이유를 아시는 일이에요."

나는 흐느꼈다. 모두들 나를 기다리고 있었다. 오빠가 밖에서 나를 부르고 자동차 경적을 울렸다.

내가 말했다.

"아버지, 이제 가야 해요."

"우리 손자에게 줄 것이 있다. *주덴지르다.*"

아버지는 암컷 낙타의 긴 털을 건네주었다. 갓난아이에게 주는 선물이다. 그것을 받고 나는 한층 서럽게 울었다. 아버지가 나직이 말했다.

"부탁이 있다. 식구들에게 눈물 보이지 마라. 넌 어른이야. 아비는 아직 살아 있어. 나 죽고 나면 울어라. 그만 나가봐."

아버지는 그런 식으로 내게 사랑한다고 말씀하신 것이다. 아버지는 내가 강하길 바라셨다. 그래야 한다고 생각하셨고 그렇게 살아오셨다.

"아버지, 며칠 전에 모두 둘러앉아 얘기한 일 기억하세요? 누군가가 '와리스, 넌 아버지를 닮았어.'라고 하니까 다른 사람이 '아냐, 넌 엄마 판박이야.'라고 했죠. 아버지, 전 제가 어떤 사람인지 알아요. 아버지한테는 흔들리지 않는 강인함을 물려받았고 엄마한테선 지혜와 생김새를 물려받았어요. 그땐 모두 웃었지만 아버지는 아시죠, 그게 사실이라는 걸."

아버지가 말했다.

"잊지 마라, 와리스. 넌 나한테 용기를 물려받았다. 그걸 간직해. 용기를 잃지 말아라."

나는 우리 가족에게 필요한 것이 뭔지 알았다. 하지만 식구들은 결코 나에게 달라고 하지 않을 것이다.

"아버지, 돌아가서 은행에 가는 대로 누르의 신부 값으로 줄 돈을 보낼게요."

아버지는 내 손을 잡고 자신의 심장 가까이에 갖다 댔다. 아버지는 벽 쪽으로 고개를 돌렸다. 내가 가고 나서 아버지는 우셨을 것이다. 하지만 내게는 눈물을 보이지 않으려 했다.

내가 울면서 나오자 엄마가 말했다.

"얘, 웬일이니! 엄마 보고는 안 울더니, 나 때문이 아니라 아버지 때문에 우니?"

"엄마, 나랑 같이 가."

내가 엄마 손을 잡고 애원했다.

"지금 너하고 같이 갈 수는 없어. 모하메드 이니에도 있고 아버지도 있잖니."

"엄마, 또 올 테니까 그땐 같이 뉴욕으로 가."

엄마가 말했다.

"와리스, 엄마는 그런 나라에 가기에는 너무 늙었어. 네 여동생하고 같이 아부다비에 있었을 때 나는 그곳이 싫더라. 금붙이가 쌓여 있고 금으로 치장한 큰 나무도 있었지만, 길에 보면 아이들이 뼈다귀를 핥으면서 굶어 죽어가. 아파도 아무도 돌보지 않더구나. 그런 곳에선 못 산다."

"엄마, 뉴욕은 그런 곳이 아니야."

"내가 누구하고 말을 하겠니? 난 소말리아어밖에 할 줄 모르는데. 누구 집에 놀러 가겠니? 내 친구들은 모두 여기 있어."

엄마는 내 손을 잡은 채 기다리고 있는 차를 향해 가면서 말을 계속했다.

"난 아부다비가 마음에 안 들더라. 거긴 기껏해야 여기만 하겠지. 아프리카만큼 덥고, 사람들은 하루에 다섯 번씩 기도하지만 진심으로 하는 게 아니야. 어떻게 굶주린 아이들을 그냥 지나칠 수가 있니?"

내가 말했다.

"엄마, 난 엄마가 꼭 필요해."

엄마는 고개를 저었다.

"나는 그곳이 필요 없어. 여기가 내 집이야. 내가 아는 곳이고, 내가 죽을 곳이야."

엄마의 말이 옳았다. 나도 엄마가 뉴욕에 있는 것을 상상할 수 없었다. 우리 엄마는 하루도 못 견딜 것이다. 그곳에서 불행할 것이고 예전에 알던 것들을 그리워할 것이다. 엄마는 아침에 일어나서 어디든 가야 하는데, 갈 곳이 없을 것이다. 염소가 방귀 뀌는 것에 관한 농담을 이해할 사람이 누가 있겠는가. 엄마가 누구와 함께 농담을 하겠는가.

엄마가 내게 한쪽 눈을 찡긋했다.

"내 아이들을 놔두고 갈 수 없어. 난 여기 있어야 해. 제일 큰 아이, 네 아버지가 새 여자를 얻지 못할지도 모르니까."

"엄마, 이제 다른 사람이 엄마를 돌볼 때가 됐어. 나하고 같이 가."

나는 엄마를 집에 모시고 가기를 간절히 원했다. 난 엄마의 평화를 뉴욕에 있는 집에, 내 아들에게, 내 인생에 가져다놓고 싶었다. 하지만 그것은 이기적인 바람이었다.

엄마가 나를 끌어당겨 내 이마에 키스해주었다.

"아니. 신께서 나를 여기 두셨으니 여기 있으련다."

엄마는 우리 가족의 굳건한 토대, 뿌리가 천국까지 닿아 있는 나무였다.

"아아, 엄마!"

나는 울면서 마지막으로 엄마를 끌어안았다. 부르하안과 라시드, 라게, 아메드 삼촌, 사촌동생 아샤, 그리고 누르도 끌어안았다. 라시드는 미소를 지으며 자기의 완벽한 가지런한 흰 이를 가리켰다. 그리고 그날 아침에 새로 만든 *카다이*(이 닦는 막대)를 열 개 정도 건네주었다. 나는 웃으며 그걸 뉴욕에 가져가려고 가방에 넣었다. 오빠와 나는 차에 탔다. 보사소로 향하는 차가 낮은 언덕들을 넘어 보라마 로에 진

입하는 동안, 나는 내 사랑하는 가족들의 모습이 점점 더 작아지는 것을 지켜보았다. 울음을 멈출 수가 없었다.

우리 엄마! 내가 사랑하는 사람. 엄마는 내가 결코 가질 수 없는 너그러움과 고결함을 지녔다. 엄마는 소말리아 여자로 태어났고 소말리아 여자로 남을 것이다. 알라 신께서 엄마를 그곳에 태어나게 하셨고, 엄마는 그것을 받아들이며 날마다 감사드린다. 신께서 하신 일에 의심을 품지 않고, 신과 함께 있으니 이미 안전하다. 나는 어떤가? 나는 나를 그곳에 태어나게 하신 것을 받아들일 수 없었다. 그래서 달아나야 했고 엄청난 혼란을 겪어야 했다. 나도 엄마처럼 받아들일 수 있었으면 좋겠지만 내게는 그런 마음이 없다. 나는 이런 삶이 내게 바람직하지 않다는 것을 뼛속 깊이 느꼈고 그래서 달아났다.

솔직히 말하면, 엄마가 나와 함께 가기를 거절했을 때 충격 받거나 상처를 받지는 않았다. 엄마가 무슨 말을 하는지 너무도 잘 이해했으니까. 소말리아에서 태어나고 자라서 그 밖의 것은 모르는 사람이면 소말리아에서 사는 것이 힘들지 않다. 엄마는 서양의 모든 부보다 더 위대한 것을 지녔다. 엄마의 삶에는 너그러움과 평화가 있다.

다시 보사소로

여자는 악마가 놓은 덫이다.

—소말리아 속담

보사소의 작은 공항으로 돌아가는 길은 엄마가 사는 마을로 갈 때와는 전혀 딴판이었다. 이번에는 비포장도로에 붉은 진흙과 흙탕물 구덩이가 온통 널려 있었다. 어떤 곳은 길이라기보다 강이었다. 진흙길을 달리느라 이번에도 우리는 계속 흔들렸고 꼭 붙잡지 않으면 머리를 부딪치거나 넘어질 것 같았다. 진흙탕에 빠졌다가는 다른 차가 지나다가 도와줄 때까지 기다려야지 다른 방법이 없었다. 하지만 눈길이 닿는 곳은 어디나 화사한 초록이어서 아름다웠다. 하늘에는 커다랗게 부푼 구름이 걸려 있었고 기온은 쾌적했다.

나는 부모님을 두고 떠나는 것이 너무 마음 아파 뒷좌석에 앉아서 울었다. 아버지가 무사하시기를, 아버지를 다시 만날 수 있기를 알라 신께 빌었다. 오빠는 고용한 운전수인 무사와 우리가 도착한 날이 얼마나 더웠는지 얘기했다. 무사 말로는 그날 햇볕에 나갔다가 폭염으로 죽은 사람도 있다고 했다.

우리는 어두워지기 전에 보사소 공항에 도착하기 위해 부지런히 달렸다. 무사는 다아로오드 족 출신이었고 오빠의 친구였다. 몇 시간 동안이나 멈추지 않고 달렸다. 보사소에 한 번도 가본 적이 없다는데 지도나 도로 표지도 없이 어떻게 길을 아는지 신기했다. 길이 여러 갈래로 갈라질 때가 많았고 그중 어느 길도 더 넓어 보이지는 않았다. 교차로에는 *진*이 서성거린다는데, 나는 *진*이 우리 차에 올라타 농간을 부리지 않기를 바랐다. 하지만 무사는 망설이지 않았다. 아침 해를 뒤로하고 달리기 시작해 저녁에 지는 해를 앞에 둘 때까지 달리고 또 달렸다. 디크디크가 관목 숲에서 나와 날쌔게 지나갔다. 디크디크는 가는 다리를 한 작은 사슴 비슷한 동물이다. 우리는 영양 종류인 목이 긴 제레누크 옆을 지났다. 제레누크는 아카시아 나무에서 잎을 훑어 먹느라 뒷다리로 서 있었다. 먹는 데 열중해서 차가 지나가는 줄도 몰랐다. 할아버지같이 생긴 비비원숭이 무리가 언덕 꼭대기에서 커다란 이빨과 털이 긴 팔을 내보이며 싸움을 거는 듯 소리를 질러댔다.

오후가 되자 배가 너무 고팠다.

"이봐요, 오래 버티기 힘들겠어요. 배고파 죽겠어요. 잠깐 쉬었다 가요."

무사가 동의했다.

"그러죠. 여기서 멀지 않은 곳에 간이식당이 있는데, 들러서 뭘 좀 먹어요."

"뭘 먹을 수 있어요?"

나는 밥에 염소고기나 쉬쉬케밥(양고기 꼬치구이−옮긴이)을 곁들인 맛있는 식사를 기대했다. 낙타 젖도 있었으면 했다. 집에 있는 내내 낙타 젖을 먹고 싶었는데 엄마가 사는 마을에는 없었다. 그동안 너무 가물어서 낙타 젖이 안 나온다고 했다. 낙타 젖은 고소하고 영양이 풍부해서 그것만 먹고도 살 수 있다. 나는 라마단 기간에 금식을 끝내고 먹는 삼각 잠부시(밀가루, 설탕, 견과류 따위를 넣은 얇고 넓적한 빵−옮긴이)와, 낙타젖과 카다멈을 넣은 달콤한 차가 생각났다(라마단 달에는 낮 동안의 금식을 끝내고 밤에 식사를 한다−옮긴이). 배가 너무 고파서 뱃가죽이 등에 붙어버릴 지경이었다.

무사가 말했다.

"시간이 늦어서 음식이 남아 있을지 모르겠네요. 지금쯤이면 다 팔렸을 수도 있어요. 하지만 뭔가 있을 수도 있고, 괜찮은 식당이에요. 전에 먹은 적이 있거든요."

무사는 속도를 늦추더니, 도로변에서 약간 들어간 곳에 곧 무너질 듯 서 있는 식당 앞에 차를 세웠다. 그곳은 마을이라고 할 수도 없었다. 주유소가 하나 있었고, 안쪽에 간이식당 하나와 오두막 몇 채가 전부였다. 식당은 원래 넓은 야외공간에다 양철지붕을 얹어서 지었다. 뒤쪽에 주방이 있었는데, 바람이 없어서 그곳에서 연기가 곧장 위로 피어올랐다. 큰 나무들이 그늘을 드리운 곳에 테라스가 있었는데 거기는 바람이 들었다. 나는 오륙십 명이나 되는 남자들이 망가진 낡은 테이블에 그냥 빈둥거리고 앉아 있는 것을 보고 깜짝 놀랐다. 그런 작은 마을 어디에서 그 많은 사람이 왔는지, 또 왜들 그렇게 빈둥거리고 있는지 알 수 없었다.

다리가 긴 무사와 오빠가 나보다 앞서서 식당으로 들어갔다. 내가 그곳에 발을 들여놓자마자 남자들이 투덜대는 소리가 들렸다.

"저런, 뭐야! 저, 저러면 안 되지."

"저 여자 뭐하는 거야?"

나는 못 들은 체하고 계속 걸어 들어갔다. 내가 테이블 사이를 지나 뒤쪽 주방을 향해 가려는데, 한 남자가 와서 내 앞에 섰다. 웨이터인 것 같았지만, 앞치마를 두르지도 않았고 특별히 깨끗해 보이지도 않았다. 내가 그 남자를 돌아가려고 하자 남자가 나를 가로막으며 말했다.

"저, 실례합니다."

나는 웨이터의 말을 못 들은 체했다. 그러자 내가 소말리아어를 할 줄 모른다고 판단했는지, 소리를 지르면서 내 눈앞에서 손을 젓기 시작했다.

"이봐요! 이봐요! 이봐!"

웨이터가 고함을 질렀지만 나는 오빠를 따라 계속 걸어갔다. 겨드랑이가 땀투성이에다 손톱에 때가 낀 남자에게 나 자신에 대해 말하고 싶지 않았다.

갑자기 남자들 몇 명이 웨이터에게 소리를 지르기 시작했다.

"저 여자를 막아! 여기서 나가게 해."

웨이터가 와서 내 앞을 정면으로 막았다.

나는 웨이터의 눈을 마주보며 말했다.

"무슨 문제라도 있나요?"

나는 이 말을 소말리아어로 했다. 그동안 내가 자기 말을 모두 알아들었다는 것을 알 수 있도록.

웨이터는 내 얼굴을 외면하고 길 잃은 병아리를 문밖으로 쫓아내려는 것처럼 '시' 소리를 냈다.

"여기 들어오면 안 돼요."

웨이터가 큰 소리로 말했다.

"여긴 남자들 구역입니다. 여자들은 다른 곳으로 가야 해요."

"뭐라구요? 무슨 소리예요? 내가 여기서 먹겠다고 하면 먹을 수 있는 것 아닌가요?"

내가 물었다. 소말리아 여자들이 식당에서 남자들과 같이 밥을 먹지 않는 것은 사실이지만, 나는 본인이 원하더라도 그럴 수 없는 줄은 몰랐다.

웨이터가 되풀이했다.

"이 식당은 남자들만 오는 곳입니다. 여자는 들어올 수 없어요."

"말도 안 돼요. 난 아무도 방해하지 않아요."

"나가라구요."

웨이터는 내게 그 말을 내뱉고는 거만하게 우쭐댔다. 나는 어이가 없어 할 말을 잊었다. 오빠는 먹을 생각뿐이었고, 무사는 서둘러서 되돌아나가려 했다. 그 지저분한 인간이 나를 막고 있어서 오빠나 무사에게 상황을 알릴 수도 없었다. 웨이터는 나와 주방 사이에 버티고 서 있었다. 나는 머리끝까지 화가 났지만, 하루 종일 아무것도 먹지 못해 쓰러질 지경이었다. 나는 될 수 있는 한 기죽지 않은 태도로 그 말라빠진 남자에게 큰소리를 쳤다.

"그럼, 여자들은 어디로 가죠?"

"저쪽이오. 저 뒤."

남자가 도로 문밖으로 나가라고 뼈만 남은 손가락으로 가리켰다. 내가 그곳을 모욕한 건 사실이라는 듯이. 흙바닥에 테이블은 다 망가져 철사로 동여매놓은 지저분하고 누추한 곳을 말이다.

그러는 동안 오빠가 무슨 일인가 보려고 되돌아왔다. 주문한 음식 값을 나한테 받아야 했으니 내가 어디 있는지 궁금했을 것이다. 오빠가 건너와서 기름때에 절은 웨이터에게 물었다.

"무슨 일입니까?"

웨이터는 갑자기 공손해지며 오빠에게 말했다.

"죄송하지만 여자는 여기 들어오면 안 됩니다. 여자는 도로 나가서 저쪽 다른 방에 가 먹어야 합니다."

오빠는 눈을 가늘게 뜨고 더러운 셔츠를 입은 남자를 아래위로 훑어보았다. 식당 안은 조용했고 모든 남자들이 일이 어떻게 되나 보려고 기다리고 있었다. 오빠가 그걸 알아차리고 나에게 고개를 저어 보였다.

"그럼 그 다른 방이 어딥니까? 여자들이 식사를 하는 방을 보여주시오."

웨이터가 우리를 바깥으로 데리고 갔다. 웨이터의 중국산 슬리퍼가 땅바닥을 때리는 소리를 제외하고는 모두가 조용했다. 우리는 대라스와 나무들을 다 돌아서, 식당의 나머지 공간과 분리된 작은 구역으로 갔다. 웨이터는 너덜너덜한 움막을 가리켰다. 정확히 말하면 화장실 바로 뒤였다. 그리고 돌아서서 찰싹찰싹 소리를 내며 식당으로 가버렸다.

깨끗한 화장실도 아니었다. 벽이 타일로 덮여 있지도 않았고, 앉아서 용변을 보고 물을 내리는 흰 변기도 없었다. 사실 그런 곳은 기대도 하지 않았다. 땅에 깊은 구덩이를 파서 만든 소말리아 재래식 화장실이었다. 더러웠고 파리와 갈색 바퀴벌레가 들끓었다. 그놈들은 겁이 없어서, 화장실에 앉아 있는 동안 냄새나는 구멍에서 기어나오거나 음식 안으로 기어들어가기도 한다. 냄새가 심해 눈이 따가울 정도인 데다, 파리가 어두운 구석에서 나와 주위에 떼로 몰려다니는 곳이었다. 그런 화장실의 벽 하나가 여자들이 밥을 먹는 움막의 일부였다. 그곳은 덜컹거리는 벽 세 개와 흙바닥이 전부였다. 테이블도 의자도 없었고, 다리가 부러진 낡은 벤치가 하나 있을 뿐이었다. 나는 울음이 나올 것 같았다. 엄마 같으면 염소라도 그런 끔찍한 곳에는 들여놓지 않을 것이다. 여자들은 이런 쓰레기장 같은 곳에서 밥을 먹는데, 남자들은 식당에서 그늘을 누리며 왕처럼 앉아 있는 것이다.

나는 오빠를 바라보았고 오빠도 나를 보았다. 오빠 역시 잘난 체하는 다른 소말리아 남자들처럼 굴었지만, 그래도 이건 너무했다 싶었던 모양이다. 오빠가 고개를 저으며 말했다.

"제기랄."

우리는 돌아서서 차 있는 데로 걸어갔다. 오빠가 말했다.

"이제 어쩌지?"

내가 무사에게 물었다.

"이 근처에 먹을 만한 다른 곳은 없어요? 배고파 죽겠어요."

오빠도 마찬가지였다.

"나도 배고파."

무사가 고개를 저었다.

"안됐지만 근처에 다른 식당은 없어요."

"와리스, 네가 그 웨이터한테 무슨 말을 한 거야?"

오빠는 내가 그 남자를 모욕하기라도 한 것처럼 물었다.

"그 머저리한테는 그곳에 여자가 들어오는 것 자체가 모욕이었던 거야."

"요리사한테 한번 말해보자. 그 사람은 괜찮아 보이던데."

오빠가 뒤쪽으로 돌아 주방으로 가서 요리사에게 말했다.

"실례합니다만, 제 누이를 그런 곳에서 먹게 할 수는 없습니다. 거기 뒤는 너무 더러워요. 우리는 그저 뭘 좀 먹으려고 들른 겁니다. 먹고 바로 갈 겁니다."

요리사는 오빠 말을 끝까지 들었지만, 고집스럽기는 웨이터나 마찬가지였다.

"미안하지만 여자는 안 됩니다."

오빠가 말했다.

"여자는 안 된다는 게 도대체 무슨 말입니까? 우리는 배가 고파요. 먹을 것이 있습니까?"

요리사가 대답했다.

"네."

"파는 겁니까?"

"네"

"먹을 수 있게 해줍니까?"

"네."

그러자 오빠가 차분하게 말했다.

"이봐요, 내 누이도 인간입니다, 그렇죠? 뭐가 그렇게 문제가 됩니까? 먹을 걸 달라는 것뿐인데요."

요리사는 그냥 서 있기만 했다. 오빠는 더 이상 다그치지 않기로 작정한 듯 말했다.

"좋습니다. 여자가 안에서 먹을 수 없다는 건 알겠습니다. 제 동생을 잠깐 밖에 앉아 있으라고 하고 음식을 가져가게 해주겠어요?"

"안 됩니다."

요리사는 고개를 저으며 아주 쌀쌀맞게 굴었다.

"여자는 안 된다지 않습니까. 절대 안 됩니다."

요리사는 누더기 셔츠와 낡아빠진 마아-아-웨이스를 걸치고서 자기가 무슨 왕이나 되는 것처럼 팔짱을 끼고 서 있었다.

그러자 오빠가 물러서지 않고 말했다.

"당신 그거 알아? 당신이나 이 식당이나 뒈져야 해!"

오빠는 나를 보고 말했다.

"자, 와리스. 여기서 나가자."

나는 아무 말도 하지 않고 오빠를 따라 의기양양하게 그곳을 나왔다.

우리는 차로 돌아가 먼지구름을 일으키며 출발했다. 무사가 오빠를 돌아보며 말했다.

"어차피 거기 음식은 쓰레기야."

나는 오빠가 실제로 내 편을 들었다는 것이 너무 기뻐서 오빠를 끌어안고 소리라도 지르고 싶었다. 오빠는 그 모든 일에 흥분하고 있었다.

"이 나라는 낡고 어리석은 전통을 바꾸지 않으면 발전할 수 없어. 제정신이 아니야!"

오빠의 생각이 바뀌기 시작한 것이 나는 기뻤다. 내가 말했다.

"저 무지하고 미개한 사고방식 때문에 우리나라가 뒤떨어질 수밖에 없는 거야. 여자와 남자가 같이 밥을 먹어도 안 된다. 여자가 남자 머리를 깎아도 안 된다. 여자의 구멍을 기운다. 어떤 면에서도 여자를 남자와 동등하게 보지 않으니까."

나는 오빠에게 설명을 계속했다.

"사람들이 그렇게 생각하면 했지, 내가 그 생각을 바꾸려고 하는 건 아냐. 그런데 그 사람들은 자기 생각을 내 입 속에 억지로 밀어넣으려고 하니 이해할 수가 없어."

오빠가 말했다.

"변해야 해, 와리스. 여자를 업신여기면 다른 부족 사람들도 그렇게 대하기 쉬워. 변해야 해."

오빠, 오빠야말로 변했어. 나는 생각했다. 자랑스러운 눈물이 내 뺨을 타고 흘렀다.

사막의 새벽

그러니 동족을 공정하게 대하라
가난한 사람을, 나그네를 공정하게 대하라
알라를 닮고자 하는 사람에게는
그것이 가장 좋은 방법이다
—《코란》수라 제30장 38~39절

　차는 에티오피아 국경에서 인도양까지 소말리아 내륙을 가로질러 맹렬하게 나아갔다. 우리는 가로웨, 누갈, 카르도의 마을들을 지났다. 엄마가 사는 마을보다는 넓은 곳이었지만 마찬가지로 전기도, 화장실도, 학교도, 병원도 없었다. 도로에는 호수만큼 큰 물웅덩이도 있었고 무릎까지 빠지는 도랑도 있었다. 차가 미끄러져 꽤 깊은 진흙구덩이에 빠지기도 했지만, 그때마다 무사는 차바퀴를 빼내는 데 성공

했다. 우리는 기억할 수도 없을 만큼 여러 번 구덩이에 빠졌다가 마른 땅으로 올라서야 했다.

그날 오후 늦게 세수라도 하고 몸을 식히려고 강가에 멈추었다. 사막에서는 물이 항상 어딘가를 향해 급하게 흐른다. 파란색과 황금색의 화려한 코트를 입은 찌르레기들이 날아오르며 햇빛에 반짝 빛났다. 공작 두 마리가 조용히 또박또박 걸어갔다. 공작은 길조다. 특히 두 마리를 동시에 보게 되면 그렇다. 하지만 공작의 깃털만 보았다면 그건 나쁜 징조다. 오빠가 신발을 벗고 물속으로 걸어 들어갔다.

내가 말했다.

"만약 우리에게 어디에나 이런 강이 있다면 소말리아는 세상에서 제일 아름다운 곳일 텐데."

나는 목마른 사자처럼 맑은 물에 입을 들이대고 싶었다. 세수를 하고 팔을 씻으면서도 옷을 벗고 수영을 하고 싶었다. 내가 치맛자락을 들어올리자 오빠는 계속 옷을 내리라고 했다. 앞다리를 묶은 낙타 한 마리가 더디게 깡충거리며 강으로 물을 마시러 내려왔다. 그렇게 두 다리를 묶어놓으면 낙타가 무리에서 멀리 이탈하는 것을 막을 수 있다.

내가 오빠에게 말했다.

"낙타의 두 다리를 묶는 거나, 내가 이 옷이며 스카프를 입어야 하는 거나 같아. 옷이 발에 걸려서 움직일 수가 없으니까."

"넌 도대체 인제까지 뛰어다닐 거냐?"

오빠에게 내 입장을 제대로 이해시키기는 불가능했다. 나는 다시 스카프를 물에 적셔 얼굴을 씻었다. 무사가 길가에 있는 육지거북을 발견했다. 거북은 조그맣고 까만 눈으로 우리를 쳐다보았지만, 내가 좀더 가까이 보려고 다가가니까 등껍데기 속으로 숨어버렸다.

내가 말했다.

"저 거북은 내게 무슨 말을 전하러 온 수호신 같아. 우리 집이 안전하다는 걸 알려주는 걸까?"

인도양 바다 냄새가 나기 시작하고 보사소의 불빛이 눈에 들어온 것은 사람들이 잠자리에 들 때가 지나고도 한참 후였다. 너무도 고요해서 파도가 도시 변두리의 해변을 덮는 소리가 다 들릴 정도였다. 무사가 우리를 어느 호텔로 데려다주었고, 오빠는 방이나 먹을 것이 있는지 알아보러 들어갔다. 나는 먹는 것 못지않게 시원하게 샤워를 한 다음 쉬고 싶었다. 실은 그때까지 문을 연 식당이 있을 것 같지가 않았다. 사람들이 주된 식사를 한낮에 하는 데다 식당에 전기가 제대로 들어오지 않기 때문에, 모두들 어두워지기 전에 문을 닫는다. 오빠가 호텔 몇 군데에 물어보았지만 방은 없었다. 무사는 샛길로 들어가 또 다른 호텔로 갔다. 아주 좋은 호텔은 아니었지만 너무 피곤해서 상관하지 않았다. 나는 오빠와 함께 안으로 들어갔다.

"아니요, 오늘은 방이 하나도 없습니다."

로비에 있는 키 작은 종업원이 우리에게 알려주었다. 종업원은 일어나 눈을 비볐다. 턱수염은 헤나로 붉게 물들었고, 흰 머리가 얼굴에 테를 두르고 있었다.

오빠가 물었다.

"왜 이렇게 방이 없는 겁니까? 다른 호텔들도 만원이던데요."

"아부다비 행 비행기를 기다리는 사람이 많아서 그래요."

종업원이 로비에서 서성거리는 사람들을 가리키며 말했다.

"UN이나 다른 여러 기관들이 이곳에서 여러 가지 사업을 벌이고 있죠. 그쪽 일을 하는 사람들이 많아요. 이곳은 요즘 건설 붐이에요! 지난주는 예외였지만, 원래 드나드는 사람이 많지요."

종업원은 아랫니가 세 개나 빠진 데다 나머지 이는 캇을 씹어 검게 물들어 있었다.

"활주로에 염소들이 들어가 비행기가 착륙하지 못했거든요. 아, 그 비행기 조종사가 혼비백산해서 비행기를 돌려 아부다비로 돌아갔죠!"

종업원이 웃으면서 말했다.

나는 그 일이 우습지 않았다. 뉴욕에 돌아가야 하는데, 공항에서 가축을 통제하지 못한 탓으로 보사소에서 일주일이나 꾸물거리고 있을 수는 없었다. 우리는 탑승권도 없었고 좌석 배정도 받지 못한 상태여서 공항에 가 줄을 서야 했다.

내가 오빠에게 말했다.

"비행기를 탈 수 있어야 할 텐데! 무슨 문제는 없을까?"

"내가 지금 공항에 가서 알아볼게."

오빠는 종업원 쪽으로 몸을 돌리고 물었다.

"시내에 다른 호텔은 없습니까?"

"오늘밤에는 방을 구하기 힘들 겁니다. 이미 시간이 늦은 데다, 보사소에는 호텔이 몇 개 없으니까요. 시내는 너무 붐벼서 보는 게 항상 만원이에요."

우리가 난처해하며 서 있는데, 한 남자가 다가와 오빠한테 말을 걸었다.

"모하메드 디리 아닙니까?"

"제 아버지 성함이 다히이 디리입니다만."

두 사람은 우리 아버지에 대해 얘기했지만, 나는 너무 피곤해서 생각을 제대로 할 수 없었다. 배가 나온 남자는 메카 순례를 마쳤음을 뜻하는 수놓은 모자를 쓰고 있었다.

오빠가 나에게 말했다.

"와리스, 하지 술리만이라는 분이야. 마지어티인과 하위예 양쪽으로 우리 가족과 친척이야."

하지는 나를 흘끗 보더니 오빠에게 말했다.

"오늘밤 여동생한테 내 호텔방을 쓰도록 하지."

나는 그 사람이 인심이 후한 데 놀랐다. 친척이라는 이유만으로 처음 보는 사람에게 방을 내주겠다고 하다니. 잠시 나는 무슨 말을 해야 할지 몰랐다. 서양에서는 그런 호의를 베풀겠다고 하면 이렇게 말해야 한다.

"아니에요. 그렇게 폐를 끼칠 수는 없지요."

먼저 제안을 거절했다가 그 사람이 계속 고집을 부리면 받아들일 수 있다. 하지만 우리나라에서는 원래 손님을 그렇게 대접한다. 여행에서 사람들은 대개 그런 식이었다. 만약 내가 거절하면 하지는 무안해할 것이다. 내가 말했다.

"고마워요, 고맙습니다."

오빠와 나는 하지를 따라 그 사람 방으로 갔다. 하지가 자기 짐을 들고서 나에게 열쇠를 주었다. 그리고 방에 있을 때나 나갈 때나 반드시 문을 잠그라고 주의를 주었다.

"오빠는 어디서 잘 거야?"

내가 물었다.

"나는 밖에서 잘게. 걱정 마."

오빠는 공항에 뭘 좀 알아보겠다고 갔다.

방에 들어와 있으니 마음이 무거워 뭘 해야 할지 몰랐다. 기온이 섭씨 40도 가까이 되었지만 문은 잠가두어야 했고, 작은 창문으로는 바람 한 점 들어오지 않았다. 게다가 방은 지저분하고 땀 냄새, 오줌 냄새가 났다. 시원하게 샤워를 하고 새 옷을 갈아입고 싶었지만, 하지 술리만의 작은 호텔방은 콘크리트 바닥에 간이침대가 놓여 있을 뿐 욕실은 없었다. 천장에 선풍기가 달려 있었지만 작동하지 않았다. 오빠는 *고이*를 땅바닥에 깔고 누워 바닷물에 씻긴 맑고 깨끗한 공기를 쐬며 잘 텐데.

침대는 나무로 된 틀에 낡은 매트리스를 깐 것으로 전혀 편하지 않았다. 하지만 불평은 할 수 없었다. 감사할 줄 모르는 나쁜 여자가 되고 싶지는 않았으니까. 매트리스 여기저기에 구멍이 나고 냄새가 심해서 차라리 남자들처럼 밖에서 자고 싶었지만 그럴 수는 없었다.

나는 처음으로 입고 있는 긴 드레스에 감사했다. 벌레가 달려들지 못하게 치맛자락을 다리에 감고 스카프를 머리에 뒤집어썼다. 너무 더운 데다 쥐가 달려들까 무서워 잠이 오지 않았다. 어둠 속에서 무언가가 여기저기 긁어대는 소리가 들렸다. 나는 소리를 내는 것이 쥐가 아니기를 기도하면서 밤을 거의 지새웠다.

날이 새기도 전에 기도 시각을 알리는 소리가 들렸다. 새벽 네 시쯤 되었을 것이다. 무에진(기도 시각을 알리는 사람—옮긴이)이 이슬람 사원의 첨탑 위에 올라가 기도문을 낭송했다.

"알라 외에는 신이 없고 마호메트는 알라의 사자입니다."

무에진이 낭송하면 그 소리가 사방으로 메아리친다. 기도가 시내 전체에 퍼져나가는 소리를 듣는 것은 경이로웠다. 하루에 다섯 번씩 이렇게 똑같이 기도를 한다. 모두가 하던 일을 멈추고 기도를 따라한다. 우리는 기도 시각만 제대로 지키면 된다.

오빠가 아침에 나를 데리러 와서 우리는 차를 마시며 무사를 기다렸다. 하지만 무사는 나타나지 않았다. 그런 사람들은 먹고 사느라 끊임없이 차를 몰아야 하니, 아마 지쳐서 뻗었나 보다고 오빠는 생각했다. 오빠는 지난밤에 물어볼 만한 사람을 하나도 만나지 못했다. 공항으로 가 다음 비행기를 탈 수 있도록 확실히 해두어야 해서, 우리는 다른 차를 빌렸다. 남자 몇 명이 우리에게 공항까지 태워다주기를 원했고, 차가 시내를 빠져나갈 때도 두 사람이 더 태워달라고 손을 흔들었다. 차는 만원이 되었지만 도움을 줄 수 있어서 기뻤다. 이른 아침은 하루 중 가장 더운 때다. 바다에서 바람이 전혀 불어오지 않기 때문이다. 공항에 가까워오자 멀리서 희미하게 빛나는 푸른 바다가 눈에 들어왔다.

"어느 길로 가면 바다가 나오나요?"

내가 시원하게 수영을 하고 싶어서 물었다.

"댁의 동생은 왜 그걸 알고 싶어합니까?"

뺨에 기다란 종족 문신을 한 키 큰 남자가 오빠에게 물었다.

"이봐요, 왜 우리 오빠한테 묻는 거죠? 제가 바로 여기 앉아 있는

데요."

내가 말했지만 그 남자는 계속 나를 무시하고 오빠에게 말했다.

"동생은 바다에서 뭘 하려는 겁니까?"

내가 말했다.

"제 옷 좀 보세요. 너무 더워서 옷에서 땀이 뚝뚝 떨어져요. 물속에 들어가 몸을 식히고 수영도 하려고요."

그러자 그 남자가 오빠에게 강하게 말했다.

"동생한테 여기 사람들은 수영을 하지 않는다고 하세요. 우리는 사막 사람들이니까요."

공항에 도착하자 나는 차 안에서 기다렸고 오빠는 벽돌건물 안으로 들어갔다. 오빠가 나쁜 소식을 가지고 돌아왔다. 다말 항공(소말리아의 대표 항공사—옮긴이) 비행기가 이틀 동안 도착하지 않을 예정이라 그동안 보사소에서 대기해야 한다는 거였다.

"뭐라고! 보사소에서 갈카요까지 가는 데 하루를 잡아먹더니, 이제 돌아가는 비행기를 탈 때까지 이틀을 기다려야 해! 오빠, 그럼 엄마하고 하루 더 지냈어도 됐잖아. 여기 이렇게 빨리 올 필요가 없었어. 내일 왔어도 되는데."

오빠가 말했다.

"확실히 탑승을 하려면 보사소에 있어야 해. 항공편이라곤 그것뿐이니까. 탑승권이라는 것도 없어. 비행기를 타려면 이 자리에서 기다려야 해."

"항공사 운영을 어떻게 하는 거야. 이틀을 허비하고 있잖아. 그 이틀 동안 식구들하고 지낼 수 있는데."

"원래 그런 곳이야. 걱정하지 마. 비행기가 오기만 하면 탈 수 있을 거야."

"인샬라. 알라 신의 뜻대로."

엄마의 말이 내 입에서 나왔다. 엄마는 알라 신께서 나를 위해 계획을 마련하고 계시다고 했다. 나는 기다리는 동안 UN에서 벌이는 사업에 대해 사람들과 얘기해보기로 마음먹었다. 무엇보다 그 사람들에게 필요한 게 무엇인지 알고 싶었다. 도울 수 있는 최선의 방법을 찾기 위해서였다.

오빠가 아버지를 아는 친척을 또 한 사람 소개해주었다. 압딜라히 아덴이라는 사람은 공항장이어서 우리가 직접 줄을 서지 않아도 비행기를 탈 수 있도록 해주었다. 압딜라히는 시내까지 우리와 함께 와서 보사소에서 진행 중인 여러 가지 사업에 대해 설명해주었다.

압딜라히가 말했다.

"사람들은 희망이 생기면 일을 하고 싶어합니다. 뭔가를 건설하는 일에 참여하기를 바라지요. 소말릴란드 정부가 어느 정도 안정을 가져다주어서 사람들은 정부를 신뢰하고 있어요. 요즘 보사소에 이주해오는 사람이 많아요. 도시가 날마다 조금씩 커지고 있죠."

오빠가 말했다.

"제 동생은 뉴욕에 살아요. 소말리아에는 20년 만에 처음 왔습니다."

"*히이예! 뉴욕이오? 아주 위험한 곳이라고 들었습니다.*"

압딜라히의 말에 내가 대답했다.

"그렇다고 할 수도 있죠."

"개를 먹는다면서요."

"아뇨, 개는 먹지 않아요."

오빠가 끼어들어 설명했다.

"핫도그를 말하는 거야. 유럽 사람들과 미국 사람들이 먹는 핫도그라는 음식이 있죠. 하지만 개를 말하는 건 아니에요. 돼지고기로 만든 음식이에요."

"끔찍한 곳이군요."

압딜라히는 아주 안됐다는 듯이 말했다. 나는 그제야 그 사람이 나를 놀리고 있다는 것을 깨달았다.

"두 분은 언제 소말리아로 돌아와 살 겁니까? 지금은 여기도 안전해요. 이곳에 돌아와서 개나 돼지는 먹지 말고 살아야죠."

압딜라히는 오빠에게 돌아와서 나라를 건설하는 일에 참여해야 한다고 열심히 권했지만 오빠는 외면했다.

점심을 먹고 나서 압딜라히가 우리에게 다른 호텔을 안내해주었다. 간이침대가 두 개 놓인 방 하나였지만, 방이 깨끗했고 욕실도 있었다. 수수한 방이라도 얻을 수 있어서 우리는 기뻤다. 바닷물을 끌어온 소금기 있는 물로 샤워를 하면서, 나는 물을 주신 알라 신께 감사드렸다.

호텔에서 멀지 않은 콘크리트 벽돌 건물에 UN 표지가 걸려 있었다. 오빠와 나는 오후 늦게 그 건물까지 걸어서 갔다. 모두들 하루 중 가장 더운 때는 문을 닫았다가, 오후 식사를 하고 한 차례 쉰 다음에 다시 문을 열었다. 건물 안에는 남자들 몇 명이 앉아 있었다. 책임자는 시에라리온에서 왔다는데, 소말리아 사람처럼 이목구비가 균형 잡힌 얼굴은 아니었다. 코가 너무 컸고 얼굴에는 마맛자국이 있었다.
"UN에서 하는 어떤 사업에 참여하고 계신가요?"
내가 말을 걸자 그 남자는 별일이라는 표정을 지었다.
"제 이름은 와리스 디리예요. 저는 하루 이틀 후에 뉴욕에 있는 UN 본부로 돌아갈 예정이에요. 거기서 열리는 큰 회의에 참석할 겁니다. 보사소에서 진행 중인 사업에 대해 정보를 좀 얻어서 가고 싶어서요. 이곳 사정에 대해서 몇 가지 물어봐도 될까요?"
남자는 입술을 깨물고 대답 없이 책상만 뚫어져라 바라보았다. 마침내 그 사람이 오빠 쪽으로 몸을 돌리더니 의심스럽다는 듯 입을 열었다.
"어디서 일하는 사람들입니까? 원하는 게 뭐죠?"
"제 이름은 와리스 디리예요. UN에서 일합니다."
내가 다시 말했다.
남자는 내가 귀머거리나 장님이라도 되는 것처럼 나를 무시하고 오빠에게 물었다.
"누구요? 원하는 게 뭡니까?"
나는 그 사람이 나를 쳐다보도록 다가가서 정면으로 마주하고 서서 말했다.
"죄송하지만 저한테 말씀하시죠."
"뭐하는 짓입니까? 도대체 무슨 일이에요?"
남자는 목이 터지도록 소리를 질렀고 그러는 내내 오빠만 쳐다보았다.
뒤쪽에 두 남자가 의자에 앉아 있었다. 그중 한 사람이 말을 알아들을 것 같아서 다가가 말했다.

"이봐요, 저를 좀 도와주시겠어요?"

그 남자는 소리를 지르는 나이든 남자와 나를 번갈아 쳐다보더니 자기 동료에게 말했다.

"나가 있지."

그 태도가 수상쩍어서 나는 그 사람들이 무슨 일을 하는지 꼭 알아내야겠다고 생각했다. 시에라리온에서 온 남자에게 다시 돌아섰다.

"선생님, 실례지만, 제발 부탁입니다만, 제 얼굴을 좀 봐주세요. 얘기하고 있는 사람은 저 남자가 아니라 저예요. 저 사람이 묻는 게 아니잖아요. 저를 좀 보세요."

그 남자는 나를 밀칠 듯이 손을 올렸지만 오빠가 일어서자 멈칫했다. 오빠는 아무 말도 하지 않았다. 나와 그 남자보다 훌쩍 큰 키로 서 있을 뿐이었다. 오빠가 마침내 차분히 설명했다. 우리는 정보를 수집하는 것이지 무슨 비리를 고발하려는 게 아니라고.

남자가 다시 입술을 깨물며 말했다.

"분명하게 말해주세요. 원하는 게 정확히 뭡니까?"

내가 말했다.

"제가 염탐하고 있다는 느낌이 들게 했다면 사과할게요. 여성과 어린이에 대한 정보를 얻고 싶어요. 특히 여성 건강과 여성을 돕기 위한 UN의 사업에 대해 알고 싶습니다."

"아, 네. 그 문제에 대해서는 도와드릴 수 없습니다. 그런 문제에 대해 얘기할 수 있는 사람들은 다른 건물에 있어요. 저쪽에요."

남자는 모퉁이를 돌아서 있는 시멘트 벽돌 건물을 가리켰다.

우리는 그 건물을 찾았다. 문 위에 UN의 사업이라는 표지가 박혀 있었다. 들어가 보니 남자 예닐곱 명이 한 방에 앉아서 샥스 게임을 하고 있었다. 샥스 게임은 두 사람이 하는 소말리아 전통 보드게임이다. 먼저 한 사람이 땅바닥에 큰 사각형을 그리고, 그 안에 사각형을 하나 더, 그 안에 또 하나를 더 그린다. 두 사람이 사각형 모서리마다 작은 돌을 각각 12개씩 놓는다. 자기 돌 세 개를 나란히 놓으면 상대방의 돌을 한 개 따먹는다.

우리가 들어갔을 때 그 사람들은 거의 고개도 들지 않았다. 게임이 끝나자 우리를 수상쩍어하며 맞이했다. 처음 갔던 곳과 마찬가지 반응이었다. 내가 순수한 자원봉사자라고 설명해도 모두들 돈을 요구하러 온 것으로 생각했다.

내가 그 사람들에게 말했다.

"저는 일자리을 구하러 온 것도, 여기 있는 분들을 방해하러 온 것도 아니에요. 그냥 관심이 있어서 왔어요. 우리나라를 사랑하고 도우려는 겁니다. 저는 곧 뉴욕으로 돌아갈 예정인데, 다음 주에 UN 관리들이 참석하는 회의가 있어요. 회의에 필요한 정보를 가져갔으면 합니다. 여기서 필요한 것이 뭔지, 어떻게 하면 도울 수 있는지 알고 싶어요."

그 남자들은 무게중심을 이쪽 발에서 저쪽 발로 옮기며 서 있었다. 내가 뭐라고 말하든 믿지 않고, 한마디 한마디 신중하게 말을 고르고 있었다.

내가 되풀이했다.

"무엇보다 여기서 제일 필요한 것이 뭔지 알고 싶어요. 뭘 달라고 온 게 아니라 도우러 온 겁니다."

그 사람들은 거북한 듯이 서서 아무 말도 하지 않으려 했다. 나는 진저리가 나서 그 사람들에게 소리쳤다.

"왜 제가 도울 수 있도록 도와주지 않아요? 왜 그러는 거죠?"

하지만 아무도 입을 열지 않았다. 내가 뭐라고 하든 그 사람들은 내 말을 믿지 않을 것이다. 여자와 말하고 싶지 않았던 것이다.

그곳을 나오자 오빠가 말했다.

"와리스, 그냥 여자는 그러면 안 되는 거야. 어떤 곳에 들어가서 남자들한테 질문을 해서는 안 돼. 여기서는 여자들이 그렇게 하지 않아."

"오빠 같은 사람들을 이해 못 하겠어. 어떻게 하면 이런 태도와 행동방식을 바꿀 수 있을까?"

호텔로 돌아가는 길에 UN 표지가 있는 또 다른 나지막한 건물을 발견했다. 들여다보니 여자들이 몇 명 있었다. 그 사람들은 나를 친절하게 맞이해주었고, 어린이와 여성의 건강과 교육을 위해 일하는 어떤 여성을 소개해주었다. 그 사람의 사무실은 시내 변두리에 있는 낮은 조립식 건물들이 모여 있는 곳에 있었다. 앗시아 아단은 사람을 대하는 태도가 솔직한 품위 있는 여성이었다. 앗시아는 내게 많은 이야기를 해주었다. 앗시아의 임무는 여성 건강에 대해 교육하는 일이었다. 그 자신이 조산원이기도 해서 FGM의 위험에 대해 가르칠 뿐 아니라 직접 의료활동을 펼치기도 했다.

"우리는 감염의 위험에 대해 강좌를 열고, 감염으로 죽은 어린 여자아이들에 대해 알립니다."

나는 봉쇄술을 받고 죽은 아름다운 우리 언니를 생각했다.

"물론 우리는 이 관습을 근절하고 싶어요. 하지만 사람들에게 이 이야기를 꺼내는 일조차 너무 힘이 듭니다. 어머니들은 딸에게 할례를 시키는 것이 옳은 일인지 의심조차 하지 않아요. 딸에게 할례를 시키지 않는 것을 상상도 하지 못해요."

내가 동의했다.

"우리 어머니도 나를 아프게 한다고는 생각하지 않으셨어요. 딸이 순결하고 깨끗하게 될 거라 믿으셨죠."

앗시아와 나는 소말리아에서 행하는 봉쇄술이 여성 할례의 가장 잔인한 형태라는 것을 알고 있었다. 소음순 전체와 음핵을 도려내고 구멍을 기워서 막는 방식이다.

내가 말했다.

"어머니는 내가 할례를 받은 뒤에 똑바로 누워 자도록 신경을 쓰셨어요. 상처가 매끈하게 잘 아물어야 했으니까요. 몸이 완전히 매끈하고 편평하게 되는 것이 어머니에겐 아주 중요했죠. 여기선 그런 관습을 바꾸기 위해 어떤 일을 하나요?"

앗시아는 엄마들에게 수니파의 할례에 대해 가르치려 노력하고 있다고 했다. 실제로 절제나 봉쇄를 하지 않고, 그 대신 의식만을 행하는 방식이다. 사우디아라비아의 현대 여성들 중에는 이 방법을 대안으로 택하는 사람들이 있다.

"제가 머무른 마을에는 이 문제에 대해 얘기할 수 있는 사람이 한 사람도 없었어요. 단 한 명도요! 모두들 나를 제정신이 아닌 것처럼 쳐다봤어요."

"그랬을 거예요."

앗시아가 공감했다.

"이제 시작이에요. 저는 여기서 6년 동안 일했지만 전혀 진전이 없어요. 하지만 우리는 지금도 이 일을 하고 있어요. 그 점이 고무적이죠. 떠나라거나 그만두라는 압력을 받은 적은 없어요. 솔직히 이곳에서 신발에 발가락을 낀 것조차 중요한 단계라고 생각해요. 희망은 있어요."

내가 미소를 지었다.

"나도 희망이 느껴져요. 사실 조국에 돌아오기가 겁이 났어요. 내가 FGM에 대해 공개적으로 반대한 일 때문에 누군가가 나를 공격할까 봐 두려웠어요. 사람들은 내가 국경에서 억류되거나, 납치되거나, 아니면 더한 일을 당할 거라고 경고했었죠. 앗시아, 난 돌아올 거예요. 함께 일해요. 할 수 있는 방법을 다해서 도울게요."

나는 약속했다. 그리고 앗시아에게 내가 계획하는 '사막의 새벽'이라는 기금에 대해 설명했다. 여성과 어린이를 돕기 위한 기금으로, 보사소에 지역건강센터를 짓고, 여성을 위해 세미나를 열고, 외딴 지역에 있는 유목민 가족들을 위해 의료와 교육을 담당하는 이동 활동반에 자금을 제공할 계획이었다. 나는 앗시아와 포옹을 하고 키스했다. 앗시아 같은 사람이 있는 한 길은 있다.

오빠가 키가 커서 나는 오빠가 한 걸음 뗄 때 두 걸음을 떼야 했다. 시내를 지나 호텔까지 걸어서 돌아가기는 동인 오빠를 따라잡느라 힘이 들었다. 특히 발목에 감기는 긴 드레스를 입고 진흙길을 걷기란. 나는 종종거리며 따라갔고, 더 잘 걸을 수 있도록 치마를 높이 걸어올렸다. 내가 지나가자 현관에 앉아 있던 두 여자가 말했다.

"저것 봐! 저 여자 치마를 허리까지 걷어올렸네."

"소말리아 여자가 아닌가 봐. 저렇게 하고 걷는 걸 보니."

그날 저녁에 밥을 먹으러 나갈 때, 나는 시내도 찍고 UN에서 벌이는 여러 사업을 찍어두려고 사진기를 들고 나갔다. 식사를 마치고 나서, 색깔이 아름답고 지도까지 그려진 멋진 포스터를 발견했다. 나는 사진기를 꺼내 플래시를 터뜨리며 사진을 찍었다. 갑자기 커다란 돌덩이가 내 허벅지를 쳤다. 나는 아파서 펄쩍 뛰었다. 돌아보니 탄산음료 병을 실은 카트가 완전히 쓰러져 병이 여기저기 깨어져 있었다. 나한테 돌을 던진 남자아이가 카트를 덮쳐서 병이 튀어나간 것 같았다. 신의 가호가 있기를, 나는 생각하고는 뒤에 어떻게 됐는지 돌아보지도 않고 차 안으로 뛰어 들어갔다.

"누가 나한테 돌을 던졌어!"

내가 오빠에게 소리쳤다.

오빠는 이 닦는 막대로 조용히 이를 닦으며 나를 향해 고개를 저었다. 오빠는 희극배우 같은 표정으로 늘 하는 말을 했다.

"그 사람들이 너를 쏠 수도 있었어."

"나쁜 자식! 나 다칠 뻔했어."

"와리스, 내가 몇 번 말했니. 사진 찍지 마. 그 사람들이 널 죽일 수도 있어. 알다시피 여기 사람들 중에는 사진을 찍으면 영혼을 도둑맞는다고 믿는 사람도 있어. 그게 그 사람들 생각이야. 철없기는. 너한테는 아무것도 아니지만 여기서는 그게 무례한 짓이라고. 만약 낯선 여자가 내 얼굴에 사진기를 들이댄다면 나도 똑같이 할 거야."

그날 밤 여자들 몇 명이 호텔 로비에서 차를 마시고 있기에 나는 그 사람들에게 말을 걸었다. 한 우아한 여성이 자기들 역시 소말리아 사람이라고 했다.

"저기, TV에서 뵌 분 같아요."

나는 그 사람이 어디서 TV를 보았을까 의아했다.

"어디서 오셨어요?"

"스웨덴에서요. 저는 스웨덴에서 살아요."

"스웨덴에서 TV로 소말리아 여자를 보았다구요?"

"네! 하지만 이름은 기억이 안 나요. 독일 TV에 나왔는데."

내가 물었다.

"아, 네……. 그 여자가 TV에서 뭘 했는데요?"

"여성 할례에 반대하는 얘기를 했어요."

"부인은 그 문제에 대해 어떻게 생각하세요?"

내가 조용히 물었다.

"누군가가 그 문제에 대해 말할 때가 되었다고 생각해요! 대단한 사람이에요."

그 사람은 눈을 반짝이며 말했다.

"우리는 절대로 그 문제를 입 밖에 내지 않죠! 그런데 그 사람은 정말 용감해요. 이제 변화가 오리라는 용기와 희망을 우리 모두에게 줬어요."

내가 물었다.

"그 사람 이름을 아세요?"

"와리스인 것 같아요. 정말 그분이 아닌가요?"

"아니에요, 전 그렇게 용감한 사람이 아니에요."

내가 고개를 숙이고 대답했다.

아아, 얼마나 어리석었던가. 나는 부끄러웠다. 왜 소말리아에 돌아오기를 그토록 두려워했을까? 왜 사람들이 나를 죽일 거라고 생각했을까? 우리 종족은 나를 알고 있으며 아직도 나를 사랑하고 있다! 뉴욕에 있는 사람들이 모두 "가지 마. 소말리아에 가면 안 돼. 거긴 너무 위험해."라고 말할 때 나는 그 말을 별로 의심하지 않았다. 나는 이런 생각을 하지 못했다. 얘, 난 소말리아 사람들을 알아. 그 사람들이 왜 나를 해치겠어? 뉴스에서 소말리아가 전쟁 지역이라고 할 때도 나는 의심하지 않았다. 막상 소말리아에 오니 아무렇지도 않은데 말이다. 나는 이곳에서 단 일 분도 두려움을 느끼지 않았다. 남자들이 내가 여자라는 이유로 무시하는 데는 화가 났지만, 대부분의 사람들에게는 환대를 받았다. 환대만을 받았다.

"이걸 보여줄까? 내가 구경시켜줄게. 여기 와봤니? 이걸 본 적 있어? 왔으니까 이건 꼭 보고 가야 해."

사람들은 말했다. 아마 어디 제정신이 아닌 부족이 있기는 한 모양이다. 하지만 캇에 빠진 총을 든 군인들이 나를 위협하지는 않았다. 나는 아름다운 나라를, 아름다운 사람들을 보았다.

멀리서 뭔가에 대해 나서서 큰 소리로 말하기는 쉽다. 방 안 가득 들어찬 낯선 사람들을 상대로 FGM에 대해 이야기하기는 쉽다. 하지만 자기 가족의 반대를 무릅쓰는 데는 용기가 필요하다. 서양에서 FGM에 대해 말하기는 쉽다. 진짜 싸움은 소말리아에서다. 알라 신께서 나를 조국에 돌아오도록 이끌어주시고 내게 할 일을 알려주셨다.

알라 신께서 내게 용기를 주시기를 기도한다. 우리 종족이 내게 귀 기울이고 이해할 수 있도록 이야기할 용기를 주시기를. 이곳에 와보니 변화란 얼마나 힘든 것인지 알 수 있었다. 하지만 나는 용기로 가득 찼다. 조국을 사랑하기 때문이다. 바로 이 순간 나에게 어디에 있고 싶으냐고 묻는다면, 나는 아프리카에 관한 노래를 부르리라.

"안녕, 아프리카! 어떻게 지내니? 나는 행복해. 너도 행복하게 지내길 바랄게."

옮긴이의 말

2005년에 국내에 소개된 와리스 디리의 첫 번째 책『사막의 꽃』은 낯선 이야기들로 가득했다. 우리는 이 책에서 아프리카 북부의 여성 할례 관습에 대한 충격적인 실상을 전해 듣고 아연해지는 경험을 했다. 그 충격이 너무도 강해서 책을 처음 열었을 때와 마지막으로 덮은 순간에는 다른 생각을 할 수 없었다. 그럼에도『사막의 꽃』은 끔찍한 충격만이 아닌 신선함도 함께 안겨주었다고 할 수 있다. 사막에서 자란 한 소녀가 믿을 수 없는 대담한 행보로 자신의 길을 간다는 이야기의 흥미진진함도 그렇지만, 여기에 그려진 아프리카적인 삶의 단면들, 사막에도 일상이 있다는 당연한 깨달음 또한 내게는 신선한 충격이었다.

와리스 디리는 『사막의 꽃』으로 자신의 가장 중요한 메시지를 전달하고 4년이 지난 후 두 번째 책 『사막의 새벽』을 펴냈다. 이 책은 스스로 사막에서 도망친 소녀가 오랜 세월이 흐른 후 사막으로 돌아간다는 '아득한' 귀향에 관한 이야기다. '어떻게 돌아가야 할지는 알 수 없었다. 가족을 찾는다는 것이 불가능하게 느껴졌다. 낙타 소녀가 패션모델이 되는 것만큼이나 불가능한 일 같았다.' 『사막의 새벽』을 처음 받아 들었을 때 이 진솔한 고백이 마음을 끌었다.

19년 전 소말리아 사막을 떠났을 때 와리스는 자기 안의 목소리를 따랐고 내면의 고향을 찾아 긴 여행을 떠났다. 이제 와리스가 자신에게 '영혼'이 남아 있지 않다고 고백하며 고향으로 돌아가기를 꿈꾸는 대목을 읽으면서, 우리는 다시 자신을 들여다보는 긴 여행을 와리스와 함께 준비하게 된다.

『사막의 새벽』에서 우리는 아프리카와 더 친숙해진다. 첫 번째 만남이 너무 충격적이어서, 또는 주인공이 그곳을 너무 이른 나이에 떠나서, 미처 다 들여다보지 못했던 아프리카의 삶을 배울 수 있다. 와리스 디리는 아프리카 사람이기도 하고 이방인이기도 한 입장에서 아프리카와 자신의 가족을 바라본다. 놀랍고도 자연스러운 사실은 두 가지 입장이 그의 마음속에서 분열을 일으키지 않는다는 것이다. 오래도록 떠나 있었던 와리스는 고향에서 좌충우돌하지만, 그가 느끼는 어떤 당혹감이나 절망감에도 이해와 연민이 깔려 있다. 와리스는 속내를 다 내보이며 자기 안의 상처를 치유하고자 징직하게 노력한다.

한편으로 와리스는 사랑하는 조국 소말리아에 대한 사명 또한 잊지 않는다. 아프리카는 아름답고 지혜롭다. 그러나 아프리카는 낙후

되고 억압적이다. 아프리카는 고집스럽고 닫혀 있다. 그러나 아프리카는 변화를 바라고 변화할 것이다. 와리스는 두 가지를 모두 명료하게 의식하고 있으며, 사랑하기에 (변화를 위한) 용기를 낼 수 있다고 말한다. 이 여행에서 돌아온 후 와리스는 자신의 재단을 설립했다. 개인적으로는 서구 문명의 번잡함에서 벗어난 조용한 삶을 원했지만, FGM을 근절하고 아프리카 여성과 어린이의 삶을 개선하기 위한 활동은 멈추지 않았다. 최근 와리스 디리는 미국이나 유럽에서 FGM이 행해지는 사례를 조사하고 경각심을 높이는 일을 계속하고 있다.

『사막의 새벽』은 전작에 비해 잔잔한 재미가 더하다고 할 수 있다. 이 책을 읽으면서 아프리카의 자연, 아프리카의 동네, 아프리카의 아버지 어머니를 만나는 것은 큰 즐거움이다. 와리스 디리뿐 아니라, 소말리아에서 봉사 활동을 한 적이 있는 공동 작가 잔 다엠의 애정 어린 시선도 세세한 묘사 하나하나에서 느껴진다. 때로는 불합리한 관습들이 우리 자신의 모습임을 불현듯 깨닫기도 하고, 우리들의 부모님과 꼭 닮은 아프리카의 아버지 어머니의 모습에 웃음이 나기도 한다. 독자들이 머나먼 소말리아의 이야기에서 친근함과 푸근함을 느끼기를 작가도 바랐을 거라고 믿는다. 글에서 소말리아어 어휘를 자주 노출시킨 것도 그런 작가의 의도였을 것으로 짐작하고 가능하면 그 뜻에 따랐다.

와리스 디리의 두 번째 책은 우리에게 좀더 낮은 목소리로, 하지만 친근한 목소리로 다가온다. 아마도 우리 모두가 어느 정도는 사랑하는, 또는 미워하는 자신의 뿌리로부터 멀어져 있기 때문일 것이다. 좋은 책을 옮기도록 도와주신 분들에게 고마운 마음을 전한다. 철들고도 잊고 지내는 때가 더 많은 가족들, 특히 늘 근심과 반가움이 가득한 목소리로 내 전화를 받아주시는 엄마에게 감사드린다.

2007년 8월 문영혜

사막의 새벽

1쇄 발행 2007년 9월 21일
지은이 와리스 디리, 잔 다엠
옮긴이 문영혜
펴낸이 김용균
펴낸곳 도서출판 섬앤섬
출판등록 2003년 8월 18일(제301-2006-28호)
주소 서울시 마포구 도화동 173 삼창프라자 1107호
전화 (02)707-3763
팩스 (02)707-3764
조판 출력 나모에디트
인쇄 우진테크

ISBN 978-89-9558-966-3 03810

이 책의 한국어판 출판권은 에릭양 에이전시를 통한
Virago Press 사와의 독점계약에 의해 도서출판 섬앤섬이 소유합니다.
저작권법에 의하여 한국내에서 보호 받는 저작물이므로 무단전재와 무단복제를 금합니다.